本著作是教育部人文社会科学研究项目"中国经济增长奇迹：财政分权与晋升博弈下的实证研究"（18YJC790191）
和辽宁省社会科学规划基金项目"基于卫星夜间灯光亮度的民营经济对辽宁经济发展贡献率实证研究"（L18BJY009）的研究成果

国家"双一流"建设学科
辽宁大学应用经济学系列丛书
===== 学术系列 =====
总主编◎林木西

市场化进程中的政府机构改革与职能转变
——兼评新结构经济学与新中观经济学的有为政府理论

Reform of Government Institutions and
Transformation of Government Functions in the Process of Marketization
—Also Review the Promising Government Theory of New Structural Economics and New Mezzoeconomics

徐 雷 著

中国财经出版传媒集团
经济科学出版社
Economic Science Press

图书在版编目（CIP）数据

市场化进程中的政府机构改革与职能转变：兼评新
结构经济学与新中观经济学的有为政府理论/徐雷著
. -- 北京：经济科学出版社，2022.10
（辽宁大学应用经济学系列丛书. 学术系列）
ISBN 978 - 7 - 5218 - 4191 - 6

Ⅰ. ①市⋯　Ⅱ. ①徐⋯　Ⅲ. ①国家机构 - 体制改革 -
研究 - 中国　Ⅳ. ①D630.1

中国版本图书馆 CIP 数据核字（2022）第 206652 号

责任编辑：于　源　姜思伊
责任校对：刘　昕
责任印制：范　艳

市场化进程中的政府机构改革与职能转变
——兼评新结构经济学与新中观经济学的有为政府理论
Reform of Government Institutions and Transformation of Government
Functions in the Process of Marketization
—Also Review the Promising Government Theory of New Structural
Economics and New Mezzoeconomics
徐　雷　著

经济科学出版社出版、发行　新华书店经销
社址：北京市海淀区阜成路甲 28 号　邮编：100142
总编部电话：010 - 88191217　发行部电话：010 - 88191522
网址：www. esp. com. cn
电子邮箱：esp@ esp. com. cn
天猫网店：经济科学出版社旗舰店
网址：http://jjkxcbs. tmall. com
北京季蜂印刷有限公司印装
710×1000　16 开　17.5 印张　252000 字
2022 年 11 月第 1 版　2022 年 11 月第 1 次印刷
ISBN 978 - 7 - 5218 - 4191 - 6　定价：75.00 元

总　序

　　本丛书为国家"双一流"建设学科"辽宁大学应用经济学"系列丛书，也是我主编的第三套系列丛书。前两套系列丛书出版后，总体看效果还可以：第一套是《国民经济学系列丛书》（2005 年至今已出版 13 部），2011 年被列入"十二五"国家重点出版物出版规划项目；第二套是《东北老工业基地全面振兴系列丛书》（共 10 部），在列入"十二五"国家重点出版物出版规划项目的同时，还被确定为 2011 年"十二五"规划 400 种精品项目（社科与人文科学 155 种），围绕这两套系列丛书取得了一系列成果，获得了一些奖项。

　　主编系列丛书从某种意义上说是"打造概念"。比如说第一套系列丛书也是全国第一套国民经济学系列丛书，主要为辽宁大学国民经济学国家重点学科"树立形象"；第二套则是在辽宁大学连续主持国家社会科学基金"八五"至"十一五"重大（点）项目，围绕东北（辽宁）老工业基地调整改造和全面振兴进行系统研究和滚动研究的基础上持续进行探索的结果，为促进我校区域经济学学科建设、服务地方经济社会发展做出贡献。在这一过程中，既出成果也带队伍、建平台、组团队，使得我校应用经济学学科建设不断跃上新台阶。

　　主编这套系列丛书旨在使辽宁大学应用经济学学科建设有一个更大的发展。辽宁大学应用经济学学科的历史说长不长、说短不短。早在 1958 年建校伊始，便设立了经济系、财税系、计统系等 9 个系，其中经济系由原东北财经学院的工业经济、农业经济、贸易经济三系合成，财税系和计统系即原东北财经学院的财信系、计统系。1959 年院系调整，将经济系留在沈阳的辽宁大学，将财税系、计统系迁到大连组建辽宁财经学院（即现东北财经大学前身），将工业经济、农业经济、贸易经济三个专业的学生培养到毕业为止。由此形成了辽宁大学重点发展理论经济学（主要是政治经济学）、辽宁财经学院重点发展应用经济学的大体格局。实际上，后来辽宁大学也发展了应用经济学，东北财经大学也发展了理论经济学，发展得都不错。1978年，辽宁大学恢复招收工业经济本科生，1980年受人民银行总行委托、经教育部批准开始招收国际金融本科生，1984年辽宁大学在全国第一批成立了经济管理学院，增设计划统计、会计、保险、投资经济、国际贸易等本科专业。到20世纪90年代中期，辽宁大学已有西方经济学、世界经济、国民经济计划与管理、国际金融、工业经济5个二级学科博士点，当时在全国同类院校似不多见。1998年，建立国家重点教学基地"辽宁大学国家经济学基础人才培养基地"。2000年，获批建设第二批教育部人文社会科学重点研究基地"辽宁大学比较经济体制研究中心"（2010年经教育部社会科学司批准更名为"转型国家经济政治研究中心"）；同年，在理论经济学一级学科博士点评审中名列全国第一。2003年，在应用经济学一级学科博士点评审中并列全国第一。2010年，新增金融、应用统计、税务、国际商务、保险等全国首批应用经济学类专业学位硕士点；2011年，获全国第一批统计学一级学科博士点，从而实现经济学、统计学一级学科博士点"大满贯"。

在二级学科重点学科建设方面，1984年，外国经济思想史（即后来的西方经济学）和政治经济学被评为省级重点学科；1995年，西方经济学被评为省级重点学科，国民经济管理被确定为省级重点扶持学科；1997年，西方经济学、国际经济学、国民经济管理被评为省级重点学科和重点扶持学科；2002年、2007年国民经济学、世界经济连续两届被评为国家重点学科；2007年，金融学被评为国家重点学科。

在应用经济学一级学科重点学科建设方面，2017年9月被教育部、财政部、国家发展和改革委员会确定为国家"双一流"建设学科，成为东北地区唯一一个经济学科国家"双一流"建设学科。这是我校继

1997 年成为"211"工程重点建设高校 20 年之后学科建设的又一次重大跨越，也是辽宁大学经济学科三代人共同努力的结果。此前，2008 年被评为第一批一级学科省级重点学科，2009 年被确定为辽宁省"提升高等学校核心竞争力特色学科建设工程"高水平重点学科，2014 年被确定为辽宁省一流特色学科第一层次学科，2016 年被辽宁省人民政府确定为省一流学科。

在"211"工程建设方面，在"九五"立项的重点学科建设项目是"国民经济学与城市发展"和"世界经济与金融"，"十五"立项的重点学科建设项目是"辽宁城市经济"，"211"工程三期立项的重点学科建设项目是"东北老工业基地全面振兴"和"金融可持续协调发展理论与政策"，基本上是围绕国家重点学科和省级重点学科而展开的。

经过多年的积淀与发展，辽宁大学应用经济学、理论经济学、统计学"三箭齐发"，国民经济学、世界经济、金融学国家重点学科"率先突破"，由"万人计划"领军人才、长江学者特聘教授领衔，中青年学术骨干梯次跟进，形成了一大批高水平的学术成果，培养出一批又一批优秀人才，多次获得国家级教学和科研奖励，在服务东北老工业基地全面振兴等方面做出了积极贡献。

编写这套《辽宁大学应用经济学系列丛书》主要有三个目的：

一是促进应用经济学一流学科全面发展。以往辽宁大学应用经济学主要依托国民经济学和金融学国家重点学科和省级重点学科进行建设，取得了重要进展。这个"特色发展"的总体思路无疑是正确的。进入"十三五"时期，根据"双一流"建设需要，本学科确定了"区域经济学、产业经济学与东北振兴""世界经济、国际贸易学与东北亚合作""国民经济学与地方政府创新""金融学、财政学与区域发展""政治经济学与理论创新"五个学科方向。其目标是到 2020 年，努力将本学科建设成为立足于东北经济社会发展、为东北振兴和东北亚区域合作做出应有贡献的一流学科。因此，本套丛书旨在为实现这一目标提供更大的平台支持。

二是加快培养中青年骨干教师茁壮成长。目前，本学科已形成包括长江学者特聘教授、国家高层次人才特殊支持计划领军人才、全国先进工作者、"万人计划"教学名师、"万人计划"哲学社会科学领军人才、国务院学位委员会学科评议组成员、全国专业学位研究生教育指导委员会委员、文化名家暨"四个一批"人才、国家"百千万"人才工程入选者、国家级教学名师、全国模范教师、教育部新世纪优秀人才、教育部高等学校教学指导委员会主任委员和委员、国家社会科学基金重大项目首席专家等在内的学科团队。本丛书设学术、青年学者、教材、智库四个子系列，重点出版中青年教师的学术著作，带动他们尽快脱颖而出，力争早日担纲学科建设。

三是在新时代东北全面振兴、全方位振兴中做出更大贡献。面对新形势、新任务、新考验，我们力争提供更多具有原创性的科研成果、具有较大影响的教学改革成果、具有更高决策咨询价值的智库成果。丛书的部分成果为中国智库索引来源智库"辽宁大学东北振兴研究中心"和"辽宁省东北地区面向东北亚区域开放协同创新中心"及省级重点新型智库研究成果，部分成果为国家社会科学基金项目、国家自然科学基金项目、教育部人文社会科学研究项目和其他省部级重点科研项目阶段研究成果，部分成果为财政部"十三五"规划教材，这些为东北振兴提供了有力的理论支撑和智力支持。

这套系列丛书的出版，得到了辽宁大学党委书记周浩波、校长潘一山和中国财经出版传媒集团副总经理吕萍的大力支持。在丛书出版之际，谨向所有关心支持辽宁大学应用经济学建设与发展的各界朋友，向辛勤付出的学科团队成员表示衷心感谢！

林木西

2019 年 10 月

　　中国改革开放以来的经济高速增长被誉为"中国奇迹"，尤其是党的十八大以来，随着中国经济向高质量增长方向迈进，中国在全球高科技领域实现了更积极地参与，这更增添了中国经济增长的"奇迹"色彩。面对这样"百年未有之大变局"，经济学家们至今还未给出中国经济增长的一个科学合理的全面解释。

　　西方经典的经济理论倾向于从市场本身去解释经济增长，但中国的市场经济有很强的特殊性，在产权保护、司法、金融体系等方面，中国的实际情况与理想的市场经济并不符合。此后，经济理论的发展仍沿着市场经济制度这条路线前进，但政府的作用逐渐进入经济学家的视野当中。财政分权理论和"晋升锦标赛"理论解释了地方官员保护本地市场，发展经济的激励因素：前者指出由于行政分权和财政分权，地方官员既具有发展本地经济的行为空间，也能够充分掌握经济发展带来的收入提升；后者则认为地方官员之间围绕 GDP 增长而进行的"晋升锦标赛"理论是理解政府激励与增长的关键线索。之后，大量的实证研究结果不断涌现，为两种理论提供了越来越多的经验证据。然而，这两种理论仅解释了地方政府官员发展本地经济的激励，并且也仅是基于功利化的角度，[①] 实际上，许多发展中国家也在实行包括行政分权和财政分权

---

　　① 笔者认为，财政分权和晋升博弈所解释的官员激励并不完全，这两种激励仅仅解释了官员作为人的个人成就感的功利化的一方面，这在当前的文化下集中体现为"升官"和"发财"。但是，个人成就除了功利化的一面之外，也包括利他主义驱动下的另外一面，这在中国文化下体现为"为官一任、造福一方""苟利国家生死以，岂因祸福避趋之"等报国情怀。因此，如何从报国情怀的一面去解释官员推动经济增长的行为也是值得研究的关键一面，尽管从实证角度对其进行测度面临很大的困难。

在内的与中国相似的制度，但却并未能实现高速经济增长。因此，尽管这两种理论已经在国内外产生较大的影响，但也仅是掀起了盖在中国经济增长头上那张面纱的一个角，还有更多的工作有待探索和完成。

实际上，财政分权和晋升博弈两种理论的一个重要贡献，是将研究的焦点移向政府。尽管在西方经济学二百余年的发展历史中，政府与市场的关系一直处于争论的焦点，但在现实世界，日本、韩国、新加坡等国家的经济发展过程中，政府的积极作用却是不能否认的。即使在以自由市场经济国家自居的美国，其政府对市场的干预也具有不断增强的趋势。

在我国，社会主义市场经济体制的最大特色就是党的全面领导和政府对经济活动的引领和调节。在改革开放的进程中，随着计划经济向市场经济的转轨，我国政府机构经历了八次重要的改革，政府职能从"全能"走向"有为"，从"计划"走向"规划"，愈来愈契合于市场经济的要求，"有效市场" + "有为政府"的模式不断完善。学界对此进行了积极的探讨，但争论仍然大于共识，在坚持西方市场经济学说的人看来，政府的作用就是弥补市场失灵或者仅仅在于发挥调节分配的作用。而坚持马克思主义学说的经济学家则可以放大政府的作用，甚至将其渗透到市场经济运行机制的方方面面，进而引申到政府计划论的思维逻辑。① 随着我国学界对政府行为认识和理解的不断深入，两种有代表性、成体系的学说被发展出来，分别是林毅夫教授的"新结构经济学"和陈云贤教授的"新中观经济学"下的有为政府理论。②

新结构经济学（New Structural Economics）已在国内外产生了广泛影响，它基于比较优势学说构建了理论框架（GIFF 框架），阐明了"赶超"战略失败的原因，批判了发展经济学中传统的结构主义思潮。而之所以称其为新结构经济学，是因为该理论是在对传统的结构主义进行批

---

① 胡晓鹏. 论市场经济的起源、功能与模式——兼论中国特色社会主义市场经济的本质 [J]. 社会科学，2015（7）：48-59.

② 在本书中，笔者为将陈云贤教授的中观经济学与20世纪70年代提出的中观经济学相区分，故称陈云贤的中观经济学为"新中观经济学"，本书第二章将对此进行更详细的解释。

判性继承的基础上发展起来的，它仍然认同产业结构升级对经济增长至关重要的作用，只是这种结构的升级必须要契合于本国要素禀赋结构的动态演变所带来的比较优势的升级，而不是传统结构主义下依赖于政府发展本国经济的行政意志和计划指令。图0-1给出了新结构经济学框架下的政府行为逻辑如下：第一，政府应准确地识别出本国具有潜在比较优势的产业；第二，政府应采取因势利导的产业政策进而积极发展这些产业，推动潜在比较优势演变为实际比较优势；第三，在政府政策的扶持下，本国具有比较优势的产业迅速发展，推动经济增长；第四，产业的发展带来了要素禀赋结构的变化，从而使本国比较优势得以升级，此时政府需要再次对本国具有潜在比较优势的产业进行识别、制定新的产业政策，从而进入一个新的循环过程。就是在这样的循环中，一国的产业结构实现连续的逐次升级，从而推动了经济增长，国民收入水平也得以向高收入国家靠近。

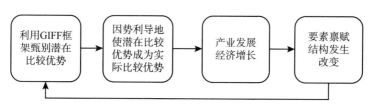

图0-1　新结构经济学的产业结构升级路线

几乎是与"新结构经济学"的发展同一时期，陈云贤教授基于他深厚的学术积累和几十年的政商界工作经验，提出并发展了"新中观经济学"（New Mezzoeconomics）。该理论认为，一国的经济增长是由双动力驱动的，企业和区域政府都是推动经济增长的主体，并且不管从哪个角度来看，世界各国的经济增长的基调都是竞争型经济增长，即政府和企业双轮驱动下所形成的区域竞争优势是推动区域经济增长的源泉，显然，这与新结构经济学所强调的区域比较优势具有明显不同。依据当前全球经济发展实践，并借鉴了哈佛大学迈克尔·波特教授的国家竞争优势理论，新中观经济学将竞争型经济增长分为四个阶段，即要素驱动的产业经济竞争主导的增长阶段、基础设施投资驱动的城市经济竞争主导的增长阶段、创新经济竞争主导的增长阶段和竞争与合作经济主导的增长阶段。而政府的作用即在于在每个增长阶段中实施区域规划、产业政策、基础设施建设等措施，通过高效的资源生成活动对生成性资源进行有效配置以实现对区域经济的超前引领，从而推动本地在区域经济竞争梯度推移模型中实现增长阶段的逐级递升。

有为政府思想深深扎根于中国实践，是写在中国大地上的经济学理论。党的十九届五中全会指出："坚持和完善社会主义基本经济制度，充分发挥市场在资源配置中的决定性作用，更好发挥政府作用，推动有效市场和有为政府更好结合。"这就正式提出了"有为政府"的模式，是对我国政府和市场关系实践探索的经验总结，本书介绍了我国政府机构和职能在中国特色社会主义市场经济建设进程中的演化路径，对新结构经济学和新中观经济学有为政府理论进行比较评价，并主要从新中观经济学的脉络上做出了进一步的理论演绎（见图0-2），运用经验计量分析和案例分析进行了验证。本书对新中观经济学理论进行了一定的补充和拓展，以期为有为政府在理论和实践中的进一步开拓提供更多借鉴。

图0-2　本书完善后的新中观经济学政府超前引领经济发展路径

徐雷

2022年4月

目　录

第一篇　我国政府机构改革与经济治理方式演变历程

第三篇　有为政府引领区域经济发展的理论与实践

| 第一篇 |

我国政府机构改革
与经济治理方式演变历程

第一章

计划经济时代的政府机构
与经济管理职能

  20 世纪 70 年代末，中国开始了波澜壮阔的改革开放历程。与那些采用"大爆炸"式转轨的中东欧国家不同，中国采取了渐进式的改革路径，也即政府对资源配置的权力是循序渐进地让渡给市场的，在这一过程中，政府也很大程度上保留了对经济发展的规划、引领和调控等能力。这一改革路径最终向"有效市场"+"有为政府"的模式收敛，成为"如何处理政府与市场关系"这一古老命题的中国答案。本书第一章是对我国政府机构及其职能的确立和改革过程的一次全面回顾，这能够帮助我们加深对中国特色社会主义市场经济的理解，并明确其优势所在。笔者认为，尽管西方自由市场经济已经运行了几百年，但它只是趋近于完美地适应了西方国家的历史、文化和国情基础，从而将整体的制度效率提升到了它所能达到的一个较高的水准，但这并不意味着西方的模式对所有国家都是一种最优模式。

一、计划经济下政府经济管理体制的建立和发展

（一）计划经济管理体制的确立

中央人民政府是根据《中华人民共和国中央人民政府组织法》组

建的，该法于 1949 年 9 月 27 日中国人民政治协商会议第一次全体会议通过。此时的政府系统基本维持了革命战争时期发展起来的政府体制的格局，实行人民代表大会制和民主集中制。1949 年 10 月 21 日成立了政务院，下设 35 个单位，其中经济工作部门 16 个，由于有计划的大规模经济建设尚未开始，工业部门只有 5 个。[①]

1953 年开始，在苏联的帮助下，我国进入了第一个五年计划的建设阶段（1953～1957 年），主要内容是集中主要力量建设苏联援助的 156 个大型工业项目为中心的，包括 694 个大中型建设项目的工业建设。与此同时，对生产资料私有制的社会主义改造同步推进。在这一大背景下，国内政治、经济形势发生了很大变化，对政府的领导体制和机构设置提出了新的要求。1954 年 9 月，召开了第一届全国人民代表大会，制定了我国第一部社会主义宪法，以及《全国人民代表大会组织法》《国务院组织法》《人民法院组织法》《人民检察院组织法》《地方各级人民代表大会和地方各级人民委员会组织法》等法律，这些法律的颁布实施对我国中央和地方政府机构的建立和运行做出了明确规定，在我国初步建立起能够适应计划经济体制的政府经济管理体制，政府机构的基本格局已经比较完善，见图 1-1。

在高度集中的计划经济管理模式的影响下，我国政府管理的集中统一趋势更加明显。在一五期间，财政支配中的中央部分占比达到 75%；中央对工业部门的投资占投资总额的 42.5%；统配、部管物资达 532 种；同时，国家还对主要科技人员的安排进行统筹，以中央各部门为主管理基本项目。另外，中央各部门对口管理各大中型骨干企业，1953 年中央直属企业数量为 2800 个并且还在不断增加。[②] 在这种高度集中统一的体制下，政府各经济管理部门的增加和膨胀就是一个自然的结果。1954 年国务院成立后，为了完成经济社会管理职能，其机构规模相对于原政务院进一步扩大，设立部、委 35 个，直属机构 29 个，办公室 8

---

① 这五个工业部门是：重工业部、燃料工业部、纺织工业部、食品工业部和轻工业部。
② 吴佩纶. 当代中国政府概论 [M]. 北京：改革出版社，1993：58-59.

个，国务院还设立秘书厅，由秘书长领导，机构数合计 63 个。

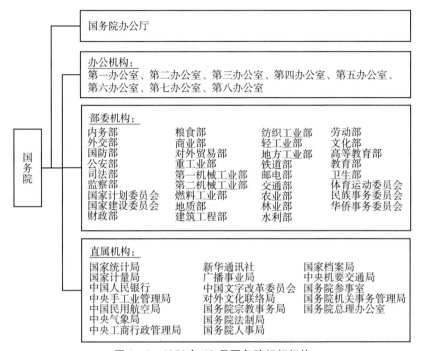

图 1-1　1954 年 12 月国务院组织机构

资料来源：吴佩纶．当代中国政府概论［M］．改革出版社，1993：54．

（二）计划经济管理体制的意义

新中国成立初期选择社会主义计划经济体制，是与当时的国际国内形势分不开的，有着鲜明的历史必然性："众所周知，国民党政府推行封建性买办性的资本主义市场经济并不成功，西方资本主义市场经济爆发的 20 世纪 30 年代大危机的危害尚未根除，而苏联等社会主义国家计划经济优势明显超过资本主义市场经济，因而在新中国成立初期'一穷二白'的基础上和西方封锁遏制背景下，我国并不具备建立对西方开放的市场经济基本条件。"①

计划经济体制为新中国成立初期国民经济的迅速恢复和工业体系的建成提供了重要支持,第一个五年计划较好完成。随着一大批重点工业项目的建成投产,我国工业门类残缺不全的状况得到了根本性的扭转。经济发展速度比较高,工业计划平均每年增长 14.7%,实际每年增长 18%;农业计划平均每年增长 4.3%,实际每年增长 4.5%。国民经济各种基本比例关系比较协调,如国民收入分配中积累和消费的比例是 24.2:75.8,兼顾生产和生活两个方面。社会经济效益也比较好,例如全民所有制工业企业的年资金利税率"一五"时期平均高达 34.7%。在生产发展的基础上,人民生活有很大的提高,居民消费水平平均每年增长 4.2%。②

二、对赶超战略的再反思

(一)学界对赶超战略的争议

对于我国为何在 20 世纪 50 年代初期实施工业赶超战略,于光远(1996)认为,新中国成立初期,工业基础十分薄弱,同时西方国家对社会主义中国实施全面封锁政策。另外,社会主义苏联工业化道路所取得的重大成就对我国做出了重要的示范和鼓舞,苏联也愿意为我国的工业化提供帮助,因此中国在新中国成立初期选择了重工业优先发展战略。

学界对于我国在这一阶段实施的重工业优先发展的赶超战略所持的态度是存在一定分歧的,1994 年,一些学者在《战略与管理》上针对这一观点发表了文章,其中,林毅夫、蔡昉和李周的《对赶超战略的反

---

① 王学军,程恩富. 正确认识社会主义计划经济时期的历史价值和现实作用 [J]. 毛泽东邓小平理论研究,2019 (10):84 - 92 + 109.
② 马凯,曹玉书. 计划经济体制向社会主义市场经济体制的转轨 [M]. 北京:人民出版社,2002:81 - 82.

思》认为，推行赶超战略步履维艰，所付出的代价是极其高昂的：第一，产业结构背离资源比较优势压抑了经济增长速度；第二，扭曲的产业结构降低农业劳动力转移速度，造成城市化水平的低下；第三，结构扭曲使人民生活水平在长达 20 多年的时期内改善甚微；第四，违背资源比较优势的产业结构导致过敏经济结构的内向性进一步提高。文章在比较了全球实施赶超战略国家的经济绩效后得出结论：选择了赶超式的重工业优先发展战略或进口替代战略的国家，无论是社会主义国家还是资本主义国家，经济发展都不理想，都没有实现其赶超的愿望。刘立群的文章《重工倾斜政策的再认识——兼论赶超战略》则提出了相反的观点，他认为，新中国成立初期，我国国内重工业产品极度短缺，难以满足关联产业的需求，已经成为经济发展的重要制约因素，这才是我国优先发展重工业的根本原因。文章指出："落后国家若想不被甩掉，就只有走赶超之路，依靠革命或独立所产生的全社会动员，提高积累强度，早日建成作为国民经济动力和装备部的重工业，使本国经济从技术进步和结构现代化中获取最大收益，并摆脱国际垄断资本的控制和盘剥，这是发展中国家为摆脱落后而实行的工业化能否成功的关键。"[①]

姚洋和郑东雅（2008）的观点则更为折中，他们认为金融外部性（pecuniary externalities）是轻、重工业产品数目扩张都具有的一种外部性，但除此之外，重工业产品种类的扩张对于轻工业产品的迂回生产是更加有利的，这成为发展重工业的一种额外的技术外部性。重工业的这种额外外部性能够提高轻工业的效率，但重工业并未能将这种收益内部化，因此对重工业的社会最优投资水平是难以通过私人投资实现的，这就使得对重工业进行适当补贴是有利于社会总福利提高的。他们设计了一个动态一般均衡模型，以此对一个两阶段优化问题进行考察：在第一阶段，政府暂时性地通过抑制消费对重工业投资进行补贴，也即在第一阶段实行了重工业优先发展战略；在第二阶段，对重工业的补贴被取

---

①　刘力群. 重工倾斜政策的再认识——兼论赶超战略 [J]. 战略与管理，1994（6）：13 - 18.

消，消费抑制政策也得以解除，政府政策回归到平衡发展战略。该模型的优化目标是实现居民效用水平的现值之和和最大化。为了对我国重工业优先战略的实际效果进行实证考察，该战略实施的区间被定为 1954～1979 年，共计 25 年的赶超战略。根据他们的计算，在这段实践中，我国对重工业的补贴率平均超过了 37%。如果与平衡战略（即不对重工业进行任何补贴的战略）进行对比，那么赶超战略下资本存量比平衡战略高出 64.7%。但其负面影响是，赶超战略的实施使得消费被长期抑制，到 1991 年，居民效用水平贴现和远低于平衡战略的水平，仅为其 76.1%。那么，赶超战略是否就是错误的呢？模型计算结果表明一个最优的赶超战略是存在的，即对重工业的补贴时间应是 11.62 年，且平均补贴率应为 31%，之后赶超战略退出，重回平衡发展战略。这种战略对消费的抑制是暂时的，但较为全面的工业基础却得以建成，之后通过及时的政策转型使得居民能够充分享有工业化的成果。在这种战略下，到 1991 年，居民效用水平贴现并高出平衡战略 1.85%，可见这种赶超战略的实施是有利的。基于这一研究结果，他们认为，重工业优先发展战略不是不能实施，而是过度实施了，如果对重工业的补贴能够更为适度，且持续的时间更短，则会有利于经济福利的整体提高。

（二）立足时代背景客观评价赶超战略

可见，学界对赶超战略所持的观点可谓见仁见智。笔者认为，当前学界对赶超战略的评价大都立足于改革开放后的经济环境，而没有基于赶超战略实施时的时代背景，这导致评价的指标、方法及结论无法客观对接当时经济运行状态下的实际需求。新中国成立初期，我国还是一个非常贫穷落后的农业国，拥有大量的廉价劳动力，在劳动密集型产业上拥有比较优势，因此应该重点发展轻工业，并在国际市场上出口轻工业产品、进口重工业产品。但是，实施这一发展战略的关键前提是需要一个运转良好的国际商品市场。然而，新中国成立后，全球正处于冷战时期，国际形势异常紧张。以美国为首的西方国家对新中国采取敌视态度，拒不承认新中国，1950 年抗美援朝战争打响后，又对中国实施经

济封锁和贸易禁运，使中国与西方国家的贸易从 1950 年的占比以 40%
骤降为 1952 年的 3.9%，见表 1-1。此后，我国形成了"一边倒"的
对外贸易格局，苏联和东欧社会主义国家成为我国对外贸易的主要
伙伴。

表 1-1　　中国对外贸易伙伴分布统计（1950～1978 年）　　单位：%

年份	亚、非、拉发展中国家	西方资本主义国家	港澳地区	苏联东欧
1950	13.3	40.3	14.4	31.9
1951	9.5	6.6	31.9	52.0
1952	9.7	3.9	15.7	70.7
1953	7.9	11.8	12.2	58.0
1954	10.1	9.2	9.0	71.7
1955	10.4	11.6	6.0	71.9
1956	14.5	14.9	6.2	63.7
1957	14.7	17.5	6.5	61.3
1958	15.3	20.7	6.2	57.8
1959	14.8	16.2	4.8	64.2
1960	17.6	17.4	5.6	59.4
1961	28.2	26.5	6.9	38.4
1962	30.0	27.8	8.9	33.3
1963	29.6	34.2	10.6	25.6
1964	33.2	37.6	12.1	17.1
1965	33.4	41.0	11.3	14.3
1966	28.8	45.8	12.9	12.4
1967	27.1	52.3	12.3	8.4
1968	25.2	52.4	13.4	9.0
1969	25.9	51.8	14.6	7.6

年份	亚、非、拉 发展中国家	西方资本 主义国家	港澳地区	苏联东欧
1970	22.7	55.2	13.5	8.5
1971	27.1	47.5	13.9	11.5
1972	27.0	46.7	14.5	11.8
1973	24.6	51.2	15.6	8.5
1974	24.4	56.2	11.8	7.7
1975	22.6	56.5	11.9	9.0
1976	21.8	53.3	13.7	10.9
1977	22.1	52.2	14.5	11.1
1978	19.8	56.1	13.3	10.7

资料来源：对外贸易部业务统计，根据《当代中国对外贸易》（当代中国出版社 1992 年版）附录三整理。转引自：石广生．中国对外经济贸易改革和发展史 [M]．北京：人民出版社，2013：64 ~ 65.

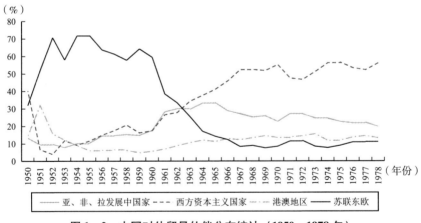

图 1 - 2 　中国对外贸易伙伴分布统计（1950 ~ 1978 年）

资料来源：对外贸易部业务统计，根据《当代中国对外贸易》（当代中国出版社 1992 年版）附录三整理。转引自：石广生．中国对外经济贸易改革和发展史 [M]．北京：人民出版社，2013：64 ~ 65.

　　当时，中苏贸易是我国主要的对外贸易渠道，苏联是我国最大的贸易伙伴国，我国政府每年与苏联政府正式签订交换货物和付款协定（胡凤英，1986）。1952 年，我国对外贸易部正式成立，中苏贸易额逐年上升。1959 年，两国贸易总额超过 20 亿美元，占我国当年对外贸易总额的近一半，见表 1－2。

表 1－2　　　　　　　　　　1950～1960 年中苏贸易额　　　　　　单位：万美元

年份	进出口总额	出口	进口	占中国进出口总额比重（%）
1950	33844	15325	18519	29.8
1951	80860	31129	49731	41.4
1952	106421	41204	65217	54.8
1953	125823	48061	77762	53.1
1954	129124	58663	70461	53.1
1955	178985	67021	111964	56.9
1956	152377	76168	76209	47.5
1957	136470	74697	61773	44.0
1958	153857	89887	63970	39.8
1959	209700	111794	97906	47.9
1960	166394	81878	84516	43.7

　　资料来源：孟宪章. 中苏贸易史资料［M］. 北京：中国对外经济贸易出版社，1991：580.

　　当时我国进入大规模经济建设高潮，迫切需要从苏联进口成套设备和工业产品。苏联当时援建的 156 个项目的工业设备，其中包括冶金工业、机器制造工业、石油工业、煤炭工业、交通运输等大型企业设备等，为我国工业基础的奠定发挥了积极作用。我国长春汽车厂、武汉钢铁厂等大型工业企业就是在苏联提供出口设备的条件下建成的，我国则以苏联人民所需要的轻纺工业产品、日用消费品、食品等出口到苏联，偿还进口设备的费用，这对满足苏联人民的生活需要也做出了重大贡献。在中苏两国贸易中，苏联向中国出口的主要商品是钢材、木材、有色金属、化肥、水泥、飞机、汽车和各种机械产品等，中国向苏联出口的主要商品是食品和轻纺工业品，如猪肉、玉米、花生、大豆、棉花、茶叶、热水瓶等。有些商品从中国运到苏联远东地区比苏联从西部运到远东地区更方便，运输路线更短，因此苏联能节约大量运输费用（征人，1985）。

中苏之间的贸易结构确实符合比较优势学说的观点，但贸易额却是很低的。图1-3和图1-4分别展示出，我国1952~2008年进出口贸易额及其占GDP比重的情况：从进口方面看，在改革开放前，我国进口规模小，1973年才首次超过100亿元人民币；进口总额占GDP比重低，到1985年才首次超过10%。与进口情况类似，改革开放前我国出口额长期在50亿元人民币左右徘徊，1973年首次超过100亿元人民币，出口额占GDP比重在1986年首次超过10%。直到20世纪80年代，随着国际经济环境逐渐宽松，我国外贸额开始迅速增长，占GDP比重也进入了上升通道。

另外，中苏贸易中也存在着贸易不公平的情况，如苏联在与新疆的初期贸易中，由于新疆出口商品的检验权一直由苏联掌握，因此苏联时常对商品的品质等级随意压低，从而恶意降低我国商品出口价格。另外，苏联也对我国聘请苏联专家提出了较为苛刻的条件，这些条件往往带有不平等性质，且不符合中苏友好原则（裴长虹和王万山，2009）。因此，整体上看，在计划经济时代，一个比较优势理论所要求的自由贸易的国际市场对于我国是不存在的。因此，我国实施赶超战略的主要原因还是为了满足国家经济建设对重工业产品的需求，寄希望于通过国际市场兑现我国比较优势的观点在当时的现实条件下是无法成立的。

（亿元人民币）

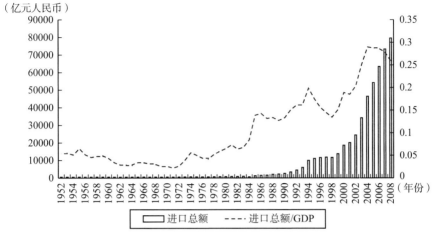

图 1 - 3　1952～2008 年我国外贸进口情况

资料来源：根据《新中国 60 年统计资料汇编》数据整理。

（亿元人民币）

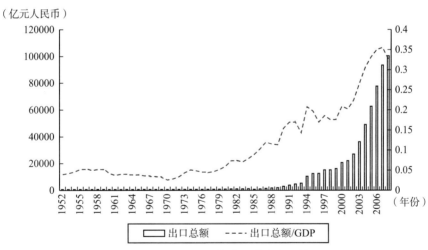

图 1 - 4　1952～2008 年我国外贸出口情况

资料来源：根据《新中国 60 年统计资料汇编》数据整理。

（三）赶超战略为何"失败"

那么，为什么学界普遍认同赶超战略是失败的呢？笔者以为，主要原因是国际贸易的兴起使得原本无法融入全球市场的经济体得以进入全球分工体系，此时，原本依靠赶超战略发展起来的重工业并不具备与国际同行竞争的优势，因此在进口商品的冲击下丧失了"自生能力"。

仍以我国为例，20 世纪 50 年代，由于受到主要资本主义国家的封锁禁运，我国主要的贸易对象是苏联和中东欧国家。然而，这种国际贸易的规模是非常有限的，相对于我国庞大的经济和人口规模来讲，依靠比较优势发展劳动密集型产业，进而通过国际贸易实现收入水平提升的路径是被封死的。因此，在这种历史条件下，我国必须也只能发展出自己的重化工业，这不仅是国民经济建设所需要的，更是保障国家安全的需要。在当时，我国技术引进只能面向苏联和东欧国家。这期间，我国共以 27 亿美元进口成套设备和技术共 400 多项，其中包括汽车、电力、冶金机械、电信、化工、煤炭以及一些军事工业项目，如长春第一汽车厂、沈阳第一机床厂、阜新电站、洛阳拖拉机厂等，为我国建立独立完整的工业体系、发展国民经济奠定了良好的基础。但是，20 世纪 50 年代末以后，中苏关系交恶，苏方撤走专家，一些工程被迫中断，我国技术引进工作遭到很大挫折。于是，在 20 世纪 60 年代以后，我国技术引进的重点开始逐步转向日本和西欧等发达国家。主要引进了石油、化工、冶金、矿山、电子和精密机械等 84 个项目，其中主要是成套设备，并开始引进生产制造技术。[①] 这些引进项目加强了我国某些工业的薄弱环节，填补了当时一些技术空白，积累了从发达国家技术引进的经验。

但是，一个明显的事实是，这一时期我国技术引进的供方市场近似于一种卖方垄断状态，我国作为买方的议价能力是非常有限的。因此，对于引进的技术和设备是否处于国际领先水平是不具备控制能力的。另外，在我国计划经济体制下，这些技术和设备引进后如何利用完全由政府计划设定，并没有一个竞争型市场，因此技术和设备就不具有进一步升级改造的动力。在这种条件下，一旦国门开放，我国以这种已经十分落后的生产能力去参与国际竞争，自然是要失败的。

---

① 中国社会科学院，中央档案馆.1958 - 1965 中华人民共和国经济档案资料选编（对外贸易卷）[M].北京：中国财政经济出版社，2011：9.

　　因此，赶超战略失败的根本原因不是该战略违背了本国比较优势，而是实施该战略的国家从一个没有国际市场的经济运行环境中迅速进入具有国际市场的环境，导致旧的产业体系无法在新环境的激烈竞争中生存下来。

（四）赶超战略怎样能够成功

　　那么，赶超战略是否能够取得成功呢，或者说赶超战略成功的条件是什么呢？这实际上是在问如果一国产业发展战略违背了比较优势原则，还会取得成功吗？

　　尽管这方面的案例并不多见，但日本和韩国在二战后的发展历程已经为此提供了答案。日本和韩国的经济发展战略并不排斥发展本国不具有比较优势的产业，资本和技术密集型产业同样得到了政府的支持，就这一点上而言是具有赶超战略的特点的。那么，为什么日本和韩国的"赶超战略"会取得成功呢？

　　第一，日本和韩国的政府干预主要依靠经济手段而非行政手段，这保证了足够的市场竞争强度以激励企业发展。第二，日本和韩国在二战后的发展中，得到了美国等西方发达国家的极大支持，能够在这些国家取得所需资本和技术，因此，尽管一些产业并不符合它们本国的比较优势，但所需的生产要素却并未受到足够的约束。第三，日本和韩国拥有较大的本地市场，距离美国和欧洲远、运输成本高，因此它们能够发展出拥有足够竞争优势的资本和密集型产业。第四，日本和韩国在经济发展初期就已经融入了西方市场体系，因此其发展起来的资本和技术密集型产业从一开始就要面对全球市场的竞争，这为这些产业提供了技术升级的动力，并最终形成了这些产业国际领先的创新能力。因此，一国实施的"赶超战略"是否能够成功，并不在于其重点发展的产业是否符合本国的比较优势，而在于这一产业是否具有足够的竞争优势以应对国际市场的挑战。本书在第三章中将对比较优势理论成立的条件及其适用范围进行更加深入的探讨。

三、计划经济体制下的政府经济管理职能的确立与调整

（一）计划经济体制下政府经济管理职能的确立

1954 年国务院成立后，我国学习苏联模式，经济管理体制高度集中，具体表现为：企业经营管理直接听从政府指令安排，原材料的购进渠道、价格，生产数量、周期，产品的销售渠道、对象、价格等生产任务流程全部由政府对口管理部门层层下达；企业生产中所需的资金、物资也全部由政府部门负责调拨和分配；企业销售产品所获取的收入和利润全部汇总上缴给主管政府部门。因此，在这种体制下，企业完全不具备自主权，仅以一个车间的形式存在，它不追求市场和利润，只关注于是否完成了上级政府部门下达的生产任务。而政府则成为一个全国性的"企业集团"，如果以市场经济的标准去衡量这样的政府就是一个全能政府。

从管理方式上看，中长期计划工作由国家计划委员会负责进行，而年度计划工作则由 1956 年成立的国家经济委员会负责进行。[①] 中央政府负责国民经济管理的各部门以及相关的地方政府部门和众多的基层企事业单位，共同构成了计划经济体制下庞大的经济管理组织系统；统一计划和分级管理，以及直接计划与间接计划相结合是计划经济管理模式的基本原则；在具体的实施过程中，计划经济管理体系首先是要自上而下地发布计划控制指标，下级部门据此编制各部门的计划草案并进行上报，上级部门再对此计划草案进行审批并下达最终的计划任务。通过这种计划经济管理流程，实现经济运行的综合平衡。

按照组织层级划分，国家计划经济管理体系分为部门计划系统和地方计划系统。部门和地方计划系统对全国企事业等基层单位的计划工作进行管理和指导，这些基层单位的经济活动由此被纳入全国统一的计划

---

① 也有观点认为国家计划委员会更多地负责做计划，而国家经济委员会则更倾向于执行。

范畴。对于不同性质的企业的计划属性是不同的：一是直接计划，即对企业下达的计划指标是指令性的，企业生产所需的各项原材料物资均由主管部门按计划进行供应，产品的分配也是由相应政府部门进行负责（主要是商业和物资部门），此类计划的实施对象主要是面向国营企业和高级形式的公司合营企业。二是估算性计划或间接计划，即计划指标的下达不是以指令形式实现的，而是对企业下达订货和收购计划，并以价格、税收、信贷等政策促使企业完成计划，此类计划的实施对象主要是面向私人资本主义企业和个体经济。1956 年以前，农业和手工业还具有一定的经营自由。社会主义改造以后，越来越多的企业被纳入直接计划的范畴中来，到 1957 年，高度集中统一的计划经济管理体制已经在我国得到了基本确立。计划经济体制不仅仅是在产品生产领域，与之相匹配的，在全国经济活动的各个方面都实施了计划管理体制，包括财政、金融、投资、物价、物资、劳动和分配等各方各面，对这些领域的管理也是高度集中统一的计划管理体制。

　　从数据上看，1953 年中央各政府部门直接管理的企业数量为 2800个，到 1957 年已经猛增到超过 9300 个；与此同时，纳入国家计划管理的工业产品也由 115 种增加到 290 种；原本 220 多种由国家统一分配的物资也随之增加到 530 多种。国家财政收入占国民总收入的比重上升，到 1957 年达到约 34%，其中由中央支配的部分占比为 75% 左右；国营企业经营利润只保留少量的奖励和福利基金，其余全部上交到主管政府部门。① 全国绝大部分的基本建设项目由国务院各主管部门直接管理，其投资和建设全部由各主管部门决策，企业不掌握投资决策权，即使企业生产过程所需的技术改造、新产品试制和新购置小额固定资产等非重大决策，也要按要求进行申报、审核和批准，再由财政部门进行拨款。

　　然而，随着生产的扩大和计划经济体制强调部门的"条条"管理，造成部门林立，分工过细，机构臃肿庞大。特别是经济管理部门，基本

---

① 马凯，曹玉书. 计划经济体制向社会主义市场经济体制的转轨［M］. 北京：人民出版社，2002：75.

上按产品设置管理机构，这种经济管理方式使政府机构形成了随生产复杂程度的深化而不断扩张的内在趋势。因此，在计划经济体制下，就形成了政府机构扩张—精简—再扩张—再精简的改革循环。

（二）计划经济体制下政府经济管理职能的调整

1954 年，国务院共有办公机构 8 个，部委机构 35 个，直属机构 19 个，此外，国务院设立办公厅，共有 63 个单位，如图 1 - 1 所示。1955 年和 1956 年，机构数量不断扩大，到 1956 年底，国务院共有 81 个单位，达到了新中国成立以来政府机构数量的第一次高峰。随之，从 1957 年开始，国务院的机构设置开始第一次大规模精简，到 1959 年 12 月，国务院工作部门由 81 个减为 60 个，其中包括部委 39 个，直属机构 14 个，办公机构 6 个和 1 个秘书厅。1963 ~ 1965 年，根据当时的工作需要，国务院又陆续增设了机构，到 1965 年底，国务院设置工作部门 79 个，其中包括部委 49 个，直属机构 22 个，办公机构 7 个和秘书厅。1970 年，在"文化大革命"的影响下，国务院各部门实行大精简，精简后的部门数为 32 个，但其中 13 个部门分别划归军委办事组、总参、空军、海军以及中央文革与中联部领导，实际上国务院只领导 19 个部门。这一时期的精简是在极不寻常的情况下进行的，给我国的政府工作带来了极大的损害。随着经济工作中"左"倾错误的逐渐纠正，1971 年开始，国务院的一些机构得以陆续恢复，到 1973 年底，国务院增加到 45 个单位。1975 年，随着周恩来总理在四届人大一次会议上重申了我国实现四个现代化的宏伟目标，经济领域出现了很大的调整，在政府机构方面，恢复和增设了一些机构，到 1975 年底，国务院各类单位部门共计 52 个，其中部委 29 个，直属机构 19 个，办公机构 4 个。1978 年十一届三中全会以后，广大干部以极大的热情要把国民经济搞上去，纷纷要求恢复在"文化大革命"中被撤并的机构，加强自己所主管的工作，或增设新的机构。这使得在 1977 ~ 1981 年的五年中，有 48 个工作部门被国务院先后恢复或增设，其中有近一半属于恢复。到 1981 年底，国务院共有 100 个单位，其中部委 52 个，直属机构 43 个，办公机构 5 个。达到了新中国成立以来机构数量的最高峰，如图 1 - 5 所示。

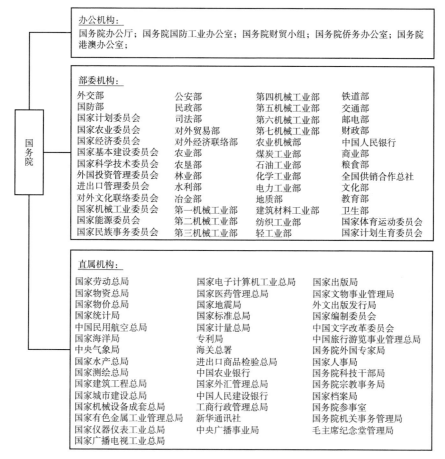

图 1 - 5　1981 年 12 月国务院组织机构图

资料来源：吴佩纶．当代中国政府概论［M］．北京：改革出版社，1993：84.

（三）全能政府的低效率与渐进式改革的开始

随着经济社会发展复杂程度的不断提高，计划经济赋予政府的职能与其所具有的能力之间的矛盾越来越显性化，这集中体现为政府计划的制定和执行越来越困难，无法有效提高国民收入水平。

实际上，经济学界对计划经济的探讨早在 20 世纪二三十年代已经开始了。那时，苏联已逐步形成高度集中的计划体制并取得了巨大的经济发展成就。面对这种成就，奥地利学派的重要领袖，路德维希·冯·米塞斯（Ludwig von Mises）却认为，社会主义社会是不可能完成这种极为复杂的计划计算的，在社会主义计划经济体制下，资源的合理分配问题无法得到有效解决，这就使生产和投资决策的经济效率难以得到科学精准地确定，因此资源的合理配置也就无法实现。① 此观点遭到了意大利数理经济学家巴罗内（Enrico Barone）的反驳，它以瓦尔拉斯的一般均衡论为基础提出了自己的观点：生产资料公有制并不是阻碍有效的一般均衡结果实现的因素，通过解经济体系运行的联立方程，中央计划部门是能够精准计算出科学的计划价格的，这一计划价格与竞争性市场的均衡价格是同等功能的。② 在此之后，反对社会主义计划经济的学者开始从现实世界入手，去批判计划经济运行的实际可能性。哈耶克（Hayek）和罗宾斯（Robbins）指出，政府要实现完美的计划，需要有收集和处理庞大信息的能力，这在实际中是办不到。实际上，许多前提假设条件是暗含于计划经济有效实施中的，但是这些暗含的条件并未引起计划部门的关注，导致由于在现实中的不可实现性带来的计划经济低效率。这些假设包括：信息是无成本，计划部门从行业、地区、企业、消费者等各种经济主体取得信息都是完全的、无代价的；计划制定、下达、实施和反馈等全流程都是平滑而无成本的；计划的制定者、下达者、执行者、反馈者等计划管理流程各方具有一致性的利益目标，从而排除由于道德风险和逆向选择所带来的机会主义矛盾；计划部门具有完全理性，不仅拥有全面的知识和丰富的经验，也能够对计划执行情况进行精确计算和预测，且犯错误的可能性趋近于零。

当然，哈耶克、米塞斯等人的观点也存在谬误之处，但计划经济在

① ［奥］路德维希·冯·米塞斯. 社会主义：经济与社会学的分析［J］. 王建民，冯克利，崔树义译，北京：中国社会科学出版社，2008：85 – 87.

② ［美］卡尔·兰道尔. 欧洲社会主义思想与运动史（下卷）［M］. 刘山译，北京：商务印书馆，1994：612.

运行中所面临的困难却是非常现实的。瞿商（2008）估算了 1957 ~ 2008 年计划经济体制时期，中国工农业分部门的投入产出效益和国民经济的投入产出效益，其研究结果表明，计划体制下国民经济及工农业分部门的绩效都是很低的，原因在于计划体制时期存在资源配置和资源利用两个方面的效率损失。因此，20 世纪 70 年代末开始的改革开放是中国经济发展和历史发展的必然要求，也是中国共产党继续领导中国人民进行经济建设和发展的唯一选择。

　　然而，我们应以历史唯物主义的视角看待中国计划经济的历史，在明确计划经济体制弊端的同时，也不能否定在特定历史时期计划经济所取得的成就。另外，我们也应看到，计划经济体制下政府对经济社会发展所承担的责任也在市场化改革中承袭下来，这为"有为政府"建设提供了重要的制度基础。习近平总书记明确指出："我们党领导人民进行社会主义建设，有改革开放前和改革开放后两个历史时期，这是两个相互联系又有重大区别的时期，但本质上都是我们党领导人民进行社会主义建设的实践探索。中国特色社会主义是在改革开放历史新时期开创的，但也是在新中国已经建立起社会主义基本制度并进行了 20 多年建设的基础上开创的。虽然这两个历史时期在进行社会主义建设的思想指导、方针政策、实际工作上有很大差别，但两者绝不是彼此割裂的，更不是根本对立的。不能用改革开放后的历史时期否定改革开放前的历史时期，也不能用改革开放前的历史时期否定改革开放后的历史时期。"①

本 章 小 结

　　从我国政府职能的演进路径上看，计划经济体制下的全能政府在改革开放后逐渐向市场让渡了资源配置权力，在中国共产党的全面领导

---

　　① 毫不动摇坚持和发展中国特色社会主义，在实践中不断有所发现、有所创造、有所前进［N］. 人民日报，2013 – 01 – 06.

下，中国特色社会主义市场经济下的"有效市场"+"有为政府"运行机制逐渐清晰，这是一种能够适合我国现实国情基础和历史与文化传统的经济运行模式，并已在我国实现了极高的制度效率，具有超越西方体制的潜力，它不仅能够保障我国实现双百年奋斗目标，也将为世界其他国家提供中国智慧和中国方案。本章对我国计划经济时代的政府职能的确立及其调整进行了回顾，重点分析了赶超战略的实施背景和实施效果，指出应立足时代背景对赶超战略的实施效果进行客观评判。本章为后续研究提供了事实与逻辑起点，是全面理解我国"有效市场"+"有为政府"治理体制的基础。

第二章

市场化进程中的政府机构与
经济治理方式演变

　　改革开放之后，我国共经历了八次政府机构改革，本章首先对这八次机构改革的历程进行了回顾，进而分析了与机构改革相伴的政府经济治理方式的演变，也即从计划经济时代的"全能政府"向市场经济时代的"有为政府"的过渡。在此基础上，本章对"有为政府"概念进行了剖析，并分析了其所具有的划时代意义。

一、改革开放后的八次政府机构改革概览

　　1978 年 12 月，中国共产党的十一届三中全会召开，全党工作重心转移到了社会主义现代化建设上来。1979 年 4 月，中共中央召开工作会议，确定了对国民经济实行"调整、改革、整顿、提高"的方针，提出了经济管理体制和行政管理体制改革的原则和方向。经济体制改革首先在农村逐步展开，在城市开始试点。从 1977 年开始，对管理体制初步进行了调整。首先加强了铁路、邮电、民航等部门的集中统一领导。1978 年开始陆续上收了一批"文化大革命"中下放的企业，中央直属企业 1978 年增加到 1260 个，1981 年增加到 2680 个。① 上收了部分财政、税收、物资管理权。广大干部以极大的热情要把国民经济搞上

---

① 吴佩纶. 当代中国政府概论 ［M］. 北京：改革出版社，1993：83.

去，纷纷要求恢复"文化大革命"中被撤并的机构，加强自己所主管的那部分工作，或增设新的机构。到 1981 年底，国务院各部门单位数量增加到 100 个，其中部委 52 个，直属机构 43 个，办公机构 5 个，达到了新中国成立以来机构数量的最高峰，见表 2 - 1。[①]

表 2 - 1　　国务院组织机构中的经济管理部门（1981 年 12 月）

序号	机构名称	性质	序号	机构名称	性质
1	国务院财贸小组	办公机构	28	电力工业部	部委机构
2	国家计划委员会	部委机构	29	建筑材料工业部	部委机构
3	国家农业委员会	部委机构	30	纺织工业部	部委机构
4	国家经济委员会	部委机构	31	轻工业部	部委机构
5	国家基本建设委员会	部委机构	32	铁道部	部委机构
6	外国投资管理委员会	部委机构	33	交通部	部委机构
7	进出口管理委员会	部委机构	34	邮电部	部委机构
8	国家机械工业委员会	部委机构	35	财政部	部委机构
9	国家能源委员会	部委机构	36	中国人民银行	部委机构
10	对外贸易部	部委机构	37	商业部	部委机构
11	对外经济联络部	部委机构	38	粮食部	部委机构
12	农业部	部委机构	39	全国供销合作总社	部委机构
13	农垦部	部委机构	40	国家劳动总局	直属机构
14	林业部	部委机构	41	国家物资总局	直属机构
15	水利部	部委机构	42	国家物价总局	直属机构
16	冶金部	部委机构	43	中国民用航空总局	直属机构
17	第一机械工业部	部委机构	44	国家水产总局	直属机构
18	第二机械工业部	部委机构	45	国家建筑工程总局	直属机构
19	第三机械工业部	部委机构	46	国家城市建设总局	直属机构
20	第四机械工业部	部委机构	47	国家机械设备成套总局	直属机构
21	第五机械工业部	部委机构	48	国家有色金属工业管理总局	直属机构
22	第六机械工业部	部委机构	49	国家仪器仪表工业总局	直属机构
23	第七机械工业部	部委机构	50	国家广播电视工业总局	直属机构
24	农业机械部	部委机构	51	国家电子计算机工业总局	直属机构
25	煤炭工业部	部委机构	52	国家外汇管理总局	直属机构
26	石油工业部	部委机构	53	工商行政管理总局	直属机构
27	化学工业部	部委机构			

资料来源：吴佩纶. 当代中国政府概论 [M]. 北京：改革出版社，1993：83 - 87.

---

① 吴佩纶. 当代中国政府概论 [M]. 北京：改革出版社，1993：83.

　　然而，随着改革开放大幕的拉开，原有计划经济体制下的政府机构组织模式自然无法适应商品经济的发展和资源配置中市场角色的不断提升，因此需要进行必要的改革以配合经济体制向市场经济转轨。从1982年到2018年的36年间，我国共进行了8次重要的政府机构改革，如表2-1所示的国务院组织机构中的53个经济管理部门，到2018年机构改革之后，得以完整保留的只有财政部和中国人民银行，其余均被裁撤或降格，可见改革力度之大、决心之强。下面，本书对历次重要改革的重点领域进行简要回顾，以更好地理解我国政府职能从全能走向有为的过程。

二、市场化进程中的政府机构改革步骤

（一）历次改革的重点领域

1. 1982年政府机构改革

　　1982年政府机构改革的首要任务是针对政府机构臃肿、领导班子老化、人浮于事的状况开展机构改革。此次改革主要取得了三点成绩：第一，领导干部职务的终身制被废除；第二，各级机构领导班子得到有效精简；第三，干部队伍年轻化建设取得切实成效。改革之后，根据撤销重叠机构、合并相近机构的原则，共撤并了27个部门，另有16个部门改为部、委所属局，不再作为国务院直属机构，5个部门改为经济实体，增设了经济体制改革委员会，另将毛主席纪念堂管理局移交中共中央办公厅领导。经过改革，国务院的部委为43个、直属机构15个、办事机构2个和1个办公厅，共设61个单位。人员编制从原来的5.1万人减为3万人。国务院各部委机构领导岗位配备一正二副或一正四副，部委级领导班子成员的平均年龄由原来的64岁下降到了60岁，局级干部年

龄下降幅度更大，平均年龄由 58 岁下降到 50 岁。[①]

本次改革成绩应该充分肯定，不仅在领导班子的年轻化、革命化、知识化方面成绩巨大，在机构设置上，精简的幅度也是大的，基本格局是经得起时间的考验的，为以后的机构改革打下了良好的基础。但由于还没有在转变政府职能上下功夫，没有根本触动旧体制，没有从根本上消除机构膨胀的原因，在改革以后又再度出现膨胀的趋势。以国务院机构调整设置而论，1983 年到 1985 年的 3 年中，增加了 36 个机构，1986 年又增设 6 个机构另减少 1 个机构（即合并机械工业部和兵器工业部，设立国家机械工业委员会）。到 1987 年底，国务院设置工作部门 72 个。[②]

2. 1988 年政府机构改革

1988 年的政府机构改革的历史性贡献使这次改革首次正式提出了"转变政府职能是机构改革的关键"，从此，政府职能如何转变、转变的方向、转变的办法等就一直成为我国政府机构改革的核心议题之一。这次改革的背景是推动政治体制改革、深化经济体制改革，但由于一些非预期的复杂政治经济事件的发生，导致这次改革的实践效果未能达到预期，地方政府机构改革也被迫暂缓进行。

尽管如此，国务院对工业经济管理部门的改革仍取得了进展，主要是通过调整和裁撤一些不再必要的部门，减少政府对经济的过渡干预，增强企业的自主权。如，撤销国家计委和国家经委，组建新的国家计委。撤销煤炭工业部、石油工业部、核工业部，组建能源部。撤销国家机械工业委员会和电子工业部，成立机械电子工业部。撤销劳动人事部，建立国家人事部。撤销国家物资部，组建物资部。撤销城乡建设环境保护部，组建建设部。撤销航空工业部、航天工业部，组建航空航天工业部。撤销水利电力部，组建水利部，原水利电力部的电力部分划归能源部。撤销隶属于原国家经委的国家计量局和国家标准局以及原国家

---

① 资料来源：1982 年政府机构改革［OL］. 中国政府网，2009 – 01 – 06，http：// www. gov. cn/test/2009 – 01/16/content_1206981. htm.

② 吴佩纶. 当代中国政府概论［M］. 北京：改革出版社，1993：90.

经委质量局，设立国家技术监督局。新华通讯社改为国务院直属事业单位。改革后国务院的部委机构 41 个、直属机构 19 个、办事机构 7 个，加上办公厅，共 68 个单位。1991 年增加 1 个办事机构，即国务院生产办公室（该办公室于 1992 年 6 月撤销，在此基础上成立国务院经济贸易办公室），共 69 个单位。①

改革开放后的这两次政府机构改革，是在对市场和政府关系的认识不断取得突破，市场的地位和作用不断提升的过程中进行的。1979 年 6 月，第五届全国人大二次会议审议通过的《政府工作报告》指出，中国应当逐步建立计划调节和市场调节相结合的体制，以计划调节为主，同时充分重视市场调节的作用。这就不再片面强调行政指令性计划和绝对排斥市场作用，成为改革开放初期我国经济体制改革的指导思想。1981 年 11 月，全国人大五届四次会议决议把"计划经济为主、市场调节为辅"作为经济体制改革的目标模式。1984 年 10 月，党的十二届三中全会强调社会主义经济是"在公有制基础上的有计划的商品经济"，特别强调"商品经济的充分发展，是社会经济发展不可逾越的阶段，是实现我国经济现代化的条件"，这是在党的正式文件中第一次明确社会主义经济是商品经济，第一次突破了把计划经济同商品经济对立起来的老框框，是对政府和市场关系认识的一次重大飞跃。1987 年 10 月，党的十三大报告强调"必须以公有制为主体，大力发展有计划的商品经济""社会主义有计划商品经济的体制，应该是计划与市场内在统一的体制"。这就对社会主义有计划的商品经济体制做了进一步阐释，特别是提出"国家调节市场、市场引导企业"的新的经济运行机制，突破了以往计划和市场各分一块的框架，市场的作用较之以前有所强化。这反映了中国共产党在理论和实践结合上对政府和市场关系的不同程度、不同角度的重新认识，突破了把市场调节与政府调节对立起来的传统观念，也突破了把计划经济同商品经济、市场经济对立起来的传统观念，是对马克思主义政治经济学的新发展，为实现从计划经济体制向社会主

---

① 吴佩纶. 当代中国政府概论［M］. 北京：改革出版社，1993：98.

义市场经济体制的转变提供了理论支撑，也为深化经济体制改革提供了根本遵循（张新宁，2021）。

3. 1993 年政府机构改革

1992 年 10 月召开的党的十四大明确提出，"经济体制改革的目标，是在坚持公有制和按劳分配为主体、其他经济成分和分配方式为补充的基础上，建立和完善社会主义市场经济体制"，这是中国共产党首次将建立社会主义市场经济体制明确地设定为我国经济体制改革的目标。

1993 年进行的政府机构改革贯彻这一改革目标，"适应建设社会主义市场经济体制的需要"被设定为此次改革的目的。但此次改革的实际效果也是差强人意的，改革目标并未能够很好地实现。市场化改革的方向应该是让企业等市场主体拥有生产、经营、投资等各项决策的自主权，政府对此不应予以直接干预，因此，政府机构改革也应以此为目的，即减少直接管理企业经营的政府机构。但 1993 年的改革却并未采取大动作，尤其是工业专业管理部门，合并、撤销的少，保留、增加的多。因此，这次改革的内容似乎与其改革目的南辕北辙。

4. 1998 年政府机构改革

党的十五大报告提出"使市场在国家宏观调控下对资源配置起基础性作用"，这使得市场的作用被进一步提升。在此之后进行的 1998 年国务院政府机构改革也成为改革力度最大、涉及范围最广的一次政府机构改革。此次改革以推进社会主义市场经济发展为目的，以尽快结束政府部门对企业的直接管理体制为目标，目的与目标可谓高度契合。

经过此次改革，国务院组成部门减少了 11 个，由 40 个下降到 29 个。其中包括国防部、外交部、卫生部、文化部、司法部、监察部、公安部、民政部、国家安全部、国家计划生育委员会、国家民族事务委员会、审计署等 12 个国家政务部门；财政部、国家发展计划委员会、国家经济贸易委员会和中国人民银行等 4 个国家宏观调控部门；交通部、铁道部、对外贸易经济合作部、信息产业部、建设部、农业部、水利部和国防科学技术工业委员会等 8 个经济管理部门；教育部、人事部、科学技术部、国土资源部、劳动和社会保障部等 5 个公共管理部门。

　　这次改革历史性地转变了政府职能，使我国政府组织机构朝着适应市场经济体制的方向迅速前行，几乎所有的工业专业经济部门都在这次改革中被裁撤，其中包括煤炭工业部、电力工业部、林业部、电子工业部、冶金工业部、地质矿产部、机械工业部、化学工业部、中国纺织总会和中国轻工业总会等 10 个部门。国内贸易部、邮电部、劳动部、广播电影电视部、国家体育运动委员会、国防科学技术工业委员会、国家经济体制改革委员会等部门也被撤销。同时，新组建了 4 个部委，分别是：信息产业部、国防科学技术工业委员会、国土资源部、劳动和社会保障部。有 3 个部委被更名，分别是：科学技术委员会更名为科学技术部；国家计划委员会更名为国家发展计划委员会；国家教育委员会更名为教育部。国防部、外交部、民族事务委员会、国家经济贸易委员会、国家安全部、公安部、财政部、司法部、监察部、人事部、民政部、建设部、交通部、铁道部、农业部、水利部、文化部、对外贸易经济合作部、卫生部、国家计划生育委员会、审计署和中国人民银行等 22 个部、委、行、署得到保留。

　　5. 2003 年政府机构改革

　　2002 年，党的十六大召开，提出"在更大程度上发挥市场在资源配置中的基础性作用"，并要求"加强和完善宏观调控"，尽管市场对资源配置的"基础性"作用并未改变，但却强调要在"更大程度上发挥"这种作用，表明我国市场化改革的取向更加明确，态度更加坚决。同时，"加强和完善宏观调控"也对政府职能的科学有效履行提出了更高要求。

　　2003 年的政府机构改革在党的十六大之后进行，同时这次改革也是在我国加入世界贸易组织（WTO）后进行的，因此这次改革不仅反映了我国经济社会发展的自身要求，也是为了更好地适应 WTO 规则所进行的一次改革。这次机构改革目的是"进一步转变政府职能，改进管理方式，推进电子政务，提高行政效率，降低行政成本"；改革目标是"逐步形成行为规范、运转协调、公正透明、廉洁高效的行政管理体制"；改革的重点是"深化国有资产管理体制改革，完善宏观调控体系，健全金融监管体制，继续推进流通体制改革，加强食品安全和安全生产监管体制改革"。①

这次改革对政府职能进行了更加阔步的转变，针对当时经济社会中出现的问题进行了针对性的解决，这成为此次改革的历史进步所在。在2003年的改革中，一些市场经济体制下所需的相关部门被建立起来，如国资委的建立为国有企业进行现代企业制度改革奠定了产权基础；银监会的建立完善了政府的金融监管体系，加强了对金融市场的监管；商务部的组建则使流通体制改革得以大力推进。这些部门都是为了更好地适应我国市场化改革而建立的，在实践中也发挥了重要的积极作用。

6. 2008年政府机构改革

2007年召开了党的第十七次全国代表大会，十七大报告提出"从制度上更好发挥市场在资源配置中的基础性作用"，并要求"完善宏观调控体系"。十七大之后进行了2008年政府机构改革，此次改革中，有15个机构进行了调整变动，使正部级机构数量减少了4个。

从2008年国务院机构改革开始，改革的关注重点落到"大部制"改革后的整合问题，主要是要克服部门间的简单合并导致的貌合神离。同时，此次机构改革更加注重于民生的保障和改善，体现了服务型政府建设的要求。为了适应新形势和新任务的要求，此次改革以类似相关管理的方式进行推进，原来"九龙治水"式的职能交叉问题得到了有效的解决，政府国家治理能力得到了进一步提升。随着2008年政府机构改革的完成，政府职能范围更加清晰，我国的独具特色的行政管理体制愈加成熟和规范。

2008年政府机构改革的主要内容包括：②（1）宏观调控部门的职能进一步合理配置。其中，国家发改委对微观事务的管理职能以及相关的项目审批职能被大量减少，其主要职能转变到抓好宏观调控上来。财政部对预算和税收管理体制进行了改革和完善，对中央和地方政府的财权

---

① 何颖. 中国政府机构改革30年回顾与反思 [J]. 中国行政管理，2008 (12)：21-27.
② 依据《2008年国务院机构改革方案》整理。

与其所具有的事权进行了更好的匹配，对公共财政体系做出了进一步完善。中国人民银行对货币政策体系进行了改革与完善，在于金融监管部门加强协调的基础上，增强了维护国家金融安全的能力。（2）进一步加强了能源管理机构职能。设立了国家能源委员会，其职能是高层次议事协调机构。新组建了国家能源局，并将国家发改委所属的能源管理职责及相关机构、国家能源领导小组办公室的职能、国防科学技术工业委员会的核电管理职能一并划入了国家能源局。国家能源局由国家发改委管理，同时国家能源局承担国家能源委员会办公室的工作。国家能源领导小组不再保留。（3）新组建工业和信息化部。随着信息技术革命的突飞猛进，需要一个专门的部门负责相关事务。工业和信息化部的组建是合并了国家发改委的工业管理职能、国防科工委核电管理以外的职能、信息产业部和国务院信息化工作办公室的职能后组建的。同时，在工业和信息化部下组建了国家国防科技工业局，国防科工委、信息产业部和国务院信息化工作办公室不再保留。（4）组建新的交通运输部。将原交通部和中国民用航空总局的职能进行了合并，划入新组建的交通运输部，同时，将建设部指导城市客运的职能也划入交通运输部。在交通运输部下组建了国家民用航空局，交通运输部负责管理国家邮政局。交通部和中国民用航空总局不再保留。（5）组建人力资源和社会保障部。撤销了人事部、劳动和社会保障部，两部门职能整体划入新组建的人力资源和社会保障部。在人力资源和社会保障部下组建国家公务员局。（6）撤销国家环境保护总局，新组建环境保护部。（7）撤销建设部，新组建住房和城乡建设部。（8）国家食品药品监督管理局的管理改由卫生部负责。

经过此次改革，国务院机构再次得到精简，正部级机构减少了4个，不含国务院办公厅，国务院下设政府部门共计27个。

7. 2013 年政府机构改革

党的十八大提出在"更大程度更广范围发挥市场在资源配置中的基础性作用"，并要求"加强宏观调控目标和政策手段机制化建设"。由此可以看出，从党的十四大一直到党的十八大，市场配置资源的程度由发挥"基础性作用"到"更大程度上"发挥"基础性作用"再到"更大程度更广范围"发挥"基础性作用",政府配置资源的程度由"加强和完善宏观调控"到"完善宏观调控体系"再到"加强宏观调控目标和政策手段机制化建设",实质上都是在同步调整市场配置资源和政府配置资源的深度和广度,不断明确市场调节和政府调节的边界,其鲜明特征是以政府调节为主体、以市场调节为基础,而不是单纯强调市场调节或是单纯强调政府调节(张新宁,2021)。

党的十八大后,2013年的机构改革以简政放权和职能转变的"放管服"为着力点,通过政府改革与治理的顶层设计、政府自身的改革增强政府自身的治理能力,是全方位和多层次的改革,且深度、广度和力度是前几次所未有,使得在党领导下的以政府为主体的治理体系不断优化(文宏和林仁镇,2020)。2013年机构改革对各方面有利条件进行了充分利用,在一些重点领域上坚决地推进了机构调整,解决了一些社会高度关注的长期存在的问题。同时,此次改革保持了国务院机构的总体稳定,在面对愈加复杂的经济社会发展形势以及国内外多种风险挑战时更富经验。

2013年政府机构改革围绕着转变政府职能和理顺职责关系进行,其改革的重点是稳步推进大部制改革。主要的改革内容是:①(1)实行铁路政企分开。组建中国铁路总公司,将铁道部的企业职责划归中国铁路总公司,实施公司化运营。不再保留铁道部,交通运输部负责接管铁道部拟定铁路发展规划和政策的职能,铁道部其他行政职能由新组建的国家铁路局负责,该局由交通运输部管理。(2)组建国家卫生和计划生育委员会。撤销卫生部、国家人口和计划生育委员会。国家人口和计划生育委员会的相关人口发展战略和政策制定职责由国家发改委接管。国家卫生和计划生育委员会负责管理国家中医药管理局。(3)组建国家食品药品监督管理总局。国家食品药品监督管理局、国务院食品安全

---

① 新华社. 新一轮国务院机构改革将启动,组成部门减至25个[EB/OL]. 中央政府门户网站,2013-03-10,http://www.gov.cn/2013lh/content_2350688.htm.

委员会办公室不再保留。（4）组建国家新闻出版广播电影电视总局。撤销国家广播电影电视总局和国家新闻出版总署。（5）重新组建国家海洋局。国家海洋局负责开展海上维权执法行动，该项行动由公安部负责进行业务指导并以中国海警局的名义进行。（6）重新组建国家能源局。撤销国家电力监管委员会，其职能与现国家能源局合并后组建新的国家能源局，新国家能源局由国家发改委负责管理。

这次改革后，国务院组成部门进一步减少到 25 个，机构进一步得到精简，职能得到优化。

8. 2018 年政府机构改革

以党的十八届三中全会通过的《中共中央关于全面深化改革若干重大问题的决定》为标志，我国经济体制改革进入全面深化改革的新阶段。党的十八届三中全会指出："经济体制改革是全面深化改革的重点，核心问题是处理好政府和市场的关系，使市场在资源配置中起决定性作用和更好发挥政府作用。"市场对资源配置的作用从十四大时的"基础性作用"到这里的"决定性作用"被再一次提升，而与此同时又强调了要更好发挥政府作用。这是对我国政府与市场关系的顶层设计，指出了我国经济增长由政府和市场双轮驱动的特征事实。

随之而来的 2018 年政府机构改革，以坚决贯彻市场在资源配置中的决定性作用为导向，以进一步转变政府职能、更好发挥政府作用为着力点，通过对现代化经济体系的建设，对政府经济职能的完善，有效推动经济高质量发展。在重点领域对政府机构职能进行进一步优化，使得政府治理体系更加法制化、科学化，提升政府服务能力和人民满意度。

这次国务院机构改革的具体内容是①：（1）组建自然资源部。（2）组建生态环境部。（3）组建农业农村部。（4）组建文化和旅游部。（5）组建国家卫生健康委员会。（6）组建退役军人事务部。（7）组建应急管理部。（8）重新组建科学技术部。（9）重新组建司法部。（10）优化水

---

① 新华社. 国务院机构改革方案［OL］. 中国政府网，2018 – 03 – 17, http：//www. gov. cn/xinwen/2018 – 03/17/content_5275116. htm.

利部职责。（11）优化审计署职责。（12）监察部并入新组建的国家监察委员会。可见，此次机构改革几乎不涉及经济管理部门的调整，实际上，在 2013 年机构改革中完成了对铁道部的政企分开后，我国政府机构已经基本完成了对实体经济指令性干预的全方面撤出，计划经济时代的全能型政府已经全面蜕变为市场经济条件下的"有为政府"。当然，政府机构的改革在未来还会继续，但可以预期的是，未来的改革将更加关注各政府部门间职能的协调以及对新时代下出现的新的发展问题如何进行有效处理，这些改革都将在"有效市场"+"有为政府"的框架下推进和实施。

此次改革以后，国务院组成部门数量增加 1 个，总数合计为 26 个。图 2-1 给出了自 1949 年到 2018 年间国务院政府机构数量的变化情况。可以看出，在改革开放前，机构数量呈现扩张—缩减—再扩张—再缩减的一种循环趋势，总体呈增加态势。改革开放后，经过几次重大的机构改革，机构数量迅速减少，到 1998 年后，达到了一个相对稳定的态势。

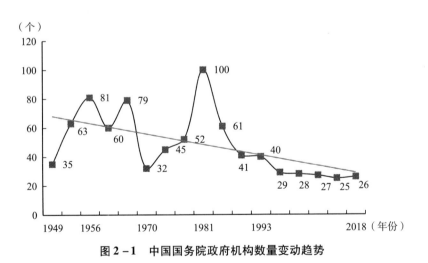

图 2-1　中国国务院政府机构数量变动趋势

（二）综合管理部门的改革历程

下面，我们对计划经济时代国务院下设的经济综合管理部门的改革变迁进行考察。从前文的表 2 – 1 可知，1981 年时国务院组织机构中的经济管理部门共计 53 个，其中属于综合管理部门的有 24 个，其改革路径如下：

（1）1982 年，国务院财贸小组、国家机械工业委员会、国家能源委、国家农业委员会等多个经济主管部门的职能一并划入国家经济委员会，同时，这些经济管理部门不再保留。

（2）在 1988 年改革时，国家计划委员会与国家经济委员会合并，组成新的国家计划委员会，1994 年国家物价总局并入国家计划委员会。国家计划委员会一直存在到 2008 年，这一年，它与 1982 年成立的国家经济体制改革委员会的职能进行了合并，统一划入了新成立的国家发展和改革委员会，国家计划委员会和国家经济体制改革委员会不再保留。

（3）国家建筑工程总局、国家基本建设委员会和国家城市建设总局于 1982 年合并成立城乡建设环境保护部，1988 年改组为建设部，2008 年改组为住房和城乡建设部。

（4）1982 年，对外经济贸易部组建，接管了原对外贸易部、对外经济联络部和外国投资委员会的职能，此三个部门不再保留。2003 年，对外经济贸易部与 1993 年建立的国家经济贸易委员会合并组建商务部。

（5）全国供销合作总社、粮食部和商业部于 1982 年合并组建了新的商业部，国家物资总局于 1988 年改组为物资部。商业部与物资部于 1993 年合并组建了国内贸易部，由于 1998 年改组为国内贸易局，由国家经济贸易委员会归口管理。

（6）国家劳动总局于 1982 年改组为劳动人事部，1988 年改组为人事部，2008 年改组为人力资源和社会保障部。

（7）工商行政管理总局于 2018 年改组为市场监督管理总局。[1]

（8）交通部于 2008 年改组为交通运输部。[2]

---

① 中国机构编制网 . 2018 年国务院机构改革的情况 ［EB/OL］. http：// www. scopsr. gov. cn/zlzx/jgyg/lcgwyjggg/201901/t20190123_359738_3. html.

② 中国机构编制网 . 2008 年国务院机构改革的情况 ［EB/OL］. http：// www. scopsr. gov. cn/zlzx/jgyg/201811/t20181120_326529. html.

（9）1979 年 3 月，国家外汇管理总局并入中国人民银行，由此成为中国人民银行负责进行管理的国家局。①

可以看出，经过一系列的改革，原 29 个综合经济管理部门大部分被裁撤、合并和重组，相应的计划经济时代的经济管理职能也大部分被取消，其他管理职能并入相关部委机构，得以完整保留的仅有中国人民银行和财政部。

（三）专业经济部门的改革历程

在 1981 年国务院下设的 53 个经济管理部门中，属于专业管理部门的有 29 个，这些专业管理部门的改革路径如下（见表 2 - 2）：

（1）1982 年，国家机械工业委员会、第一机械工业部、农业机械部、国家仪器仪表工业总局和国家机械设备成套总局等五部门进行了合并，成立了新的机械工业部，原五部门不再保留。

（2）1982 年，第四机械工业部、国家广播电视工业总局和国家电子计算工业总局等三部门合并，成立了电子工业部，原三部门不再保留。

（3）1988 年，机械工业部与电子工业部合并，成立了机械电子工业部。1993 年，机械电子工业部分拆为机械工业部和电子工业部。

（4）1998 年，机械工业部重组为国家机械工业局，由国家经济贸易委员会归口管理，后撤销，有关行政职能并入国家经贸委。

（5）1998 年，电子工业部与邮电部合并组建信息产业部，2008 年，信息产业部重组为工业和信息化部。

（6）农业部、农垦部和国家水产总局于 1982 年合并为农牧渔业部，1988 年重组为农业部，2018 年重组为农业农村部。

（7）林业部于 1998 年改组为国家林业局，2018 年改组为国家林业和草原局。

（8）1982 年，水利部和电力工业部合并，组建了水利电力部。

---

① 中国人民银行. 中国人民银行历史沿革 ［EB/OL］. http：//www. pbc. gov. cn/rmyh/105226/105433/index. html.

1988 年，水利电力部被拆分，重新组建了水利部，其电力职能与煤炭工业部进行了合并，划入了新成立能源部，同时在能源部下成立了中国统配煤矿总公司。1993 年，能源部被拆分，重新组建了电力工业部和煤炭工业部，中国统配煤矿总公司撤销。

（9）1998 年，电力工业部改组为国家电力公司，并在 2002 年拆分重组为 11 家电力公司；1998 年，煤炭工业部改组为煤炭工业局，由国家经济贸易委员会归口管理，全国 94 个国家重点煤矿被下放到地方政府。后国家煤炭工业局撤销，有关行政职能并入国家经贸委。

（10）冶金部于 1982 年改称冶金工业部，1998 年重组为国家冶金工业局，由国家经济贸易委员会归口管理。后撤销，有关行政职能并入国家经贸委。

（11）第二机械工业部于 1982 年改称为核工业部，1988 年改组为中国核工业总公司，1999 年分拆为中国核工业集团有限公司和中国核工业建设集团有限公司，2018 年合并为中国核工业集团有限公司。

（12）1982 年，第三机械工业部和第七机械工业部分别改称为航空工业部和航天工业部。1988 年，航空工业部和航天工业部合并组建航空航天工业部。1993 年，航空航天工业部被分拆，组建了航空工业总公司、航天工业总公司和国家航天局。

（13）1999 年，航空工业总公司被再次分拆，组建了中国航空工业第一集团公司和中国航空工业第二集团公司；航天工业总公司也被分拆，组建了中国航天科技集团有限公司和中国航天机电集团公司，中国航天机电集团公司于 2001 年 7 月更名为中国航天科工集团公司，2017年 11 月又更名为中国航天科工集团有限公司。2008 年，中国航空工业第一集团公司和中国航空工业第二集团公司合并成立中国航空工业集团公司。

（14）第五机械工业部于 1982 年改称兵器工业部，1988 年改组为中国北方工业（集团）总公司，1990 年 1 月更名中国兵器工业总公司，1999 年分拆为中国兵器装备集团公司和中国兵器工业集团公司。

（15）第六机械工业部于 1982 年改组为中国船舶工业总公司，1999

年分拆为中国船舶工业集团公司中国船舶重工集团公司，2019 年合并为中国船舶集团有限公司。

（16）石油工业部于 1988 年改组为中国石油天然气总公司，1998 年 7 月 27 日改组为中国石油天然气集团公司。

（17）化学工业部于 1998 年改组为国家石油和化学工业局，由国家经济贸易委员会归口管理，后撤销，有关行政职能并入国家经贸委。

（18）建筑材料工业部于 1982 年并入国家经济委员会。

（19）纺织工业部于 1993 年改组为中国纺织总会，1998 年改组为国家纺织工业局，由国家经济贸易委员会归口管理。后撤销，有关行政职能并入国家经贸委。

（20）轻工业部于 1993 年改组为中国轻工总会，1998 年改组为国家轻工业局，由国家经济贸易委员会归口管理。后撤销，有关行政职能并入国家经贸委。

（21）铁道部于 2018 年改组为中国铁路总公司。

（22）中国民用航空总局于 2008 年改组为中国民用航空局，由交通运输部归口管理。

（23）国家有色金属工业管理总局于 1982 年改建为中国有色金属工业总公司。

从以上改革过程可以看出，这些计划经济时代的专业经济管理部门，它们管理着众多的国有企业，在改革开放后，国有企业改革的总体思路是抓大放小，一大批中小国有企业被下放到地方，相应的管理机构则进行了改组。而大型国有企业，尤其是资源和能源类，则进行了现代化公司制改革。而像第一、第三、第五、第六和第七工业部等本就管理一个行业的国务院机构，则改组为大型国有企业，直接参与市场竞争。在表 2 - 2 中最左列，我们列出了 1981 年存在的 47 个国务院经济管理部门，① 到 2018 年，这些部门大多被裁撤或进行了改制，改革后的具有

---

① 在 1981 年的 53 个经济管理部门中，笔者经过多方查阅相关资料，找到了其中 47 个部门的改革过程。

表2-2　国务院下辖产业管理部门改革历程

1981年12月	1982年改革	1988年改革	1993年改革	1998年改革	2003年改革	2008年改革	2013年改革	2018年改革
国家计划委员会	国家计划委员会		国家计划委员会（1994年国家物价局并入国家计划委员会）		国家发展和改革委员会　2008年，在国家发改委下设能源局，组织制定煤炭、石油、天然气、电力、新能源和可再生能源等能源，以及炼油、煤制燃料和燃料乙醇的产业政策及相关标准			
国家经济委员会								
国家物价总局								
	国家经济体制改革委员会							
进出口管理委员会								
对外贸易部	对外经济贸易部		国家经济贸易委员会		商务部			
对外经济联络部								
外国投资管理委员会								
工商行政管理局					国有资产监督管理委员会			市场监督管理总局
国家劳动总局	劳动人事部	人事部				人力资源和社会保障部		

1981年12月	1982年改革	1988年改革	1993年改革	1998年改革	2003年改革	2008年改革	2013年改革	2018年改革
国家物资总局	物资部							
全国供销合作总社	商业部		国内贸易部	国内贸易局，由国家经济贸易委员会归口管理。依据《国务院办公厅关于印发国家经贸委管理的国家经贸局机构改革和国家经贸委机关内设机构调整方案的通知》撤销，有关行政职能并入国家经贸委				
粮食部								
商业部								
国家机械工业委员会	机械工业部	机械电子工业部	机械工业部	国家机械工业局，由国家经济贸易委员会管理的国家经贸局机构改革和国家经贸委有关行政职能并入国家经贸委。依据《国务院办公厅关于印发国务院机关内设机构调整方案的通知》撤销，有关行政职能并入国家经贸委				
第一机械工业部								
农业机械部								
国家仪器仪表工业总局								
国家机械设备成套总局								
第四机械工业部	电子工业部		电子工业部	信息产业部		工业和信息化部		
国家广播电视工业总局								
国家电子计算工业总局								
邮电部				信息产业部				

续表

1981年12月	1982年改革	1988年改革	1993年改革	1998年改革	2003年改革	2008年改革	2013年改革	2018年改革
交通部						交通运输部		
农业部	农牧渔业部	农业部						农业农村部
农垦部								
国家水产总局								
	林业部				国家林业局			国家林业和草原局
铁道部								中国铁路总公司
中国民用航空总局						中国民用航空局，由交通运输部归口管理		
石油工业部		1988年6月，中国石油天然气总公司		1998年7月27日，中国石油天然气集团公司成立				
	1983年7月，中国石油化工总公司			1998年7月27日，中国石油化工集团公司成立				
	1982年1月30日，成立中国海洋石油总公司。			依据国务院颁布《中华人民共和国对外合作开采海洋石油资源条例》				
第二机械工业部	改称核工业部	中国核工业总公司		1999年7月1日，中国核工业集团有限公司				2018.1.31 中国核工业集团有限公司
				1999年7月1日，中国核工业建设集团有限公司				

续表

1981年12月	1982年改革	1988年改革	1993年改革	1998年改革	2003年改革	2008年改革	2013年改革	2018年改革
第五机械工业部	改称兵器工业部	中国北方工业（集团）总公司，1990年1月更名中国兵器工业总公司		1999年7月1日，中国兵器装备集团公司		中国兵器装备集团公司		
				1999年7月1日，中国兵器工业集团公司		中国兵器工业集团公司		
第六机械工业部	中国船舶工业总公司			1999年7月1日，中国船舶工业集团公司		中国船舶工业集团公司		中国船舶集团有限公司（2019）
				1999年7月1日，中国船舶重工集团公司		中国船舶重工集团公司		
第三机械工业部	改称航空工业部	航空航天工业部	航空工业总公司	1999年7月1日，中国航空工业第一集团公司		2008年，中国航空工业集团公司		
				1999年7月1日，中国航空工业第二集团公司				
第七机械工业部	改称航天工业部	航空航天工业部	航天工业总公司	1999年7月1日，中国航天科技集团有限公司。2001年7月更名中国航天科工集团有限公司。2017年11月更名为中国航天科技集团有限公司				
			国家航天局	1999年7月1日，成立中国航天机电集团公司。				
国家建筑工程总局				建设部		住房和城乡建设部		
国家基本建设委员会	城乡建设环境保护部							
国家城市建设总局								

续表

1981年12月	1982年改革	1988年改革	1993年改革	1998年改革	2003年改革	2008年改革	2013年改革	2018年改革
水利部	水利电力部	水利部						
电力工业部		成立能源部，同时组建中国统配煤矿总公司	电力工业部	国家电力公司	2002年12月29日，国家电力公司拆分重组11家公司①			
煤炭工业部			煤炭工业部	国家煤炭工业局，下放到地方政府。全国94个重点煤矿归口管理，国家经济贸易委员会归口管理。依据《国务院办公厅关于印发国家经贸委机构调整方案的通知》，国家煤工业局撤销，有关行政职能并入国家经贸委				
纺织工业部			中国纺织总会	国家纺织工业局，由国家经济贸易委员会归口管理，有关行政职能并入国家经贸委				
轻工业部			中国轻工总会	国家轻工业局，由国家经济贸易委员会归口管理。依据《国务院办公厅关于印发国家经贸委机关内设机构调整方案的通知》撤销，有关行政职能并入国家经贸委				
化学工业部				国家石油和化学工业局，由国家经贸委管理的国家经贸局机构改革和国家经贸委机关内设机构调整方案的通知》撤销，有关行政职能并入国家经贸委				

① 包括国家电网有限公司，中国南方电网有限责任公司，中国华能集团有限公司，中国大唐集团有限公司，中国国电集团公司（2017年8月28日，经报国务院批准，中国国电集团公司与神华集团有限责任公司合并重组为国家能源投资集团有限责任公司），中国电力投资集团公司（2015年5月29日，经国务院批准，中国电力投资集团公司与中国核电集团公司合并重组成立国家电力投资集团公司），中国华电集团有限公司，中国电力工程顾问集团公司（后重组为中国能源建设集团有限公司），中国水电工程顾问集团公司（2011年9月29日划归中国电力建设集团有限公司）和中国葛洲坝集团公司（后重组为中国电力建设集团有限公司）。中国水利水电建设集团公司（后重组为中国能源建设集团有限公司）。

续表

1981年12月	1982年改革	1988年改革	1993年改革	1998年改革	2003年改革	2008年改革	2013年改革	2018年改革
冶金部	冶金工业部			国家冶金工业局,由国家经济贸易委员会归口管理,有关行政职能并入国家经贸委	国家冶金工业局机构改革和国家经贸委撤销,有关行政职能并入国家经贸委		依据《国务院办公厅关于印发国家经贸委机关内设机构调整方案的通知》撤销	《国务院办公厅关于印发国家经贸委机关内设机构调整方案》
建筑材料工业部	并入国家经济委员会			国家建筑材料工业局,由国家经贸委管理的国家经贸局管理的国家建材工业局机构改革和国家经贸委和国家经济贸易委撤销,有关行政职能并入国家经济贸委	依据《国务院办公厅关于印发国家经贸委机构改革方案的通知》撤销			
国家有色金属工业管理总局	改建为中国有色金属工业总公司			国家有色金属工业局,由国家经贸委管理的国家经贸局机构改革和国家经济贸易委和国家经贸委撤销,有关行政职能并入国家经贸委	依据《国务院办公厅关于印发国家经贸委机构改革方案的通知》撤销			

资料来源:作者总结。

经济管理职能的部门为：国家发展和改革委员会，商务部，国有资产监督管理委员会，市场监督管理总局，人力资源和社会保障部，工业和信息化部，交通运输部，农业农村部，国家林业和草原局，住房和城乡建设部等十大部、委、局。通过 40 年的改革，我国资源配置的决定力量已经从政府让渡到了市场，但与此同时，政府也保留了发挥作用的空间和能力，这为有为政府在经济发展中发挥积极作用提供了必要的基础。

三、从"全能"政府到"有为"政府

（一）中西方关于政府职能差异的历史与文化溯源

中国改革开放 40 年来经济飞速发展，现已成为世界第二大经济体，建设成就举世瞩目，创造了"中国奇迹"。之所以称为奇迹，是因为中国持续几十年的经济高速增长具有以现有理论难以解释的非常规性，包括自然资源、人力资本、物质资本、科技水平等决定经济增长的关键要素，中国并不比其他发展中国家更具优势。但不可否定的是，中国经济增长过程中的独特之处在于政府对市场的协调和引领，这就使中西方市场经济中的政府角色在理论和实践领域均出现巨大差异。然而，现有文献对政府角色进行了广泛的争论，但却很少探讨这种差异的根本原因。我们认为，这种差异形成的主要原因是由中西方市场经济的发展轨迹不同导致的：西方市场经济的形成与发展是商人集团同王权和政府不断斗争的结果，而中国的市场经济则是政府主动孵化和引导建立起来的，政府对市场的干预具有历史必然性。

中国的历史与文化与西方存在显著不同：第一，中国历史上是大一统的封建社会，而欧洲中世纪有时甚至连中央权力机关都没有（钱乘旦，2007）。因此，中国帝国中央集权统治力量比起欧洲的领主割据以至 16 世纪以后的王权统治要强大得多（许涤新和吴承明，2003），以至欧洲封建领主之间频发的战争在我国封建地主之间更为鲜见，统治者与被统治者之间的矛盾相对缓和。第二，自隋朝以来的科举制赋予了民众读书入仕的机会，这使中国的政府"既不是贵族政府，也非军人政府，又非商人政府，而是一个'崇尚文治的政府'，即士人政府"（钱穆，2012）。这又在客观上缓解了封建势力与民众的对立情绪，商人集团即便能够获得发展，也无法壮大到能够与整个社会规范抗争。第三，民众已经完全接受了传统文化思想，"爱民如子"与"忠君报国"相互衔接，培养了民众对政府的信任和期待，这与欧洲中世纪领主与民众的尖锐对立极为不同。最后，封建社会在观念上将商人集团封存于社会最底层，即便有着巨大商业利益的驱动，但仍然敌不过"品级"观念的羁绊（胡晓鹏，2015）。因此，中国传统社会未能孕育出独立、强大的资产阶级，也无法培育出可以代表商人意愿的资产阶级政府，西方式的自由市场经济也不可能自然形成。

因此，即使都是通过市场对资源进行配置，但政府职能仍然可以在不同的经济体间存在差异。可以这样讲，如果存在一个政府职能的标准的话，那么这个标准一定是以一个区间的形式存在，不同经济体的最优政府职能就存在于这个区间之中，但其具体位置还要由该经济体的具体国情决定。

（二）学界对政府职能的认知历程

经济学经典理论对政府干预的看法是非常谨慎的，自亚当·斯密在《国富论》中概括了政府的"守夜人"角色后，这一思想延续百余年，直到 20 世纪三十年代美国遭遇了大萧条以后，为了迅速摆脱经济危机的影响，美国开始实施了凯恩斯主义的国家干预战略。二战以后，欧洲国家为了实现战后重建，也普遍加强了政府对经济的干预。但自 20 世纪七十年代哈耶克等宣扬的新自由主义思潮泛滥以来，西方国家普遍走上强化市场调节、弱化政府干预的道路，经过这一轮放松国家干预的改革，"大市场，小政府"再次成为西方发达经济体流行的市场经济模式，而新自由主义则是这一模式的共同价值观（何自力，2014）。2008 年全球金融危机之后，面对缺乏监管的金融公司所造成的灾难性影响，人们对新自由主义提出了更多的质疑，转而主张政府应掌控更多的经济控制权（刘戒骄，2019）。但直到今天，主流西方经济学家尽管承认了政府在经济发展和市场失灵时的作用，但依旧不能认同政府可以介入和影响正常的市场运行逻辑（胡晓鹏，2015）。因此，以西方经济理论解释政府行为，往往囿于公共物品和市场失灵的范畴，难以解释中国有为政府的伟大实践。

　　自 20 世纪九十年代起，一些学者开始从制度出发寻找中国模式中的独特之处，他们关注到中国地方政府推动本地经济增长的强激励，并认为这是解释中国经济增长奇迹的一个重要因素。于是，两种理论被相继发展出来：一是财政分权理论（Montinola et al.，1995；Wong，1997；Qian and Roland，1999，等）；二是晋升博弈理论（Blanchard and Shleifer，2001；Whiting，2001；Zhou，2002；周黎安等，2005；周黎安，2007，等）。前者解释了地方官员推动区域经济增长的经济激励，后者解释了地方官员推动区域经济增长的政治激励。两种理论解释了地方政府官员推动区域经济增长的激励，但仅有激励是不足以实现经济增长的，这正如企业以利润最大化为目的，但却并不是所有的企业都能盈利。地方官员可以通过非正常的机会主义行为实现其目的。例如，腐败能够提高官员的经济收入，扩大政府信贷规模推动投资项目建设能够提高政绩。但这些行为对经济增长是有害的，前者会损害营商环境、扭曲资源配置，后者则会导致重复建设和资源浪费、制造虚假的经济增长，这些问题也确实在改革开放后对我国经济社会的可持续发展造成了威胁，也为 21 世纪初西方出现"中国崩溃论"提供了一定的现实基础。因此，仅阐明地方政府推动经济增长的激励还不足以全面解释中国经济增长"奇迹"，还必须深入考察中国政府经济干预方式及其效果的独特性。

　　从现实的角度看，中国政府对经济的干预范围超出了西方经济学说下的"市场失灵"领域。① 然而，学界对政府干预方式的研究却是明显

---

　　①　实际上，即使是在西方"自由市场"国家，很多政府的干预措施也超出了"市场失灵"的范畴。例如，在克林顿政府、奥巴马政府时期美国都制定实施了多项产业政策以推动美国经济发展，包括《国家信息基础设施工程计划》《重振美国制造业政策框架》《制造业促进法案》等。到特朗普政府时期，美国更是挥舞起政府干预大棒，毫不掩饰地挑起与中国的贸易战，打压中国企业，扭曲市场竞争。这与西方经济学说倡导的"守夜人"小政府显然是格格不入的。

不足的，这可能有两方面的原因：一是科研人员对现实世界的了解还很不足够，在西方国家流行的"旋转门"并未在我国广泛开启，导致理论与实践脱节比较严重。二是科研评价体制并未能给予科研人员以足够的激励去深入研究现实问题。这使得在中国广阔的沃土上，大多数学者在对政府与市场关系的研究上仍囿于传统的西方经济理论，未能取得应有的突破。

（三）对"有为政府"边界的探讨

由于"有为政府"尚缺乏一个能够被各方认可的权威概念，这就给各种观点思潮提供了阐发的空间。

一方面，有学者认为"有为政府"即要积极发挥政府对市场的调控和干预职能，促进经济发展。胡晨光等（2011）认为，政府构成集聚经济圈发挥要素禀赋分工优势、促成产业集聚的外部动力。政府在集聚经济圈产业集聚过程中所起作用，主要集中在基于比较优势的发展战略、产业与贸易政策、市场制度建设与公共投资等方面；在政府政策干预的推动下，集聚经济圈在国内外分工中具有比较优势的产业充分发挥出自身在世界市场的产业竞争力，促成了区域经济的高速增长和集聚经济圈的产业集聚。如朱富强（2018）指出，随着市场经济的迅猛发展和社会制度的逐渐成熟，政府的经济功能以及相应的协调机制变得日益重要，政府需要承担积极的经济功能，可以发挥积极的协调作用。

但另一方面，也有学者坚持西方经济学的传统看法，提倡西方经济学经典理论中的有限政府概念，如费维照和胡宗兵（1998）指出有限政府理论是将政府看作是一个相对独立的实体，是与社会和个人利益相分离的一套机构和运行过程，已成为近代西方政府观念和体制的基础。张雅林（1999）认为建立有限政府不仅是政治现代化的客观要求，也是中国实现政府现代化的重要内容。田国强（2016）认为，有限政府才是一个有效市场得以成型的必要条件，而非有为政府。有限政府与有为政府具有本质上的差别，前者着眼于中长期发展而后者仅关注短期，前者强调改革而后者则局限于当前利益，前者依靠制度而后者依靠政策，前者落脚于国家治理而后者则落脚于行政式管理。

与此同时，还有一些学者试图调和有限政府与有为政府之间的矛盾，构建一个更加中和的政府行为概念。姜明安（2004）认为，我国的"转变政府职能"与西方国家的"放松规制"（Deregulation）既有相同之处，又有所差别：相同之处在于二者强调建设"有限政府"，即强调政府应"瘦身""归位"，不再"越位"和"错位"；二者的不同之处在于是否在建设"有限政府"的同时建设"有为政府"，西方学者大都强调"有限""无为"，而我国则是在强调政府"有限"的同时，也强调政府"有为"，即要求政府加强、健全和完善某些职能，管其应该管、管得了和管得好的事。蒋永甫和谢舜（2008）认为近代西方国家政府理论经历了三次巨大的演变，17～19世纪盛行的政府理念是有限政府，它关注个人的自由与权利；19世纪末～20世纪中叶，社会的利益冲突使公平成为人们最为关注的问题，政府干预市场以保障社会公平的有为政府成为主流的政府理念。石佑启（2013）则将有限政府与有为政府进行了有机结合，提出了有限有为政府的概念，并指出有限有为政府建设必须置于法治的框架下并寻找其相应的路径，包括推动政府与公民观念的变革，促进政府与市场、社会及公民关系的整合，加强法治保障，以满足社会公众对政府的期待，彰显政府存在的价值。

在对有为政府所进行的讨论中，最针锋相对的莫过于田国强对新结构经济学的批评及新结构经济学对此所做的回应。2016年，田国强教授对新结构经济学的有为政府概念提出了质疑：[①]（1）有为政府的边界不清，是游离不定的、无限的和无界的，并具有很大误导性；（2）"不为"不一定就是不好的，新结构经济学将"有为"与"不为"混为一谈；（3）政府干预过多会导致寻租空间巨大、贪污腐败盛行；（4）信息的不对称、不完全会导致政府制定产业政策失败；（5）有为政府的

---

① 依据田国强文章《争议产业政策：有限政府，有为政府？》整理，该文发表于《财经》2016年第30期，2016年11月7日出版。

产业政策治标不治本。最终，田国强指出一个有效市场的必要条件是有限政府而不是有为政府。

随后，林毅夫教授撰文进行了回应，他指出：[1]（1）所谓"有为政府"必然是给国家发展社会进步做出贡献的政府，从字面上就排除了"无为"和"乱为"。（2）新结构经济学所主张的"有为政府"是在市场失灵时所采取因势利导的行动，这种行动能够帮助市场变成有效。（3）有限政府论者认为有限政府存在清晰的边界，但却并未讨论什么是市场不能做的。（4）由于资源有限性，政府必须对基础科研进行选择性支持，这就成了一种产业政策。（5）有限政府论主张在市场失灵领域实施政府干预，但是，任何需要政府作为的主张都可能成为政府"乱为"的借口。

之后，田国强教授再一次撰文回应，他指出：[2] 第一，世界上从来不会犯错误、天使般的有为政府是不存在的。第二，政府存在的意义或者说其本职工作就是提供能够维护市场有序运行的法律环境，同时还要建设具有公共物品属性和外部性属性的基础设施，如果"有为政府"仅是指在这方面有为那是无可置疑的。但是，"有为政府"这一概念的提出具有很强的误导性，它很容易使人们对政府职能的认知超出应用领域并扩展到其他方面。第三，许多经济学的教材都明确讨论了政府的边界，已经指出了什么是市场不能做的。第四，政府不应对产业技术发展的方向拥有决定权，这种决定权是属于市场和企业家的。第五，委托—代理理论和机制设计理论已严格证明，信息不对称是资源配置无效率的一种引致条件，即使是政府也无法纠正这种无效率，次优（Second Best）在信息不对称条件下成为最好的结果。第六，对于有限政府的提倡是为了强调经济发展不能偏离市场化方向，强调通过进一步的放权改革，增量改革，加法式改革推进经济自由化、市场化和民营化，并驱动

---

① 依据林毅夫文章《论有为政府和有限政府——答田国强教授》整理，该文发表于《第一财经日报》2016 年 11 月 7 日。

② 依据田国强文章《再论有限政府和有为政府——田国强回应林毅夫：政府有为要有边界》整理，该文发表于《第一财经日报》2016 年 11 月 8 日。

国家治理目标向有限政府收敛。而林毅夫认为的有限政府是以目标代替过程、代替手段则是对有限政府的曲解。

王勇和华秀萍（2017）对田国强的批评进行了再次回复，他们指出，"新结构经济学中的'有为政府的定义'是：有为政府是在各个不同的经济发展阶段能够因地制宜、因时制宜、因结构制宜地有效培育、监督、保护、补充市场，纠正市场失灵，促进公平，增进全社会各阶层长期福利水平的政府""如果将政府所有可选择的行为作为一个全集，那么'不作为'与'乱为'这两个集合的合集的补集，就是'有为'的集合"。① 政府要有为，就要避免不作为和乱为，就"应该遵循一国比较优势原则，实施因势利导的'顺势而为'干预策略"（林毅夫，2020）。随着经济社会的发展，"政府需要在不同的经济发展阶段根据不同的经济结构特征，克服对应的市场不完美、弥补各种各样的市场失灵，干预、增进与补充市场"（王勇和华秀萍，2017）。新结构经济学下的"有为政府"，是遵循一国比较优势的动态演变，在每个时点上都应做到"顺势而为"的政府，见图2-2。

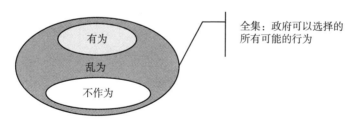

图2-2　新结构经济学下的"有为"政府的集合定义

资料来源：王勇，华秀萍.详论新结构经济学中的"有为政府"的内涵——兼对田国强教授批评的回复［J］.经济评论，2017（3）：17-30.

由以上的争论可知，学者们对"有为政府"的边界存在严重分歧，一方认为"有为政府"即是对国家发展社会进步做出贡献的政府，自

---

① 王勇，华秀萍.详论新结构经济学中的"有为政府"的内涵——兼对田国强教授批评的回复［J］.经济评论，2017（3）：17-30.

然排除了"无为"和"乱为",而另一方则认为"有为政府"概念模糊、边界不清,容易成为政府"乱为"的借口。

对于这种争论,作者认为,"有为政府"并非是无边界的,相对于计划经济时代的"全能政府"和自由市场经济中的"有限政府"而言,"有为政府"的边界正处于二者之间,如图 2 - 3 所示。有限政府的行为空间被限制在市场失灵领域,而全能政府则直接管理着企业的经营决策。因此,"有为政府"的职能领域超出了市场失灵的领域,但绝不会对企业行为决策进行直接干预。因此,本书认为,有为政府除了在弥补市场失灵之外,还能够对经济发展发挥引领作用的政府。

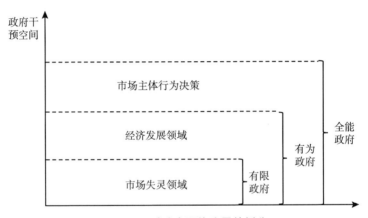

图 2 - 3 对政府职能边界的划分

然而,在经济发展领域之内,有为政府有没有更加清晰的边界呢?笔者认为,正如市场失灵领域的不断拓展一样,政府对经济发展干预的边界也会随着实践的发展而不断具体化,理论研究的跟进也是需要时间的。因此,对于有为政府职能更加明确地界定就需要在不断的实践探索和理论研究中逐渐丰富。

四、"有为政府"概念的划时代意义

（一）调和中西方对政府职能认知的矛盾

党的十九届五中全会指出："坚持和完善社会主义基本经济制度，充分发挥市场在资源配置中的决定性作用，更好发挥政府作用，推动有效市场和有为政府更好结合。"这就正式提出了"有为政府"的模式，是对我国政府和市场关系实践探索的经验总结。笔者认为，"有为政府"概念的提出具有划时代意义，它不同于计划经济时代的全能政府，同时也有别于西方主流学界所倡导的"守夜人"式政府。实际上，"有为政府"的概念正在实践和理论上发挥着调和中西方对政府职能认知差异的作用，不断地将市场经济中最优政府职能的区间明确化。不论是在学术研究领域还是在现实世界，中西方对政府职能的认知正在从两个极端向中间靠拢，其中，中国的方向是从全能政府向有为政府，而西方则是从另一端的"守夜人"政府向有为政府趋近，见图2－4。①

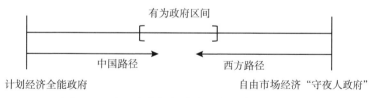

图2－4　中西方市场经济中政府职能的演进趋势

然而，当前学界对政府职能的范围还是存在较大争论的，这也导致"有为政府"到目前还没有一个明确的概念和清晰的边界，这需要理论

---

① 正如蒋永甫和谢舜（2008）所指出的：19世纪末起，由于社会的利益冲突使公平成为人们最为关注的问题，过去在西方盛行的"有限"政府理念已发展为以政府干预市场以保障社会公平的"有为"政府为主流的政府理念。当然，西方社会所理解的"有为"政府的职能范围与我国有所差异，但其对政府干预的认同却是不断增强的。

工作和实践工作者的共同努力，不仅要在逻辑上定义一个合理的、自洽的概念还应对其形成有力支撑的理论体系，现实的经验证据也必不可少。尤其是对于有为政府的边界问题，需要学界不断地进行探索。从西方经济学的演进历程上看，其对政府职能的认知也是逐步深入的。

（二）"有为政府"理论将成为中国经济学理论体系的核心领域

1. 学界对中国经济学的探讨与中国经济学人的历史使命

一直以来，学界对中国经济学的构建有着广泛的探讨，其中不少学者指出"中国经济学"实质上更贴近"中国的经济学研究"或"经济学在中国"（江小涓，1999）。一些学者认同此观点并认为"中国经济学"的概念是不成立的，"经济学的基本原理和分析方法是无地域和国别区分的"（钱颖一，2002），中国需要的是"经济科学的现代化与中国化"（樊纲，1995a）。这种观点自然受到了马克思主义理论家的批判，崔之元（1995）认为西方经济理论正处于深刻的范式危机之中，而后樊纲（1995b）的回应则认为目前正处于深刻的范式危机之中的不是西方经济理论，而是马克思主义经济理论。这在当时引起了"范式"之争（吴易风，1996），在争论中，诸多学者对"中国经济学"表态赞同，认为西方经济学存在与中国经济发展的适应性问题，导致"对象不一致，方法再一样，也不能形成相同或相近的'范式'"（何炼成和丁文峰，1997）。随着讨论的深入，对中国经济学的相关概念的界定逐渐出现，学者们在研究对象、研究目的和研究立场上也多能达成共识（程霖，2020）。然而，这种争论尽管热烈而广泛，但争论焦点仅集中于"是否"的问题，而对于到底怎样构建中国经济学，其核心内容应该是什么却仍有待进一步探索。

党的十八大以来，学界对中国经济学的探讨不断升温，对中国经验的总结、对中国智慧和方案的梳理已引起各界的高度重视和广泛争鸣。这既是中国经济学界理论探索长期积累的历史必然结果，也是中国改革开放所取得的伟大成就的内在要求。2015 年 12 月 21 日，中央经济工作会议在北京举行，会议提出"要坚持中国特色社会主义政治经济学的重大原则"，① 这是在中央层面的会议上首次提出"中国特色社会主义政治经济学"，发展中国的经济学理论已受到中央关注。2016 年 7 月 8 日，习近平总书记在主持经济形势专家座谈会时指出，"要加强研究和探索，加强对规律性认识的总结，不断完善中国特色社会主义政治经济学理论体系，推进充分体现中国特色、中国风格、中国气派的经济学科建设"。② 可以说，构建中国经济学理论体系，以中国话语体系讲好中国故事是新时代赋予中国经济学人的历史使命。

2. "有为政府"理论对中国经济学建设的意义

习总书记指出："中国特色社会主义政治经济学只能在实践中丰富和发展，又要经受实践的检验，进而指导实践。"③ 在中国共产党的全面领导下，我国从计划经济向市场经济转轨，经历了巨大变革，中国特色社会主义市场经济取得了举世瞩目的伟大成就，这就是中国的实践。从理论意义上讲，中国伟大实践的魅力之处即是构建了中国式的政府与市场关系，党的十九届五中全会指出："坚持和完善社会主义基本经济制度，充分发挥市场在资源配置中的决定性作用，更好发挥政府作用，推动有效市场和有为政府更好结合。"我们认为对"有为政府"的理论解释将成为中国经济学理论体系的核心领域，主要原因有如下三点：

第一，历史和文化决定了中国"有为政府"的必然性和合理性。尽管西方式的自由市场经济运行了几百年，但它绝不是一个"完美"的模式，它只是趋近于"完美"地适应了自己的历史和文化等非正式制度要素，从而将整体的制度效率提升到了一个较高水平。与西方相比，中国的历史和文化并未给商人阶层建立资产阶级政权的机会，西方式的自由市场经济也就无法在中国形成。如本章第五部分内容所述，我

---

① 张淮. 中央经济工作会议在北京举行习近平李克强作重要讲话，中国政府网 ［N］，2015 年 12 月 21 日，http：//www.gov.cn/xinwen/2015－12/21/content_5026332.htm.

②③ 张樵苏. 习近平主持召开经济形势专家座谈会，新华网 ［N］，2016 年 07 月 08 日，http：//www.xinhuanet.com/politics/2016－07/08/c_1119189505.htm.

国历史和文化的特殊性主要体现在如下几个方面：中国历史上的大一统传统；科举制度与"士人政府"抑制了商人阶层的发展壮大；社会文化对政府行为的认同、接受和期待；社会文化中存在着"品级"观念，无法孕育出西方式的资产阶级政府。因此，西方式的政府与市场关系并不适合于我国的历史与文化，当然，中国也绝不会回到计划经济的轨道上。因此，"有效市场"+"有为政府"将成为中国的历史文化与市场经济体制的交集，衍生出新时代下最具中国特色的资源配置模式，为全球发展提供中国智慧和中国经验。

第二，中国共产党的先进性和纯洁性保证了"有为政府"的优越性。中国共产党是以马克思主义理论为指导思想和行动指南的无产阶级政党，既保持着马克思主义政党无产阶级先锋队的特质，又坚持马克思主义基本原理与中国实际相结合。中国共产党的领导是历史的选择、人民的选择，是中国人民翻身得解放、致富奔小康的根本所在。"勇于自我革命，善于自我净化、自我完善、自我革新、自我提高，是中国共产党最鲜明的品格。自我革命是保持党的先进性和纯洁性的必然要求，保持先进性和纯洁性是党的自我革命的根本规定。近百年来，中国共产党多次完成自我革命，不断实现自我发展，由小变大、由弱变强"（陈德祥，2019）。中国共产党以实现中华民族伟大复兴的中国梦为使命，秉持以人民为中心的发展观，带领全国各族人民攻坚克难、奋勇前进，多次完成自我革命，不断实现自我发展。中国共产党的先进性和纯洁性提升了"有为政府"的制度效率，保证了"有为政府"的优越性。

第三，西方经济理论排斥"有为政府"，难以解释中国伟大实践。亚当·斯密在《国富论》中概括了政府的三种职能——保护国家、维护公正与秩序、提供公共物品，也即市场经济体制要维持"小政府"的"守夜人"角色。这一思想延续了百余年，直到第二次世界大战后，为了从战争破坏的阴影中走出来，凯恩斯的国家干预主义得到普遍认同和广泛推广，西方国家才普遍加强了政府对经济的干预。但20世纪70年代后，西方国家出现了经济发展的"滞涨"问题，凯恩斯的财政和货币政策对此束手无策，于是哈耶克等宣扬的新自由主义思潮卷土重来，西方国家的主流思潮又回归到"大市场、小政府"的原有轨道之上。尽管 2008 年金融危机后，西方国家又开始加强政府管制，但政府与市场在社会思想体系中仍是被严格区分和对立的。因此，以西方经济理论解释政府行为，往往囿于公共物品和市场失灵的范畴，而"有为政府"自然是超过了这一范畴，西方经济理论已力不从心，难以解释中国伟大实践，以至于有"谁能正确解释中国改革和发展，谁就能获得诺贝尔经济学奖"的著名论断。

当前，"有为政府"已经成为中国特色社会主义市场经济的巨大优势，亟待理论界对此进行剖析解释，这一研究自然应是中国经济学的核心领域。但是，对于市场经济条件下该如何发挥政府职能，争论从经济学诞生之日起持续至今。正如刘尚希（2015）所指出的："流行的理论总是在政府和市场之间摇摆，或者把政府和市场这两只手看成是对立关系，而不是分工合作的关系。要么就是批评政府干得太多妨碍了市场；要么就是批评市场带来了很多问题，政府发挥作用不够。"尤其在国内学界，由于"更好发挥政府作用"的真正内涵并不清晰，各种观点和学说可谓见仁见智。由此可见，学界有关"有为政府"的研究已严重滞后于生动鲜活的政府行为实践。这些争论会使理论家在此领域前望而却步，但仍有学者做出了大胆尝试，为中国经济学的发展打下了坚实基础。目前，在对有为政府进行阐述的各种学说和观点中，有代表性、成体系的理论是林毅夫教授的"新结构经济学"与陈云贤教授的"中观经济学"中的有为政府思想。我们将从第三章开始，对这两种理论进行介绍与评价。

本 章 小 结

有为政府是具有鲜明中国特色的一个理论概念，社会各界已对其形成了越来越多的共识和认同。为了对有为政府形成一个更加全面的认识，本章首先深入研究了我国政府机构的形成、发展和改革过程，尤其是对我国改革开放以后国务院政府机构的八次重要改革进行了详细考察，并分别对综合经济管理部门和专业经济部门的改革过程进行了系统回顾，由此厘清了我国有为政府建设的起点和优势。本章也对我国有为政府建设的历史和文化基础进行了分析，探讨了学界对政府职能的认知历程，指出了"有为政府"概念的划时代意义。

第二篇

新结构经济学与新中观经济学
有为政府理论的比较

第三章

有为政府应"因势利导"
还是"超前引领"

　　学界对"有为政府"的讨论已经持续了多年，在众多的观点和学说中，已经形成了比较完善理论体系的是林毅夫教授提出的新结构经济学和陈云贤教授提出的新中观经济学下的有为政府理论。然而，两种有为政府理论却有着显著的不同，新结构经济学认为有为政府应"因势利导"，而新中观经济学则认为有为政府应"超前引领"。本章首先对两种理论的提出背景和发展过程进行了介绍，探讨了"因势利导"和"超前引领"两种观点的形成原因，进而对两种理论的差异性和共同点进行了比较，最后指出了两种理论存在的不足与可能的拓展方向。

一、新结构经济学的形成与发展及有为政府"因势利导"论

（一）新结构经济学提出

　　林毅夫教授现任北京大学新结构经济学研究院院长，他创立了新结构经济学。2012 年，林毅夫教授开始对中国和其他发展中国家的经济增长经验进行系统总结，并不断深化对新结构经济学的研究。2015 年12 月，北京大学新结构经济学研究中心（Center for New Structural Economics at Peking University，CNSE）正式成立，该中心由林毅夫教授创

立，并由其亲自担任首任中心主任。2017 年 12 月，该中心转设为新结构经济学研究院（Institute of New Structural Economics at Peking Univeristy，简称 INSE），以深化新结构经济学理论体系的研究、运用与推广。①

从 1994 年 8 月到 2008 年 5 月的这段时间，林毅夫教授创建了北京大学中国经济研究中心，作为中心的首任主任他以新古典贸易理论为基础，提出了比较优势发展战略，这为新结构经济学塑造了理论雏形。在这段时间里，林毅夫教授对宏观经济学理论进行了不断的反思，力图构建符合发展中国特殊情况的宏观经济增长理论，根据其独具的创新思维提出了"自生能力"（Viability）、"潮涌现象"（Wave Phenomena）、最优金融结构理论等重要概念与学术主张。②

2008 年 5 月，林毅夫教授赴任世界银行首席经济学家后，开始更加深入和全面地考察发展中国家的发展战略，他颇具洞见地批判了传统结构主义的弊端，对其比较优势发展战略进行了深化与提升。2009 年 6 月 2 日，在世界银行发展经济学部第四次高级经济学研讨会上，林毅夫教授以"新结构经济学：重构发展经济学的框架"为题，进行了一次学术报告，这是他首次正式地提出"新结构经济学"的概念。后来，该文的英文稿于 2011 年发表于 "World Bank Research Observer" 的第 26 卷第 2 期，成为新结构经济学的纲领性奠基之作。

而林毅夫教授首次明确提出新结构经济学是在 2011 年 3 月，林毅夫教授应邀在耶鲁大学所做的"库兹涅茨（Simon Kuznets）讲座"中。该讲座的主要内容后来以《新结构经济学：反思发展问题的一个理论框架》为题发表于 2012 年的《世界银行观察》杂志。由此，"新结构经济学"的概念被正式提出，之所以称其为"新结构经济学"，是为了区别于发展经济学的第一波思潮"结构主义"（林毅夫，2017）。新结构经济学认为："某一时点的比较优势是由其要素禀赋结构决定的，遵循

---

①② 赵秋运，王勇. 新结构经济学的理论溯源与进展——庆祝林毅夫教授回国从教 30 周年 [J]. 财经研究，2018，44（9）：4-40.

一国的比较优势来选择技术、发展产业，是实现快速发展、消除贫困和收入收敛的最好办法。"①

（二）新结构经济学的发展

从 2013 年至今，这一时期为林毅夫教授经济理论的拓展运用阶段。在这一阶段，林毅夫教授建构了新结构经济学的"理论大厦"，在北京大学建立了新结构经济学研究中心（2015 年）、南南合作与发展学院（2016 年）和新结构经济学研究院（2017 年），全面深化新结构经济学研究，"知成一体"与全方位多角度地拓展深化和阐释新结构经济学理论，并且致力于将新结构经济学理论运用在国内外的政策实践中，主要研究成果包括《超越发展援助：在一个多极世界中重构发展合作新理念》（2016）、"Endowment Structures，Industrial Dynamics，and Economic Growth"（2015）、《新结构经济学新在何处》（2016）、"Remodeling Structural Change"（2017）以及《战胜命运：跨越贫困陷阱，创造经济奇迹》（2017）等。②

从新结构经济学的理论体系上看，它从比较优势出发构建产业政策，再由产业政策延伸到对有为政府的阐述，这构成了该理论的逻辑线索。而在实践领域，新结构经济学设计了"增长甄别和因势利导框架（GIFF 框架）"和五类产业因势利导法，期望以此对发展中国家选择重点支持产业进行指导，并通过设定符合这些国家比较优势的产业政策推动产业升级和经济增长。③

许多世界著名经济学家如斯宾塞（Michael Spence）、斯蒂格利茨（Joseph Stiglitz）、阿克洛夫（George Akerlof）、谢林（Thomas C. Schelling）等，都对林毅夫教授新结构经济学的贡献给予了高度评价。但与此同时，新结构经济学也遭遇了一些学者的质疑和批判，见表 3 - 1，

---

① 林毅夫. 新结构经济学的理论基础和发展方向 [J]. 经济评论，2017（3）：4 - 16.

②③ 赵秋运，王勇. 新结构经济学的理论溯源与进展——庆祝林毅夫教授回国从教 30 周年 [J]. 财经研究，2018，44（9）：4 - 40.

这些观点是很有针对性的，有些是触碰到了新结构经济学的立论之基，如对比较优势战略的质疑、对政府识别比较优势能力的质疑、对有为政府的质疑等，这需要新结构经济学给出明确的答复并对其理论做进一步完善。

表 3 - 1 　　　　　　　　　　对新结构经济学的质疑与批判观点

学者	时间	主要观点
张军	2013	基于静态比较优势的分析逻辑来演绎和处理经济结构演变升级和经济收敛的动态理论还有待进一步发展，即新结构经济学需要在理论上把基于静态效率的比较优势理论从贸易部门直接推演到整个产业的范围并运用于一国国内的产业政策与产业机构变化升级的领域
黄少安	2013	新结构经济学没有讨论政府发展本国经济的激励或动力以及政府是否具有信息获取和比较优势甄别的能力；新结构经济学必须把制度及其结构与经济结构联系起来，有一个制度结构内生化的理论；要素结构和产业结构应从数量结构的意义扩展到空间结构的意义
余永定	2013	比较优势理论证明了国际分工的好处，但不能作为产业升级的指导理论。资本/劳动比的变化可以推导出资本和劳动边际成本和边际收入的变化，但无法解释技术转换（产业升级）
张曙光	2013	新结构经济学未能对主体行为过程进行足够的分析，它仅是作为一种发展理论框架而存在的；新结构经济学假设了一个好人政府，但实际上，只有在政府官员的最大化利益与发展的目标相一致时，他们才会努力谋发展
韦森	2013	新结构经济学对需要一个什么样的政府及其政府领导人的行为模式没有明确说明，即政府领导人是利他的、仁爱和无私的还是像新古典经济学的理性经济人假设下的"自利人"
田国强	2016	新结构经济学下的"有为政府"应该被认为是一个"好心想干好事"的政府，这是一个事后概念。而林毅夫所指的按比较优势发展的另一个前提即有效市场，它也是一个事后概念。那么这两个事就产生了内在的逻辑冲突，因为有效市场的必要前提是有限政府而非有为政府

续表

学者	时间	主要观点
张维迎	2017	如果排除石油、矿产等资源产品以外，全球各经济体中大部分发展较好的产业是难以与比较优势产生联系的。例如，工业革命时期，英国并没有种植棉花的要素禀赋优势，因此英国并不是基于比较优势发展了棉纺织业。同理，二战后的日本、韩国也没有发展汽车、造船、电子等产业的比较优势。浙江义乌现已成为全球小商品交易中心，如果按照比较优势发展战略，这一成就也是难以实现的。实际上，企业家精神才是这些产业能够发展起来的根本原因，如果说比较优势存在，那么也是企业家的创新创业行为创造了这些比较优势
朱富强	2017（a）	新结构经济学没有考虑到具体而异质的技术才是一个决定现代产业比较优势的关键生产要素，从而也就没有注重技术进步的动力机制；新结构经济学基于人均资本—劳动比来评估一国的总体要素禀赋结构和比较优势，而没有充分关注一国比较优势的多元性；新结构经济学基于绝对成本而推崇小步跑式产业升级途径，而没有充分关注产业升级在不同规模经济体中的相对成本差异，尤其没有考虑大国所具有的承担风险和成本的更大能力，从而就忽视了大国实现跨越式产业升级的可能性和必要性
朱富强	2017（b）	在不同国家和地区，产业发展具有特异性的路径，因此，GIFF框架的适用性就存在很大的局限。实际上，新结构经济学的重要意义还在于政策研究层面，为施政者的政策制定提供了可供借鉴的方法论。但新结构经济学并不能为现实世界提供一个具有广泛适用性的产业政策制定的操作手册
方兴起	2020	实际上，新结构经济学完全放弃了对马克思主义经济学的继承和发展，这是因为它以马歇尔的研究方法为基础，而对唯物辩证法与历史唯物主义的组合进行了取代，这就造成了指导思想与研究方法的错配。另外，新结构经济学将创新看作发展中国经济的一种外生变量，当然，这对中小经济体国家是没有问题的，但对中国这样一个大国却并不具有解释力。因此，新结构经济学的首要任务是重新回归到马克思主义的历史唯物主义和辩证唯物主义研究方法上来，并将创新视为一项内生变量，这才能更好地对我国创新驱动发展战略进行解释并提供有益的建议
余斌	2021	新结构经济学一方面没能有效证明新结构经济学所看重的那些干预的正当性；另一方面新结构经济学对于发达国家与发展中国家间存在的显著的结构性差异未能做出正确的识别。基于这些理论体系上的不足，比较优势发展战略对于消除贫困是难以发挥有效作用的，不仅如此，新结构经济学的政策主张还会导致发展中国家扩大与发达国家的收入水平差距

（三）新结构经济学的有为政府"因势利导"论

新结构经济学对于市场经济中为何需要政府干预是这样阐述的："作为一个动态的过程，经济发展必然伴随着以产业升级及'硬件'和'软件'（有形的和无形的）基础设施的相应改善为主要内容的结构调整。这种升级和改善需要一个内在的协调机制，对企业的交易成本和资本投资回报具有很大的外部性。这样，在市场机制外，政府就需要在结构调整的过程中发挥积极作用。"① 具体来讲，在产业升级和经济发展过程中，有为政府的角色主要体现在两个方面：一是纠正由于外部性导致的企业对新的符合比较优势产业的进入不足，"由于信息不对称和风险的原因，企业进入新的符合比较优势的产业面临两种结果，如果成功可能会吸引更多企业进入该产业进行竞争，先行者就不会有垄断利润，但若失败可能要自担后果。因此，如果没有对先行者的激励，理性的企业家可能就不会去探索新的符合比较优势的产业和技术"②。二是为产业升级提供必要的基础设施，"随着要素禀赋结构升级，软硬基础设施完善的协调问题，比如道路和电力等基础设施、金融制度、法律制度等，一般企业无法解决，需要政府来提供解决方案"③。

林毅夫强调，新结构经济学的理论框架实际上是完全不同于经典经济学的分析视角的，它"从发展中国家有什么，能做好什么为切入点，发现发展中国家处处是机会，认为任何一个发展中国家，不管基础设施和制度环境多么糟糕，企业都有追求利润的动机，只要政府能够采取务实的政策，利用可动员的有限资源和施政能力，设立工业园或经济特区，为具有比较优势的产业提供足够好的局部有利的基础设施和营商环境以降低内外资民营企业生产、营销的交易费用，那么任何发展中国家都可以将微观企业和个人的积极性调动起来，踏上快速的技术创新，产

---

① 林毅夫. 新结构经济学：反思经济发展与政策的理论框架 [M]. 北京：北京大学出版社，2012：10.
②③ 林毅夫. 新结构经济学的理论基础和发展方向 [J]. 经济评论，2017（3）：4 – 16.

业升级的结构转型和动态增长之路,而不必像新自由主义所主张的那样必须等所有的制度都建设好了,再来由市场自发的力量推动经济发展"。[1]

由此可见,新结构经济学视域下的政府干预的主要作用仍在于对市场失灵领域的弥补。但是,尽管新结构经济学仍然强调政府对经济进行干预的重要性,但对于如何证明这种政府干预的正当性却缺少应有的证明(余斌,2021),这无疑降低了新结构经济学对中国经济运行模式独特性的解释力。或如王勇(2017)所指出的:"新结构经济学在讨论产业政策的时候,希望构建一个具有普遍性意义的具有国际视野的体系,并不是只关注中国问题的'中国经济学'。"因此,怎样对现实世界中中国政府超出弥补市场失灵领域的干预行为进行合理解释,仍有待进一步的理论探索。

二、中观经济学的形成与发展及有为政府"超前引领"论

(一)传统中观经济学的提出

中观经济的概念最早于20世纪70年代中叶由德国的国民经济学教授汉斯-鲁道夫·彼得斯博士提出,他将结构理论和结构政策的主要出发点看作是经济部门、地区和集团,从规模上讲,这既不属于微观经济也不属于宏观经济,而是介于微观和宏观之间的一种聚合体。因此,创立一种相对独立的理论框架对这一中间聚合体开展专门研究是很有必要的,这对解决部门和地区因素对经济结构发展带来的影响问题很有意义。1988年,中国学者王慎之出版了《中观经济学》一书,阐述了彼得斯的中观经济理念,区分了中观经济与微观经济和宏观经济的关系,如表3-2所示,并为中观经济界定了一个范围,即"某一区域和某一

---

① 林毅夫. 新结构经济学:反思经济发展与政策的理论框架 [M]. 北京:北京大学出版社,2014:8-9.

部门的经济活动"，于光远、钱学森、厉以宁、刘与任等众多学者都对这一时期中观经济学的发展做出过贡献。[①] 但在 20 世纪 90 年代末期以后，随着中国经济制度的转轨和西方经济学的广泛流行，中观经济学的研究逐渐沉寂，但仍有学者从区域经济、产业（部门）经济等角度探讨中观经济学的构建问题（如秦尊文，2001；朱舜，2005），另外，郎咸平在 2018 年出版了《马克思中观经济学》，为中观经济理论的发展提供了一个新的路径。

表 3 – 2　　　　　　　　 早期学者对中观经济与微观经济、
宏观经济关系的界定与划分[②]

研究出发点	理论分类	理论范围	政策范围
家庭、企业、市场	微观经济	需求和供给理论 市场和价格理论 竞争理论 个人分配理论等	企业法 竞争政策 消费者政策 收入和价格政策等
部门、地区、集团	中观经济	经济结构理论 部门与地区发展理论 基础设施理论 环境保护理论 集团与协会理论等	部门结构政策 部门结构计划 研究与工艺政策 部门原料供应政策 地区结构政策等

---

① 例如，于光远在《经济学周报》1982 年第 4 期的文章《狠抓一下"中观经济问题"》中讲道："在经济工作中，有一类问题，似乎很具体，涉及的范围也不很大，说不上是宏观经济问题，但它的解决，却是对国民经济有相当大的意义，这就是'中观经济问题'。"钱学森曾对时任广东省农业预测研究所所长、华南农业大学副教授魏双凤同志 1982 年提出的"从宏观经济、中观经济、微观经济三者的相互联系、相互制约上，从整体上研究经济问题"的观点给予高度评价。他在 1984 年 8 月 27 日致魏双凤同志的信中指出："从系统学来看，宏观经济、中观经济和微观经济只不过是整个经济系统中的三个层次结构，三门学科各自研究一个层次。这样，魏双凤的综观经济学也就成了现代系统科学意义上的经济学了。"厉以宁教授为其学生刘伟、张健群的著作《微观、中观、宏观社会主义经济分析》所做的序言中写道："我对这部著作的第三篇《社会主义经济中观分析》尤感兴趣。在一般的政治经济学教科书中，至多只对微观经济和宏观经济进行论述，而中观经济问题是不被涉及的""在这里，我想就涉及的问题谈谈自己的想法，以便引起读者对社会主义中观经济的注意，使大家都来关心中观经济的研究。"

② 汉斯 – 鲁道夫·彼得斯."中观领域"被忽视了 [N]. 世界经济导报，1982 年 1 月 25 日，第 7 版。转引自：王慎之. 中观经济学 [M]. 上海：上海人民出版社，1988：4 – 5.

续表

研究出发点	理论分类	理论范围	政策范围
国民经济	宏观经济	经济循环和国民经济核算理论 经济发展和就业理论 财政、货币、外贸理论 国民收支理论等	就业政策 金融信贷财政政策 国际收支政策 指令性计划政策等

(二) 陈云贤新中观经济学的产生与发展

陈云贤的中观经济思想最早已在其 1986 年发表的文章《从中观经济入手控制投资规模》显露端倪，文章指出："中观经济，是指介于微观经济与宏观经济之间的省区市经济，也包括那些集团经济。"[①] 此时，陈云贤刚刚完成在福州师范大学经济学专业硕士研究生的学业，其硕士研究生导师是福建师范大学校长、著名经济学家陈征先生。获得硕士学位后，陈云贤被分配至福州大学财经学院担任教职。教书育人是陈云贤十分喜爱的事业，而正值盛年、学有余力的他，一边在大学里登坛授课、一边继续从事研究，在这一时期，除上面提到的文章外，他还发表了《论商品无形损耗》《论商品无形损耗对商业企业经济效益的影响》《论开放型经济科学体系的建立与发展》等十几篇学术论文和报告。同时，陈云贤亦开始进行考博的准备。1988 年，陈云贤考入北京大学经济学专业，师从我国著名经济学家萧灼基教授攻读博士学位。在北大宽容自由的学风下，萧灼基教授鼓励自己的学生跨越门户向其他经济学家请教问题，"博采众长，自成一家"。在北大的三年时间里，陈云贤先后获得过陈振汉、胡代光、范家骧、张友仁、厉以宁、刘方棫等一批经济学教授的指点。尤其是经济学宗师陈岱孙先生是陈云贤的福建同乡。于是，陈云贤频繁出现在 90 多岁的"陈岱老"跟前，恭敬地请教信中的疑问，毕业论文的思路也一步步打开。在陈岱孙先生、萧灼基教授的分析和鼓励下，陈云贤大胆创新，将资本纳入要素范畴，最终在其博士

---

① 陈云贤. 从中观经济入手控制投资规模 [J]. 计划工作动态, 1986 (11): 20 – 21.

论文《中外证券投资比较研究》中提炼出证券投资三大假说：预期收益说、风险溢价说、持有期偏好说；并揭示出资本市场三大定律：预期收益引导规律、收益风险同增规律、证券货币共振规律。[1]

当陈云贤在北大燕园刻苦求学、奋笔书写毕业论文的时候，我国改革开放的历史车轮滚滚向前、一日千里。1988 年 1 月 7 日，广东省政府经国内外调研后向国务院递交了《关于广东省深化改革、扩大开放、加快经济发展的请示》。国务院于当年 2 月 10 日正式批复，同意"广东省作为综合改革的试验区，改革、开放继续先行一步"，并"批准成立广东发展银行"。1988 年 9 月 8 日，广东发展银行正式开业，这是中国金融体制改革的试点银行，是国内最早组建的股份制商业银行之一，也是自洋务运动以来中国历史上的第十家银行。

1990 年中国证券市场已经正式起步，广东发展银行亦准备发展证券业务，但却难觅英才。在广发银行的筹建者中，丁励松同志通过福建师范大学毕业的符戈了解到陈云贤对中国资本市场的研究成果，遂邀请陈云贤加盟广发银行。在丁励松的引荐下，陈云贤在博士毕业之前专门到广东面见了广东发展银行的创始行长伍池新，并明确表示了加入广发银行发展证券事业的想法。于是，1991 年博士毕业后，陈云贤进入广东发展银行并着手创办广东发展银行证券部——广发证券的前身，由此开始了证券市场创业的征途。尽管经营业务与管理实务异常繁杂，但陈云贤博士对于理论方面的思考和创新并未停歇，他不断深化自己的研究内容。在证券部创立后，陈博士先后发表了《试论搞活国营企业的途径》《美国债券投资的管理与效果》《香港、大陆证券市场制度的异同与启示》《中国证券投资考察及其发展趋势》和《中国证券投资目标模式及其实现条件》等文章，以及《证券投资论》《投资银行论》和《风险收益对应论》等著作。

在广东发展银行工作了 12 年后，2003 年 3 月 21 日，经广东省委组织部任命，陈云贤调任佛山市委常委，2003 年 5 月，陈云贤博士正式

---

① 马庆泉主编. 广发证券创业史 [M]. 北京：中国金融出版社，2021：18 - 23.

就任佛山市委常委、市政府常务副市长、市政府党组副书记等职。在佛山市工作 8 年后，于 2011 年 7 月开始担任广东省人民政府副省长。陈云贤博士的职业经历使他能够站在经济运行的第一线，立于中国改革开放的潮头，以最直接的方式去观察和感受政府在区域经济发展中的作用。2010 年以后，陈云贤在继承早期中观经济思想的基础上，结合自身在佛山市政府和广东省政府的实践工作经验，对中观经济理论进行了重大拓展，并开创性地提出了"城市资源""资源生成"和"生成性资源"的概念，并将"城市资源"进一步划分为与产业发展相对应的"可经营性资源"、与社会民生相对应的"非经营性资源"和与城市建设相对应的"准经营性资源"三大类别，指出"中观经济学的研究对象是资源生成基础上的资源配置问题"，并将区域政府竞争设定为中观经济学研究的核心，[①] 这与传统中观经济学将部门经济、地区经济和集团经济作为研究重点是有重大区别的，见表 3 – 3。

表 3 – 3　　　　　中观经济学与微观经济学、宏观经济学、
产业经济学和区域经济学的比较[②]

类别	研究主体	研究对象	主要理论	学科性质
微观经济学	家庭、企业、市场	资源稀缺条件下的资源配置	供求理论、市场与价格理论、生产与成本理论、竞争理论、个人分配理论等。与生产要素直接联系的国民收入初次分配	理论经济学，主流经济学科
中观经济学	区域政府	资源生成条件下的资源配置	资源生成理论、区域政府"双重属性"理论、区域政府竞争理论、"超前引领"理论、四阶段资源配置侧重理论、经济发展新引擎理论、市场竞争"双重主体"理论、成熟市场经济"双强机制"理论。与区域政府竞争能力直接联系的国民收入初次分配	理论经济学，主流经济学科

①　陈云贤，顾文静. 中观经济学（第二版）［M］. 北京：北京大学出版社，2019：12.
②　转引自：陈云贤，顾文静. 中观经济学（第二版）［M］. 北京：北京大学出版社，2019：17.

类别	研究主体	研究对象	主要理论	学科性质
宏观经济学	国家	资源既定条件下的资源利用	国民经济核算理论、国民收支决定理论、经济增长和就业理论、财政政策、货币政策、国际收支平衡理论等。与政府宏观经济调控政策直接联系的国民收入二次分配	理论经济学，主流经济学科
产业经济学	产业	产业资源配置	产业结构、产业组织、产业发展、产业布局和产业政策	应用经济学、经济学分支
区域经济学	区域	区域资源分布及分工、协调	生产力的空间布局及其发展变化、区域分工与技术协作、区域关系与区际关系协调、多层次经济区域体系资源优化配置；区域经济增长、产业结构转换、区域政策和效应	应用经济学、经济学分支

2011 年，陈云贤出版专著《超前引领：对中国区域经济发展的实践与思考》；2013 年，陈云贤、邱建伟出版专著《论政府超前引领：对世界区域经济发展的理论与探索》；2015 年，陈云贤、顾文静出版专著《中观经济学：对经济学理论体系的创新与发展》；2017 年，陈云贤、顾文静出版专著《区域政府竞争》；2019 年，陈云贤以中英双语出版专著《经济新引擎》；2020 年，陈云贤出版专著《市场竞争双重主体论》。这些著述系统阐述了"超前引领"理论、区域政府"双重属性"理论、市场竞争"双重主体"理论、成熟市场经济"双强机制"理论等，这些理论既具有相对的独立性，彼此之间也连接紧密，共同构成了陈云贤中观经济学的理论体系。厉以宁在文章中评价道："根据陈云贤博士的研究，区域政府重视借助市场的力量与手段积极引领区域经济发展，区域政府的行为已经突破了传统经济学意义上的政府概念。这种有效市场基础上的有为政府，既不同于微观经济学对市场竞争主体的界定，也不同于宏观经济学对政府职责的定位。显然，当前区域政府的理论研究和

实践探索，已经不能简单用微观经济学和宏观经济学的分工进行有效的概括和解读，需要建立一套新的理论体系来进行解答""在区域资源配置中，承认市场决定性作用前提下的区域政府行为构成了中观经济学的研究主体。"①

在陈云贤所发展出的中观经济学里，区域政府成为研究主体，因为它"既能够推动超出企业行为范畴的区域性经济发展，又长于更细致的宏观调控行为"，② 而区域政府竞争则是中观经济学研究的核心。因此，与传统的中观经济学将研究重点放在区域经济、部门（产业）经济相比，陈云贤所发展的中观经济学不论在研究内容、理论基础上都有很大不同，实际上是重新定义了中观经济的研究领域，因此，本书将陈云贤所创立的中观经济学称为"新中观经济学"，以与传统的中观经济学做出区别。

（三）新中观经济学有为政府的"超前引领"论

新中观经济学也强调"有为政府"的积极作用，但与新结构经济学不同的是，新中观经济学认为政府不能仅囿于"因势利导"，更应该实施有效的"超前引领"以带动区域经济增长。这种超前引领简单地说就是"让企业做企业该做的事，让政府做企业做不了或做不好的事，二者不能空位、虚位"。③ 区域政府实施"超前引领"具体措施的前提条件是尊重市场规则和市场力量，在此基础上，政府通过发挥对经济的导向、调节和预警等作用，对市场主体的投资、消费、国际贸易活动进行引导。这里，区域政府"超前引领"的主要方式绝不是计划经济全能政府下的行政指令，而是市场经济条件下的价格、税收、金融和法律等市场化手段。通过这些"超前引领"措施的实行，结合区域政府的

---

① 厉以宁. 把区域经济发展经验上升为中观经济理论［N］. 南方日报，2016 年 4 月 14 日，第 A18 版.

② 陈云贤，顾文静. 中观经济学（第二版）［M］. 北京：北京大学出版社，2019：13.

③ 陈云贤. 市场竞争双重主体论——兼谈中观经济学的创立与发展［M］. 北京：北京大学出版社，2020：156.

理念创新、制度创新、组织创新和技术创新，使资源配置更加有效，从而在本地形成竞争优势，推动产业发展，是经济进入梯度升级轨道。

在竞争型经济增长过程中的不同阶段，不同层次上的创新发挥了不同作用：① 第一，在要素驱动的产业经济竞争主导的增长阶段，"理念创新"发挥了推动资源配置优化的实质性作用；第二，在投资驱动的城市经济竞争主导的增长阶段，"组织创新"产生了对资源配置的乘数效应；第三，在创新驱动的创新经济竞争主导的增长阶段，"制度与技术创新"将发挥提升竞争优势的关键作用；第四，在共享经济驱动的竞争与合作经济主导的增长阶段，全领域、全要素、全过程的创新能力提升对区域经济的持续发展发挥了决定性作用。

政府超前引领理论不同于凯恩斯的"国家干预经济理论"，后者主要强调政府对经济的事中和事后干预作用，虽然承认政府的调控行为可以在一定程度上对平复经济波动有一定作用，但没有对经济的事前干预给予论述。而新中观经济学中的政府超前引领对于经济的事前、事中、事后都可以事先进行科学规划和过程中的积极引导，体现了区域政府在经济运行中更积极主动的一面。政府超前引领的思想阐明了中国政府在市场经济中的全方位作用："（1）能对非经营性资源有效调配并配套政策，维护社会和谐稳定，提升和优化经济发展环境；（2）能对可经营性资源有效调配并配套政策，维护市场公开、公平、公正，有效提高社会整体生产效率；（3）能对准经营性资源有效调配并参与竞争，推动城市建设、经济与社会的全面、可持续发展。"② 中观经济学基于对城市资源三种类型的创新性划分，更加明确了政府职能，诠释了政府超前引领的领域，更加全面而真实地展示了政府行为实践。

笔者认为，陈云贤中观经济理论对政府"超前引领"的阐述是对现有西方经济理论的重要突破，其思想深深扎根于中国改革开放的伟大实践，是写在中国大地上的理论。然而，任何事物的发展都不是一蹴而

---

① 本书将在第五章对陈云贤中观经济学下的竞争型经济增长理论进行具体介绍。
② 陈云贤. 市场竞争双重主体论 [M]. 北京：北京大学出版社，2020：184.

就的，我们应该看到，尽管新中观经济学已经筑起了理论架构，但在对政府实施"超前引领"的合理性证明上仍存在理论逻辑薄弱的问题，对中国有为政府伟大实践的解释力仍有待进一步加强。

三、两种有为政府理论主要差异与一致性思想

（一）理论渊源的差异

1. 新结构经济学的理论渊源

所谓新结构经济学的"新"，是为了区别于作为发展经济学第一波思潮的"结构主义"，目的在于对超越本国现实国情的赶超战略的批判。结构主义经济学与其说是经济学的一个子学科，不如说是发展经济学中强调经济的结构特征的一个学派（余永定，2013）。最早提出结构主义思想的学者是联合国拉丁美洲经济委员会执行秘书长劳尔·普雷维什（Raul Prebisch），其"中心—外围"学说是结构主义理论的重要基石。他指出，传统的国际分工模式刻画了世界经济版图，一端是"大的工业中心"，即实现了工业化的高收入国家和地区；另一端是为这些大的工业中心提供原料供应的外围。在这种"中心—外围"的关系中，"工业品"与"初级品"之间的分工并不像古典或新古典主义经济学家所说的那样是互利的，恰恰相反，"由于技术进步及其传播机制在'中心'和'外围'之间的不同表现和不同影响，这两个体系之间的关系是不对称的"。[①]

结构经济学正式出现的一个更加被公认的时间应该是在 20 世纪 90 年代：1992 年，美国纽约大学的杜钦（Faye Duchin）在其题为"工业投入—产出分析：对工业生态产业投入产出分析的影响"（Industrial In-put – Output Analysis: Implications for Industrial Ecology）的文章指出，

---

① Prebisch, Raul. Commercial Policy in the Underdeveloped Countries: From the Point of View of Latin America [J]. American Economic Review, 1958, 49 (2): 251 –273.

结构经济学是从一个经济体的具体的可观测的构成部分以及相互关系出发，对整个经济体的一种细节的、细分的描述。一个经济体的结构特征可以用形式化的数学模型描述，其中最重要的数学工具是投入产出分析。之后，杜钦在 1998 年出版了专著《结构经济学：技术、生活方式和环境变化的度量》①，在这本专著中，杜钦把定性方法同以投入产出分析和社会核算为基础的定量方法相结合，对居民生活方式、技术选择，以及两者对资源利用的影响进行了研究。在杜钦之后，拉（Thijs ten Raa）、威廉姆斯（Bob Williams）等学者也提出了影响较为广泛的结构主义思想。但总的来看，尽管讨论经济结构问题的文献数量众多，尽管"结构调整""结构升级""结构转换"等词汇被经济学文献广泛提及，但实事求是地讲，到目前为止，在西方经济学的理论发展中，结构经济理论研究一直没有发展成为一门独立的学科（余永定，2013）。

从实践经验上看，二战后发展中国家相继独立，开始寻求快速发展本国经济的有效办法。此时，在结构主义思想的影响下，发展中国家贫穷落后的原因被归结为产业结构上的差异，即发展中国家未能发展出资本和技术密集型的产业，而其本质原因是市场失灵。因此，结构主义强调应依靠政府的力量，迅速建立起如发达国家一样的资本和技术密集型产业，这样才能使发展中国家迅速摆脱贫穷落后的状态。但是，这种赶超战略的实施结果却不尽如人意，"这些产业的企业在开放竞争市场中缺乏自生能力，需要政府支持来完成初期投资和持续运转。而政府干预又导致资源低效配置、寻租和腐败行为频频发生。结果是，经济发展的绩效很差，与发达国家的差距越来越大"。② 林毅夫（1994）认为："导致中国和其他社会主义以及非社会主义发展中国家选择政府主导的资源计划配置体制，并造成这些国家经济绩效低下的根本原因，是这些国家在资本稀缺的要素禀赋结构下，实行了资本密集型的重工业优先发展的

---

① Faye Duchin. Structural Economics：Measuring Change in Technology, Lifestyles, and the Environment ［M］. Washington DC：Island Press, 1998.

② 林毅夫. 新结构经济学的理论基础和发展方向 ［J］. 经济评论, 2017（3）：4–16.

赶超战略。在此战略下，优先发展产业中的企业在开放竞争的市场体系中缺乏自生能力，因而，为了推行这个战略，政府只能实行扭曲各种价格信号、资源计划配置、剥夺企业自主权甚至实行国有化的'三位一体'的计划经济体制。"①

到 20 世纪 70 年代，由于资本主义国家普遍出现了"滞涨"的情况，使政府干预受到了广泛的批判，在这样的背景下，作为发展经济学第一波思潮的结构主义自然衰落，新自由主义经济思潮开始广泛流行，发展经济学开始了它的第二波思潮。在新自由主义学者看来，市场是万能的，国家对市场运行的干预应该降到最低。新自由主义者坚信，只有实行市场竞争制度，充分发挥市场机制的作用，才能提供为技术进步所需的多样性、复杂性和灵活性，而国家的宏观管理和干预恰恰阻碍了技术进步。国家采取的任何干预经济的政策和措施，归根结底都是徒劳无益的。管得最少的政府是最好的政府，国家不干预经济是对经济最好的管理。要使经济保持稳定，唯一有效的办法是国家听任经济自然发展（程恩富，2005）。基于新自由主义思潮，西方国家为发展中国家提出了一系列改革方案和政策主张，后来被称为"华盛顿共识"（Williamson，1990）。华盛顿共识主张减少政府干预，促进贸易和金融自由化，实施利率市场化，对国有企业实施私有化等改革方案，并将这些方案先后运用与拉美和中东欧国家。但是，这些改革措施不但没有取得预期效果，还在很大程度上使这些国家错失了发展时机。正如经济学家斯蒂格利茨所言："往好里说，它是不完全的；往坏里说，它是误导的。"②

由此，经验事实证明：结构主义下的赶超战略和新自由主义下的

---

① 林毅夫，蔡昉，李周. 中国的奇迹：发展战略与经济改革［M］. 上海：上海人民出版社，1994：55（其中，"三位一体"是指，在资本稀缺的农业经济中，一旦选定了重工业优先发展战略，就会形成相应的扭曲价格的宏观政策环境、以计划为基本手段的资源配置制度和没有自主权的微观经营制度。这三者构成了"三位一体"的传统经济体制）. 转引自：赵秋运，王勇. 新结构经济学的理论渊源与进展——庆祝林毅夫教授回国从教 30 周年［J］. 财经研究，2018，44（9）：4 – 40.

② 转引自：崔之元. 斯蒂格利茨与"后华盛顿共识"［J］. 读书，1998（10）：122 – 123.

"华盛顿共识"都无法帮助发展中国家真正实现向高收入国家的趋同。而真正实现了经济高速增长的经济体，"它们的共同点是采用了双轨渐进的途径：政府为旧的优先发展的行业中没有自生能力的企业提供转型期的保护，等到这些产业中的企业有自生能力，或这些行业变得小而不重要后，才消除市场扭曲。取消准入限制，并发挥因势利导的作用帮助私营企业进入符合比较优势、原先受限制的产业"。①

在发展经济学的前两波思潮都没能取得理想的实践效果之后，林毅夫教授对发展中国家的经济增长路径有了新的思考。他认为，一国要实现经济的快速增长，就必须遵循本国的比较优势，而政府的作用在于对本国具有潜在比较优势的行业进行精准识别，并因势利导地帮助企业进入到这些行业中去，从而将潜在比较优势变为实际比较优势，从而推动经济发展。因此，结构主义下的赶超战略和新自由主义下的政府不干预都是极端的，前者过度依赖政府，而后者则几乎放弃了政府的作用。由此可见，结构主义和新自由主义的失败激发了林毅夫对新的发展理论的思考，而新结构经济学的产生则基于比较优势理论，这被林毅夫称为发展经济学的第三波思潮。

2. 新中观经济学的理论渊源

新中观经济学以区域政府为主要研究对象，对市场和政府关系做出了突破性回答，是在探索如何发挥"有效市场"和"有为政府"，弥补市场失灵和政府失灵的过程中产生的。第一，政府失灵是指政府为了纠正和弥补市场机制的功能缺陷而采取立法、行政管理以及各种经济政策手段干预了市场，但干预结果却与预期目标背道而驰：对于市场失灵不但未能进行有效纠正，还对市场功能的正常发挥造成了阻碍和限制，使得正常的市场教育秩序在政府干预下被扭曲，导致了市场的混乱和价格机制的失效。最终，政府失灵损害了市场的资源配置功能，造成政府干预经济的效率低下和社会福利损失。第二，在经济学一般均衡的框架下，当所要求的前提假设条件能够得到满足时，自由竞争的市场经济就

---

① 林毅夫. 新结构经济学的理论基础和发展方向 [J]. 经济评论，2017 (3)：4－16.

能够得到一个帕累托最优的均衡解。但是，理想化的假设条件并不是总能得到满足，现实中存在垄断、公共物品、外部性、不完全信息、有益物品等情况，这时仅依靠市场的力量就无法实现帕累托最优的资源配置结果，这就是市场失灵的领域，此时需要政府干预以提升资源配置效率。

因此，新中观经济学认为："现代市场经济是建立在市场机制基础上运行的，是'有为政府'和'有效市场'相融合的经济模式。市场作为一种自然规律，我们更多的是认识它、理解它，政府拥有更多的主动权，在发挥市场在资源配置中'决定性作用'的同时，要更好地发挥政府的作用。找准政府在现代市场经济中的位置，科学处理政府与市场、政府与社会的关系，合理划分政府与市场、政府与社会的边界。构筑'有效市场'和'有为政府'这两个现代市场经济的轮子，使其相互补充，相互支撑，实现'双轮驱动'的现代市场经济体制。"[1] 可见，新中观经济学基于现有文献对市场与政府关系上的研究不足，以中国改革开放伟大实践为基础，探索"有效市场"+"有为政府"双轮驱动经济增长的崭新理论，这是对经济学理论的重要突破。

新中观经济学在研究范畴上与区域经济学及与区域发展紧密联系的产业经济学或结构经济学有交叉，把区域经济、产业经济和城市经济视为中观经济自然是可以的，但是把区域经济学、城市经济学和产业经济学直接视为中观经济学则未必确切，这三门学科仍属于应用经济学，但不应作为理论经济学的中观经济学。[2] 另外，在研究方法上，除微观经济学和宏观经济学外，新中观经济学也借鉴了财政学、公共管理等学科的理论工具和研究方法，在多学科交叉融合的基础上，构建了新中观经济学的研究框架和理论体系，为建立有中国特色的社会主义经济理论提供了可行方案。

---

① 陈云贤，顾文静. 中观经济学（第二版）［M］. 北京：北京大学出版社，2019：9－10.
② 陈云贤，顾文静. 中观经济学（第二版）［M］. 北京：北京大学出版社，2019：17.

（二）基础理论的差异

1. 新结构经济学的理论基础

新结构经济学以比较优势理论为其理论基础，该理论由亚当·斯密的绝对优势发展而来，认为国际贸易的基础是生产技术的相对差别（而非绝对差别），以及由此产生的相对成本的差别。每个国家都应根据"两利相权取其重，两弊相权取其轻"的原则，集中生产并出口其具有"比较优势"的产品，进口其具有"比较劣势"的产品。20世纪30年代，瑞典经济学家赫克歇尔和俄林对比较优势理论进行了发展，提出了要素禀赋说（即"赫克歇尔—俄林理论"或"H—O理论"），该理论认为各国间要素禀赋的相对差异以及生产各种商品时利用这些要素强度的差异是国际贸易的基础，强调生产商品需要不同的生产要素，如资本、土地等，而不仅仅是劳动力；不同的商品生产需要不同的生产要素配置。要素禀赋说认为一国的进出口商品结构应有该国的要素禀赋结构决定，即生产并出口本国要素充裕产业的产品，进口本国要素稀缺产业的产品。在要素禀赋学说的影响下，依据对生产要素配置比例的差异，产业部门被大体分为了资本密集型和劳动力密集型两种，而发展中国家往往被认为在劳动力密集型的产业上拥有比较优势。

以比较优势理论为基础，新结构经济学认为，一个国家在每个具体时点上的比较优势是由其要素禀赋结构所决定的。每个时点上的要素禀赋都是不同的，这是因为一国的各种要素都在发生瞬时的变化，各种要素间的相对价格也随之而变，这就使得一国的要素禀赋结构和比较优势随之产生动态演化，从而使经济体的最优产业结构也会随着要素禀赋结构和比较优势的变化而变化。在每个给定时点的发展水平上，市场都是最有效的资源配置方式。随着时间的推移，一国经济发展水平会不断演进，收入水平会不断提高，产业多样化和产业升级的内在要求在这一过程中被不断激活。在产业多样化和产业升级的过程中，企业进入新产业的过程中会出现两方面的市场失灵问题，一是由于外部性导致的企业对新的符合比较优势产业的进入不足，二是为产业升级提供必要的基础设施不足。这两种问题阻碍了产业多样化和产业升级自发过程的步伐,因此,政府对产业多样化和产业升级的助力是十分重要的。这种助力就体现在政府对一个符合本国潜在比较优势产业的新进入企业提供的外部性补偿,以及在基础设施的提供上发挥积极的协调作用。由此,一个"新结构经济学"的理论框架被就此被提出,这样的一个理论框架被新结构经济学者认为是能够对发展中国家的可持续增长提供重要的帮助,并推动发展中国家的收入水平实现向发达国家的收敛:①

第一,一国或经济体在每个时点上的要素禀赋结构都是不同的,各项要素间的相对价格也会发生瞬时改变,因此,在时间轴上,一国或一经济体的产业结构也应随其要素禀赋结构的变化而改变。产业结构的变化推动了对软硬件基础设施的需求变化,这对政府的基础设施供给能力提出了要求。

第二,经济发展水平在全球各经济体中并非是两点式离散的,即不只有"穷"和"富"的区别,而是一个低收入—中低收入—中高收入—高收入的连续区间,在低收入端是贫穷的农业国,而在高收入端则是富裕的后工业化国家,一国实现的每个具体的经济发展水平都是这一区间上的一个样本点。因此,对于发展中国家而言,其产业升级的目标并非是实现与发达国家一致的产业结构,而是依据本国要素禀赋结构的实际情况,做出契合实际的产业升级路径选择。

第三,作为资源配置的决定性力量,在每个经济发展阶段,都应尊重并遵循市场规律。但在经济发展的动态过程中,产业升级必然对软硬件基础设施提出新的要求,这种基础设施具有明显的公共物品属性和外部性,因此需要政府进行提供。同时,企业进入一个新的产业也会产生外部性,政府应对此进行外部性补偿。因此,在市场发挥资源配置的决定性作用的同时,也要更好发挥政府作用,以弥补由于市场失灵所导致的产业升级滞后。

---

① 林毅夫. 新结构经济学——反思发展问题的一个理论框架 [M]. 北京:北京大学出版社,2012:10.

新结构经济学基于比较优势和资源禀赋学说建立了自己的理论框架，对发展经济学的旧的结构主义市场和新自由主义思想展开了批判，在国内外产生了广泛的影响，应该说在发展经济学说史上是具有重要意义的。但正如本书前文所提到的，该理论框架也遭到了诸多国内外学者的批判，本书也将在第三章四中对新结构经济学中存在的缺陷进行探讨。

2. 新中观经济学的理论基础

如前文所述，"中观经济学"最早是在 20 世纪 70 年代被提出并传入中国，且在 20 世纪 80、90 年代在国内产生过一定影响，一些知名学者也参与到中观经济学的发展中来。但此时中观经济学的主要研究对象为区域和产业经济，所运用的研究工具也主要来自区域经济学和产业经济学，因此可以认为，传统的中观经济学是在整合区域经济学和产业经济学的相关理论和工具的基础上，为满足当时的经济发展需要而形成的一门应用性学科。但随着市场化改革的逐步深入，传统中观经济学偏向于倚重政府计划指令的特点使其越来越不能适应时代发展的要求，而西方经济学在我国的快速传播也阻遏了传统中观经济学的演进路径。因此，到 20 世纪 90 年代后期，传统中观经济学的发展实际上已经停滞了。

陈云贤教授所创立的中观经济学以区域政府竞争为主要研究对象，尽管也涉及区域经济和产业经济的问题，但它们是作为区域政府竞争的标的物出现的，而不是该理论所要研究的对象。陈云贤中观经济学的理论基础在于对"城市资源"以及与其相关联的"资源生成"和"生成性资源"所做的开创性的定义：首先，从城市资源来看，它有广义与狭义之分，"广义的城市资源包括了产业资源、民生资源和基础设施/公共工程资源，……狭义的城市资源包括基础设施硬件、软件的投资建设，以及更进一步的现代化进程中智能城市的开发和运作"①，它是作为一种重要的生成性资源而存在的。其次，所谓生成性资源是指由资源生成

---

① 陈云贤. 市场竞争双重主体论——兼谈中观经济学的创立与发展 [M]. 北京：北京大学出版社，2020：56–57.

派生的一种资源,"与产业资源一样同属于经济资源,它具备三大特性:动态性、经济性、生产性"。① 最后,所谓资源生成是指"原已存在或随着时代进程的客观需要而出现的事物,它由静态进入动态,直至具备经济性和生产性"。②

在定义了这些基础性概念之后,陈云贤教授指出,在现代市场经济体系中,企业是产业经济的资源配置主体,主要是对传统经济学中所谓的"稀缺性资源"进行竞争与配置;区域政府是城市经济的资源配置主体,主要是对"生成性资源"进行竞争与配置。因此,企业和政府共同构成了现代市场经济发展的双重驱动力,如图 3 - 1 所示。进而,该理论指出城市基础设施是一种重要的生成性资源,它是为社会生产和居民生活提供公共服务的公共工程设施,作为一种公共物品系统,城市基础设施的作用在于保证国家和区域的产业经济和民生经济得以正常运转。由于这种城市资源具有明显的公共物品属性和正的外部性,因此需要政府提供,而地方政府对这种城市资源的提供效率则体现了它的竞争

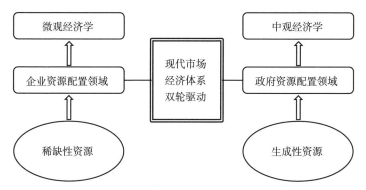

图 3 - 1 陈云贤中观经济学框架下的现代市场经济体系双轮驱动

① 陈云贤. 市场竞争双重主体论——兼谈中观经济学的创立与发展 [M]. 北京:北京大学出版社,2020:56.

② 陈云贤. 市场竞争双重主体论——兼谈中观经济学的创立与发展 [M]. 北京:北京大学出版社,2020:55 - 56.

力。陈云贤教授新中观经济学通过对"城市资源""资源生成"和"生成性资源"等概念的定义,对区域政府的竞争范围进行了明确,圈定了一个与经典西方经济学理论截然不同的资源配置领域,进而形成了政府"超前引领"的理论思想。

由此可见,陈云贤教授的中观经济学在研究对象、研究方法、研究内容以及政策主张等理论架构的各个方面都实现了对传统中观经济学的突破。不仅如此,陈云贤中观经济学还开创了对政府行为进行研究的新范式,它不囿于经典经济学框架下的市场失灵领域,强调政府对市场微观主体行为的引领和调节,从而推进产业结构升级、经济和收入增长等宏观市场运行绩效的提升,如图3-2所示。基于陈云贤教授所创立的中观经济学的重大突破和创新,本书将其称为"新中观经济学"。

微观领域　　　　　　　中观领域　　　　　　　宏观领域

市场主体行为 ⟹ 政府引领调节 ⟹ 市场运行绩效

图3-2　微观、中观和宏观经济学的研究内容

(三) 核心观点的差异:"因势利导" vs "超前引领"

通过本章对新结构经济学和新中观经济学的介绍,我们能够知道,从对有为政府的理论解释上看,两种理论在核心观点上存在显著差异,即新结构经济学主张有为政府应"因势利导",而新中观经济学主张有为政府应"超前引领"。

1. 新结构经济学的政府"因势利导"论

新结构经济学源自林毅夫教授看到旧的结构主义框架下赶超战略的失败,为了找到更适合发展中国家的增长路径而构建的发展经济学理论。在赶超战略下,一些发展中国家政府倾向于选择那些过于先进但却与本国比较优势不相匹配的行业,结果导致这些行业缺乏自生能力,离开政府的补贴就难以生存,导致政府从"选优"的目标出发却以"选劣"的结果告终。因此,新结构经济学认为,政府要推动本国经济发展，必须先明确本国在哪些产业上具有潜在比较优势，进而制定因势利导的产业发展政策，实施比较优势发展战略，这样才能避免赶超战略的错误，实现对经济增长的有效拉动。

新结构经济学以比较优势学说为基础，而比较优势来自一国的资源禀赋，因此，在新结构经济学的理论框架下，政府的作用自然是从属于比较优势，除了公共服务的基本职能外，政府促进经济增长的核心职能在于有效甄别本国的哪些产业具有潜在的比较优势，进而通过实施相应的产业政策将这些具有潜在比较优势的产业变为拥有实际比较优势的产业。因此，在这样的理论框架下，有为政府的产业政策一定是在明确了本国比较优势之后才制定和实施的，这就决定了这种政府干预行为必须是"因势利导"的事后行为，因为政府无法创造比较优势。那么，政府能够有效甄别本国具有潜在比较优势的产业吗？这一疑问已被诸多国内外学者提出，但新结构经济学似乎还未能给出一个明确的答复。

而在实践中，一些执行了比较优势战略的国家却陷入了"比较优势陷阱"，而真正实现了高收入的那些发展中经济体却恰恰违背了比较优势战略。正如罗德里克（Dani Rodrik）所提出的质疑："林毅夫不希望政府采取'传统意义上的'进口替代战略去培育那些'背离国家比较优势'的资本密集型产业。但是培育那些背离比较优势的产业不就是日本和韩国在转型时期做过的事情吗？不就是中国一直在成功进行的吗？"[①] 斯蒂格利茨（Joseph Stiglitz）也提出了类似的质疑："国家无须受限于传统的资源禀赋决定的发展方式……如果韩国让市场自己运行，它就不会走上成功发展之路了。静态的生产效率要求韩国生产大米，如果韩国真这样做的话，它今天可能成为最高效的大米生产国之一，但是它仍然会是一个穷国。"[②]

---

① 林毅夫. 新结构经济学——反思发展问题的一个理论框架［M］. 北京：北京大学出版社，2012：45.

② 林毅夫. 新结构经济学——反思发展问题的一个理论框架［M］. 北京：北京大学出版社，2012：46.

2. 新中观经济学的政府"超前引领"论

新中观经济学中所谓的政府"超前引领"是指"超越"在市场经济活动之前的"引领",是对自由主义经济学中市场与政府定位的极大突破。自由主义经济学中的政府从属于市场,只能在市场中发挥一些辅助性或善后性的边缘功能,其行为的发生无疑是滞后于市场的。新中观经济学指出:[①]"超前引领"打破了市场和政府的关系定位,将政府被动地听命于市场的消极态度和行为扭转为在市场经济活动之前、之中和之后的全方位强势介入。但政府的这种强势介入又不同于国家干预主义,不是政府要凌驾于市场规律之上,而是在尊重市场规律的前提下因势利导。[②] 因此,"超前引领"的内涵可以基本表述为:"政府在尊重市场运行规律前提下弥补市场不足、发挥政府优势的一系列因势利导的行为,是'有效市场'和'有为政府'的最佳写照,也是现代市场经济的关键特征。"[③]

新中观经济学源自陈云贤教授对政府与市场关系的深入思考,而这种思考的实践基础来自陈云贤教授三十余年在政商界工作的亲身经历,在珠三角这个中国改革开放最前沿阵地的伟大变革进程中,他得以最直接地观察到市场与政府关系的演进路径,并在此过程中发挥作用。因此,新中观经济学的理论框架深深地扎根于中国改革开放的伟大实践,区域政府的作用被总结为"超前引领"更加契合于中国经验和中国智慧。同时,我们也应看到,随着华盛顿共识在全球范围内遭遇失败,经济学界正在重新思考政府在市场经济中的职能和作用,随着实践和理论的发展,新的政府干预理论必将涌现,而新中观经济学则在这一波思潮中发挥了引领作用。

(四) 一致性思想:政府行为应以尊重市场规律为前提

尽管新结构经济学与新中观经济学的有为政府理论存在明显差异,

---

①③　陈云贤,顾文静. 中观经济学(第二版)[M]. 北京:北京大学出版社,2019:61.
②　这里需要指出的是,新结构经济学政府因势利导的"势"指的是"比较优势",而新中观经济学政府因势利导的"势"指的是市场,二者同词不同意。

但也存在一个非常重要的共同点，即二者都认为政府行为应以尊重市场规律为前提，这就为政府干预划出了一个禁区，即政府不能以行政手段干预微观市场主体的自主行为。因此，两种理论的差异并不是完全对立的，而是在承认市场对资源配置具有决定性作用的基础上，对于政府发挥作用领域的不同理解和阐述。

　　显然，从理论阐释上，政府超前引领的领域要大于因势利导，如图 3 - 3 所示，因势利导是超前引领的一个子集：因势利导仅限于在政府甄别出本国具有潜在比较优势的产业后，对其实施恰当的产业政策，以推动产业发展、结构升级和经济增长，而超前引领则是政府在市场经济活动之前、之中和之后的全方位强势介入。然而，在政策主张方面，也许是因势利导对政府干预空间的束缚太大，新结构经济学的诸多政策主张往往超越因势利导的范畴。而新中观经济学面临的问题则与此相反，由于超前引领的空间过于广泛，而没有对政府行为的作用机制做出清晰的阐述。本书在后续章节还将对此进行更为深入的探讨。

图 3 - 3　有为政府"超前引领"和"因势利导"下的政府干预空间

四、两种有为政府理论存在的不足与可能的拓展方向

（一）新结构经济学的不足

对于新结构经济学的一些不足之处，本书已在前面的章节进行了讨

论，此处再做一总结：

第一，成功实现高速增长的经济体并未实施明显的比较优势战略。依据比较优势理论中最具代表性的赫克歇尔—俄林定理（H—O 定理）：自由贸易提升贸易参与国福利水平的前提条件是，各个国家都能够依据本国要素禀赋选择贸易产品，即生产并出口本国具有要素禀赋优势产业的产品，进口本国不具有要素禀赋优势产业的产品。对于小国来讲，由于本国资源约束很强，因此按照自身比较优势融入国际产业分工自然是最优选择。但对于大国来讲，"由于投入要素的迂回生产提高轻工业的效率，重工业的发展具有正的外部性，因此必要的补贴有利于整个经济的发展"[①]。即使资源禀赋偏向于劳动密集型产业，但由于经济体量大，从而对重工业生产的资本品的需求更高，因此即使偏离自身比较优势，投资于资本密集型产业也是合理的。以我国为例，1978 年 12 月 23 日，宝钢在上海动工兴建，钢铁产业显然有悖于我国当时的比较优势，但经过几十年的发展，宝钢已成为全球领先的钢铁集团。因此，对于大国来讲，其在某一时点的最优产业结构是由当时本地市场的产品需求结构决定的，即使不具有比较优势，也会因为具有生产成本上的绝对优势而吸引外国投资的进入。

第二，政府难以有效识别具有"潜在比较优势"的产业。"新结构经济学倡导使用'产业甄别和因势利导'框架识别具有比较优势的产业"，"政府因势利导的作用主要在于提供激励补偿先行者的外部性，以及协调相关企业投资与产业升级所需的软硬基础设施的完善，以帮助企业降低交易费用，使整个国家的潜在比较优势变为真正的比较优势"[②]。那么，这里面又出现了一个逻辑上的矛盾：什么是"潜在比较优势"，它怎样变为"真正的比较优势"？或者说，政府运用"产业甄别和因势利导"框架所能够识别出的仅是一个具有"潜在比较优势"的产业，而且先进入者还存在失败的可能，那么政府对这种具有"潜在比

---

① 姚洋，郑东雅. 重工业与经济发展：计划经济时代再考察 [J]. 经济研究，2008 (4)：26 – 40.

② 林毅夫. 新结构经济学的理论基础和发展方向 [J]. 经济评论，2017 (3)：4 – 16.

较优势"的产业的识别又有什么意义呢,而政府以财政补贴、税收优惠等为手段的激励则有成为巨大资源浪费的可能。另外,即使具有"潜在比较优势"的产业是现实存在的,政府是否能够对其进行有效识别也是存在疑问的,政府会因为缺少激励、能力不足等原因导致识别失败,而基于错误识别所制定和实施的产业政策必然会导致资源配置的扭曲和浪费。

第三,实践中一些国家陷入"比较优势陷阱",显示出比较优势难以自发演进升级。"比较优势陷阱"被一些学者的实证研究证明是真实存在的,这种"陷阱"出现的原因是中低收入国家仅在为数不多的产品种类上拥有比较优势,因此其产业发展和贸易结构都严格受限于这种比较优势。而国际市场受到主要发达国家的控制,贸易条件对于这些中低收入国家来讲是不断恶化的,这使得这些国家落入了"比较优势陷阱"(Pugel and Lindert,2000;邵邦和刘孝阳,2013)。陆善勇和叶颖(2019)指出:"这些国家在经济发展的过程中长期遵循比较优势理论,将具有比较优势的产业持续作为主导产业几十年,科技创新却无法持续支撑,导致产业结构固化,国际竞争力下降,贫困化增长。"[1] 可见,如果一国坚持比较优势战略,那么从经验证据上看,这种比较优势至少是难以自发地演进升级的,如果政府仅依据比较优势"因势利导"则很难推进该国收入水平的进一步提升。

以上三点不足实际上已导致新结构经济学在其理论框架和政策主张之间出现了背离和矛盾,新结构经济学应尽快对此进行修正,否则理论的发展可能会陷入诡辩的风险,而要在新结构经济学指导下的政府行为实践也会变得无所适从。

(二)新中观经济学的优势与局限

1. 新中观经济学的优势

与新结构经济学相比,新中观经济学对政府与市场关系的界定更加

---

① 陆善勇,叶颖. 中等收入陷阱、比较优势陷阱与综合优势战略 [J]. 经济学家,2019 (7):15-22.

果敢，对政府职能的阐述也更加实际。新中观经济学认为政府具有双重
属性，一是宏观属性，二是微观属性。前者指区域政府"对可经营性资
源（产业经济）的调节、监督、管理，以及对非经营性资源（民生资
源）即公共物品或公益事业的基本托底、公平公正、有效提升"[1]。后
者指区域政府"对可经营性资源（产业经济）的规划、引导、扶持，
以及对准经营性资源（城市经济）即城市基础设施的投资、运营于参
与"。[2] 因此，从区域政府所具有的微观属性上看，其角色突破了对市
场失灵的弥补，已成为市场经济中的竞争主体。

　　对于区域政府如何推动本地经济发展，新中观经济学给出了更加具
体的举措，即区域政府间存在"三类九要素"的竞争："项目多少、产
业链配套、进出口大小的竞争决定着各个区域的经济发展水平；基础设
施完善、人才科技水平、财政金融支撑的竞争依赖于各个区域政府的经
济政策措施；政策、环境、管理体系的竞争依赖于各个区域政府的经济
管理效率。"[3] 地方政府在激烈竞争中，通过全力推动以基础设施开发
建设为主体的投资新引擎、创新新引擎和规则新引擎的建设，实施超前
引领战略，不断开拓新的经济增长点，实现经济的可持续增长。这样，
基于对可经营性资源、非经营性资源和准经营性资源的划分，新中观经
济学更加明确了市场经济中的政府角色，并在准经营性资源领域，将政
府看作市场竞争的主体。

　　以此为基础，新中观经济学认为区域经济增长不仅是由产业经济及
其竞争主体企业决定的，同时也由城市经济及其竞争主体区域政府决
定。因此，一国的经济增长是由双动力驱动的竞争型经济增长，企业和
区域政府都是推动经济增长的主体。依据企业和政府在经济增长中的作
用，中观经济学将经济增长划分为四个阶段：[4] 第一阶段是由产业经济
竞争主导的增长阶段。在该阶段，产业经济竞争主要表现为区域产业链

---

①② 陈云贤. 市场竞争双重主体论 [M]. 北京：北京大学出版社，2020：76.
③ 陈云贤. 探寻中国改革之路：市场竞争双重主体论 [J]. 经济学家，2020（8）：16 -
26.
④ 本书将在第五章对此新中观经济学的竞争型经济增长理论进行更详细的介绍。

配套与产业集群发展程度和区域产业政策的竞争，此时要素驱动占据主导地位。在这一阶段，区域政府应该采取的措施包括大力招商引资，开展项目竞争，完善产业链配套，形成产业集群，鼓励进出口贸易，发挥生产要素优势，驱动资源配置，不断推动区域经济增长。第二阶段是由城市经济竞争主导的增长阶段。在该阶段，城市经济竞争主要表现为城市基础设施软硬件乃至智能城市开发建设，以及与之配套的政策措施的竞争，此时投资驱动占据主导地位。对于区域政府而言，城市经济竞争首先表现为对城市基础设施投资、开发、建设的竞争，进而体现为区域政府对城市经济的规划布局、参与建设和有序管理的能力。第三阶段是由创新经济竞争主导的增长阶段。在该阶段，创新经济竞争主要表现为区域政府促进理念、技术、管理以及制度创新的政策措施竞争，此时创新驱动占据主导地位。在此阶段，区域政府需要根据经济的实际运行状况，科学地开展理念、技术、管理、制度创新，这将促进区域经济科学、可持续发展，在创新驱动阶段取得可喜的成效，即实现基于提高"全要素生产率"的增长。第四阶段是由竞争与合作经济的主导的增长阶段。区域经济增长经由产业经济竞争、城市经济竞争和创新经济竞争主导的不同发展阶段后，就进入竞争与合作经济的主导阶段，此时共享驱动占据主导地位。在此阶段，一方面需要保护各区域的经济利益和区域间的经济秩序，也需要维持和扩大开放性经济体系；另一方面，各区域在开拓经济新领域的过程中，为应对新问题，需要制定新规范，会不断产生跨区域的新挑战，这客观上会导致区域间竞争与合作共存的格局。

新中观经济学对区域经济增长四个阶段的划分很好地刻画了我国区域经济竞争的演进路径，在这一理论中，政府要做的重点工作不是对比较优势的识别，而是在每个发展阶段推出有效的软硬件政策措施，实施超前引领，为区域经济发展增添领先优势，进而率先进入下一个发展阶段。显然，这是对中国改革开放后"有效市场"+"有为政府"伟大实践的更真实的经验梳理和总结，具有更强的指导意义。

2. 新中观经济学现存的局限性

尽管中观经济学在区域经济增长的四个阶段都阐述了政府实施经济引领的主要方面，更好地刻画了政府行为，解决了新结构经济学在对结构升级的解释上所遇到的困难。但我们也应清醒地看到，中观经济学现在所做的更多的是对成功经验的总结和梳理，在这些总结和梳理背后尚缺少坚实的理论根基。这正如 20 世纪中期发展起来的产业组织理论，早期的产业组织理论以梅森和贝恩等人的 SCP 框架为基础，该框架来自对产业经济发展中结构、行为和绩效间关系的梳理，而后随着博弈论的引入才构建了坚实的理论基础。新中观经济学也是如此，在政府超前引领与区域经济梯度演进之间缺少一个传导机制。在新结构经济学中，这个机制是资源禀赋的升级，而在新中观经济学中却没有明确地对其理论机制进行说明，这构成了新中观经济学的一种局限。

另外，不论是新结构经济学还是新中观经济学，它们均没有在现代经济学的意义上对有为政府的行为空间进行清晰的界定，除了在市场失灵领域需要明确的政府干预外，政府还能够在哪些方面为市场提供补充是两个理论都要面临的重要问题。

（三）筑强有为政府理论的可能拓展方向

相对于新结构经济学"因势利导"的有为政府，本书更加认同政府的"超前引领"，这是对中国政府行为更全面也更加真实的阐释。然而，政府的"超前引领"不应仅是"在尊重市场运行规律前提下弥补市场不足、发挥政府优势的一系列因势利导的行为"①，更是创造比较优势，改变地区资源禀赋条件的过程，但中观经济学的现有理论却并未对此进行应有的解释。同时，对政府超前引领的合理性、必要性和先进性的阐述也略显乏力。基于此，我们认为新中观经济学下的有为政府理论可尝试在以下几个方面进行拓展：

第一，运用"聚点"（focal point）均衡解释政府"超前引领"的

---

① 陈云贤，顾文静. 中观经济学 [M]. 北京：北京大学出版社，2019：61.

合理性。阐释政府"超前引领"合理性的关键是如何突破公共物品和外部性理论对政府行为的界定,如果囿于公共物品和外部性的理论范畴,那么政府对市场的引领就是不必要的。我们认为,政府超前引领的方式即是通过实施区域政策或产业政策,为多人参与的协调博弈提供了一个"聚点"。在我国改革开放的过程中,深圳、浦东等特区和开发区的发展,汽车、新能源、通信设备制造等产业的发展都集中体现了政府对比较优势的创造:政府通过实施一定的区域和产业政策,为各类资源、要素提供了一个明确的信号,这就成为一个聚点,从而使各类资源和要素向这些地区和产业集聚,形成了聚点均衡。政府创造的这种集聚能够迅速形成规模经济,从而创造出新的比较优势,提高资源配置效率。当然,政府超前引领是有成本的,这种成本即是由于实施产业政策带来的资源配置扭曲所造成的福利损失,而评价政府超前引领的手段即是对聚点均衡所带来的规模收益与资源配置扭曲所导致的福利损失的比较。

第二,从历史和文化的角度解释中国政府实施"超前引领"的必然性。从历史和文化的视角研究政府行为,是因为"典型的制度变迁具有改良性与路径依赖性",而所谓"路径依赖",即是"过去对于现在与将来施加的有力影响"(North,1994)。中国特色社会主义市场经济体制的建立,中国式政府与市场关系的形成、发展与完善都是有其历史和文化传统传统上的必然性的。因此,从历史和文化出发能够解释非正式制度对政府行为的规范,为我国政府行为实践提供参考,也将为一些发展中国家遇到的政府过弱问题(Acemoglu,2005)提供中国智慧和中国方案。

第三,以党的先进性和纯洁性解释政府"超前引领"的优越性。中国共产党是以马克思主义理论为指导思想和行动指南的无产阶级政党,既保持着马克思主义政党无产阶级先锋队的特质,又坚持马克思主义基本原理与中国实际相结合,中国共产党的领导是历史的选择、人民的选择,是中国人民翻身得解放、致富奔小康的根本所在。"勇于自我革命,善于自我净化、自我完善、自我革新、自我提高,是中国共产党最鲜明的品格。自我革命是保持党的先进性和纯洁性的必然要求，保持先进性和纯洁性是党的自我革命的根本规定。近百年来，中国共产党多次完成自我革命，不断实现自我发展，由小变大、由弱变强。"[1] 中国共产党以实现中华民族伟大复兴的中国梦为使命，秉持以人民为中心的发展观，带领全国各族人民攻坚克难、奋勇前进，多次完成自我革命，不断实现自我发展。中国共产党的这种先进性和纯洁性提升了有为政府的制度效率，是保证"超前引领"具有优越性的先决条件。

本 章 小 结

在国内外学界对政府干预、产业政策等经济学核心问题还存在"是"或"否"的争论时，林毅夫和陈云贤已经各自建立起了相对完善的有为政府的理论思想，开拓性地对中国特色社会主义市场经济中的政府实践进行系统解释。然而，二者对有为政府的阐述存在重要分歧，林毅夫认为有为政府应依照一个地区的比较优势实施"因势利导"的产业政策，而陈云贤则认为有为政府在区域经济的发展上更应"超前引领"。但是，当我们深入地考察两种有为政府理论，就会发现二者的理论都留有继续发展完善和进一步拓展的空间。从新结构经济学的视角看，比较优势学说的适用性，政府能够准确识别比较优势，因势利导的比较优势战略能否推动资源禀赋结构升级等都是难以明确解答的问题，这导致新结构经济学的理论框架和政策主张出现背离乃至矛盾。中观经济学通过对政府双重属性的划分及对区域经济竞争型增长阶段的界定，明确指出了各个阶段区域政府应对经济实施引领、规划、参与和调控等干预措施，很好地回答了结构升级和经济发展阶段的梯度演进问题。然而，中观经济学背后的理论基础，也即隐藏在政府超前引领和区域经济

---

① 陈德祥. 自我革命与保持党的先进性和纯洁性 [J]. 马克思主义理论学科研究，2019 (1)：120 - 130.

增长之间的逻辑关系，或者说那个关键的传导机制仍需要进一步挖掘，这将有力地证明政府超前引领的合理性，更加增强中观经济学的理论解释力和实践指导力。本书在第四章将构建了一个两地区、两企业和两政府的协调博弈模型，并以"聚点"均衡阐释政府超前引领的作用，以对新中观经济学做出补充和拓展。

第四章

比较优势战略能够驱动经济增长吗

本书在前面的章节已经对新结构经济学存在的问题进行了一些讨论，介绍了国内外学者对新结构经济学的代表性评论。但笔者发现，其他学者似乎忽略了比较优势理论得以成立的前提假设，如果这些重要的假设无法在现实中得到满足，那么比较优势自然也就不能成立。在本章中，笔者首先指明了新结构经济学面临的两大关键问题，比较优势的适用范围和政府能否有效甄别比较优势。在对第一个关键问题的探讨中，本章深入考察了要素在国家间不可流动和不存在规模经济这两个比较优势理论得以成立的关键假设是否能够在现实世界得到满足，并以此阐明了新结构经济学解释范围的重大局限。在对第二个关键问题的探讨中，本章首先介绍了新结构经济学的增长甄别与因势利导框架（GIFF 框架），指出了该框架存在忽略国家间的客观差异而将经济增长过程同质化等严重问题，同时也探讨了政府在比较优势甄别中的能力不足。最后，本章对一些国家陷入"比较优势陷阱"的经验事实进行了考察。基于这些理论和经验的探讨，本章认为，比较优势战略难以驱动一国经济长期持续增长，即使比较优势战略能够发挥积极作用，其适用范围也是非常有限的。

一、"新结构经济学"面临的两大关键问题

(一)关键问题 I：比较优势理论的适用范围在哪里

如本书第二章所提到的，林毅夫（2012）将新结构经济学的基本框架归纳为以下几个要点：第一，一国或经济体在每个时点上的要素禀赋结构都是不同的，各项要素间的相对价格也会发生瞬时改变，因此，在时间轴上，一国或一经济体的产业结构也应随其要素禀赋结构的变化而改变。产业结构的变化推动了对软硬件基础设施的需求变化，这对政府的基础设施供给能力提出了要求。第二，经济发展水平在全球各经济体中并非是两点式离散的，即不只有"穷"和"富"的区别，而是一个低收入—中低收入—中高收入—高收入的连续区间，在低收入端是贫穷的农业国，而在高收入端则是富裕的后工业化国家，一国实现的每个具体的经济发展水平都是这一区间上的一个样本点。因此，对于发展中国家而言，其产业升级的目标并非是实现与发达国家一致的产业结构，而是依据本国要素禀赋结构的实际情况，做出契合实际的产业升级路径选择。第三，作为资源配置的决定性力量，在每个经济发展水平上，都应尊重并遵循市场规律。但在经济发展的动态过程中，产业升级必然对软硬件基础设施提出新的要求，这种基础设施具有明显的公共物品属性和外部性，因此需要政府进行提供。同时，企业进入一个新的产业也会产生外部性，政府应对此进行外部性补偿。因此，在市场发挥资源配置的决定性作用的同时，也要更好发挥政府作用，以弥补由于市场失灵所导致的产业升级滞后。

通过这种阐述可以看出，新结构经济学对经济增长过程的认知是这样的：资源禀赋结构与产业结构在发展过程中不断升级，互为因果。在这一过程中，政府要做的就是通过为符合比较优势的产业提供完备的基础设施以推动产业结构的高级化发展，从而促进经济增长。新结构经济学认为："在现代社会，决定结构变迁的根本力量是要素禀赋从资本和

劳动力比率较低水平向较高水平的提升。"[1] 这种提升会同时改变经济体的总预算和相对要素价格这两个影响企业生产决策最重要的变量。这一点可以借用一个由不同种商品构成经济总产出的模型来解释：其中，每种商品由资本密集度不同的技术生产；当资本越来越多、其相对价格越来越便宜时，最优的决策就是生产更多的资本相对密集的商品，以逐渐取代劳动相对密集的商品。[2] 新结构经济学认为："发展中国家之所以无法建立起资本密集型产业，是由其要素禀赋结构所内生决定的；资本的稀缺、软性和硬性基础设施的落后都使得资源从已有产业向资本密集型产业配置并不能给发展中国家的企业带来利润。"[3] 然而，通过简单地考察我国改革开放后的产业发展历程就可看出，在改革开放之初，拉动力是我国更加充裕的要素禀赋资源，因此，符合我国比较优势的产业自然是劳动密集型产业。然而，当时引进外资建设的宝钢、上海大众等资本和技术密集型产业也得到了很好的发展。正如余斌（2021）所言："林毅夫认为，如果发展中国家的政府能够按照新结构经济学的理论，遵循本国比较优势来对产业发展因势利导，其经济将更有竞争力。可惜的是，他的这个观点没有得到证据支持。相反地，改革开放以来，中国经济增长较快，缩小了与发达国家之间的差距，其原因恰恰不在于中国发展了自己具有比较优势的产业，而是中国发展了自身过去具有比较劣势的产业，特别是引进外资时不是仅仅引进货币资本，而是引进技术和先进生产设备等生产资料，将别国具有比较优势的产业引进到中国来，补上了自己的短板。"[4] 另外，日本在二战后的经济发展模式是受到新结构经济学肯定和推崇的，但是我们也发现，日本的产业结构变迁似乎也不能很好地支持新结构经济学的理论。

---

① Lin, J. Beyond Keynesianism [J]. Harvard International Review, 2009, 31 (2): 14 - 17.

②③ 林毅夫. 新结构经济学——重构发展经济学的框架 [J]. 经济学（季刊），2010, 10 (1): 1 - 32.

④ 余斌. 新结构经济学批判 [J]. 当代经济研究，2021 (1): 67 - 75 + 112.

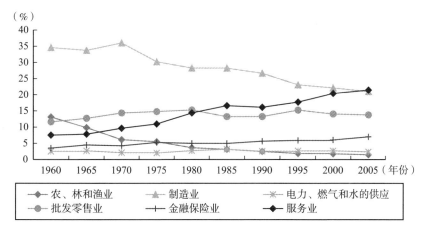

图 4 - 1　日本 1960 ~ 2005 年产业结构变动情况

资料来源：Yoshikawa, Hiroshi. , and Miyakawa, Shuko. Changes in Industrial Structure and Economic Growth：Postwar Japanese Experiences ［A］. in Mann, Stefan. Sectors Matter：Exploring Mesoeconomics ［M］. Berlin：Springer – Verlag, 2011：167 –218.

　　从 20 世纪 50 年代中后期开始，日本开始了其持续 20 年的经济高速增长时代。图 4 - 1 给出了 1960 ~ 2005 年日本产业结构的变动情况，从图 4 - 1 中可以看出，随着经济水平和收入水平的不断发展，日本的产业结构经历了重要的变化。农、林和渔业比例下降明显，从占国民经济比重的 13.12% 下降到 1.5%；制造业也经历了明显的下降，其占国民经济的比重从 34.58% 下降到 20.98%；批发零售业保持相对稳定，占国民经济比重由 11.62% 小幅提高到 13.78%；而金融保险业和服务业的比重有了明显的提高，其中金融保险业占国民收入比重由 3.53% 提高到 7.02%，服务业占国民收入比重从 7.53% 提高到 21.47%。

　　这种产业部门间的结构变迁，即随着工业化的不断推进，第一产业的比重会不断降低，而第二和第三产业的比重会不断提高，似乎是印证了新结构经济学的理论框架。但是，这只是经济发展的一种一般规律，它并不能说明新结构经济学所倡导的比较优势战略的有效性。为此，我们还需要进一步考察制造业内部的结构变化情况，即具有不同要素偏好的产业是否随着经济体的要素禀赋结构（发展阶段）的变化而表现出差异性的增长态势，从而导致了显著的结构性变化。

我们选择了制造业内部的食品和饮料业，纺织业，纸浆、纸及纸制品业，化学品业，石油和煤炭制品业等五个制造业产业。考察其 1960 ~ 2005 年的结构变化情况，如表 4 - 2 所示。依据新结构经济学的理论，在经济发展初期，由于劳动力相对于资本更加充裕，因此经济发展初期的经济体应重点发展劳动密集型产业，而随着经济发展水平的不断提升，资本变得较为充裕时，再将发展重点转移到资本密集型产业上。在我们所考察的五个制造业产业中，食品和饮料业，纺织业属于劳动力密集型产业，而化学品制造、石油和煤炭制品业则属于明显的资本密集型产业。从统计数据上看，食品和饮料业占制造业比重从 1960 年的 15.47% 下降到 2005 年的 12.34%，同期，纺织业的比重从 8.26% 下降到 0.66%，这种趋势是符合新结构经济学理论推断的。然而，在资本密集型产业中，化学品制造业占制造业比重从 1960 年的 8.53% 下降到 2005

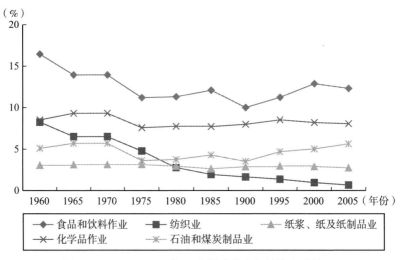

图 4 - 2　1960 ~ 2005 年日本制造业内部结构变动情况

资料来源：Yoshikawa, Hiroshi., and Miyakawa, Shuko. Changes in Industrial Structure and Economic Growth: Postwar Japanese Experiences [A]. in Mann, Stefan. Sectors Matter: Exploring Mesoeconomics [M]. Berlin: Springer - Verlag, 2011: 167 - 218.

年的 8.07%，石油和煤炭制品业的比重从 1960 年的 5.11% 提高到 2005 年的 5.64%，并没有显著的变化。可见，就日本的资本密集型产业来讲，1960～2005 年的 40 余年间，其在制造业中的占比并没有发生显著变化，这说明它的发展并未受到自身资源禀赋变化的影响，从这一现实情况看，新结构经济理论并未在日本的经济发展进程中得到很好的印证。

通过以上分析，我们不禁要问这样一个问题，即作为新结构经济学基础的比较优势理论，它的适用范围到底在哪里？比较优势理论是否能够对所有发展中国家的经济增长过程进行完美解释呢？实际上，如果我们深入地分析比较优势理论，就会发现它的成立是有着较为严格的前提条件的，如：国家之间是存在特征差异的；比较利益在各国之间的静态的、不变的；规模经济是不存在的；市场是完全竞争的，自由贸易在这一市场结构下进行；生产要素不能再相互贸易的国家间进行流动；技术进步是不存在的，各个产业的生产率是不变的。但是，新结构经济学在运用比较优势理论的时候，却没有更深入地对其适用前提是否能够在现实世界得到满足进行应有的探讨，这就导致新结构经济学理论框架存在逻辑上的不足，我们将在后续进行更深入的探讨。

（二）关键问题 II：政府能够有效地识别比较优势吗

林毅夫（2017）指出①，在经济发展过程中，"有为政府"的重要性来自两个方面：第一，在技术创新和产业升级过程中，第一个进入新产业的企业成为"第一个吃螃蟹的人"。然而，新产业的第一个进入者要面对巨大的风险，如果失败，则将承担所有成本，如果成功，由于跟随者的陆续进入，也会导致领导者的垄断租金消散。因此，对于一个新产业的第一家新进入企业，其进入行为的收益和成本是不匹配的。因此，政府需要给第一个吃螃蟹的企业一定的激励，企业家才会有积极性去冒这个风险。第二，第一个进入新产业的企业能否成功，还取决于是

---

① 林毅夫. 产业政策与我国经济的发展：新结构经济学的视角 [J]. 复旦学报（社会科学版），2017（2）：148－153.

否拥有熟练技能的从业人员、足够的资本规模，是否具有能够支撑产业发展的软硬件基础设施，以及与新产业相关联的基础科学是否实现了新的发展与突破等多方面因素。这些都需要一个"有为政府"来进行协调或供应。

那么，政府需要对所有新产业的第一个进入企业都提供应有的激励吗？政府需要对所有新产业所需的软硬件基础设施进行供给吗？尽管新结构经济学对此问题似乎并没有进行明确说明，但从新结构经济学的比较优势理论基础上判断，政府的支持应该是倾向于那些具有比较优势的新产业的。正如张军（2013）所评论的："在林毅夫教授看来，在促进经济发展的众多因素当中，战略选择和政策被认为是最重要的因素。选择符合而不是违背自身比较优势的发展战略被林毅夫教授视为一个落后的经济能否实现小步快跑式的经济发展的关键"[①]，"成功的发展战略就是能够动态地遵循比较优势及其演变的规律，在每一个发展的阶段上实施与发展阶段相适应的发展政策，这样就能确保经济结构的变化始终不脱离禀赋条件的变化。这就是林毅夫强调的一个核心论点，即经济有什么样的产业结构，导源于要素禀赋的相对价格；而经济的增长会逐步改变要素禀赋的相对价格，从而引起产业结构的演变。"[②] 因此，在一个经济体由其比较优势动态演变驱动的经济增长过程中，政府的角色就是发现本国的比较优势，对具有"潜在比较优势"的产业进行精准识别，从而为先进入企业提供必要的支持，这对促进"潜在比较优势"成为实际比较优势具有重要作用。按照这一逻辑，政府就应该制定一个具有"潜在比较优势"的产业清单，凡是愿意率先进入这些产业的企业都将能够得到政府的补贴，而清单之外的产业则不享受这一政策。然而，"这似乎与秉持新古典经济学思想的经济学家的看法又有了巨大差异，因为对后者而言，他们不相信在那些方面政府会比市场做得更好。"[③]而这又引出了新结构经济理论的又一关键问题，即政府能够准确地识别

---

①②③　张军. "比较优势说"的拓展与局限——读林毅夫新著《新结构经济学》[J]. 经济学（季刊），2013，12（3）：1087–1094.

比较优势吗，或者说，政府对比较优势识别的准确性能超过市场本身吗？

以上，本章归纳了新结构经济学理论中的两个关键问题，一是比较优势理论的适用范围在哪里，二是政府是否能够准确地识别比较优势。显然，这两个问题关系到新结构经济学的理论基础是否坚固，以及新结构经济学关于"有为政府"应"因势利导"的政策主张是否逻辑畅顺。下面，本书将对这两个问题进行进一步的探讨。

二、比较优势理论的适用范围在哪里

如前文所述，比较优势理论能够成立是有其内在的前提要求的，如国家之间是存在特征差异的；比较利益在各国之间是静态的、不变的；规模经济是不存在的；市场是完全竞争的，自由贸易在这一市场结构下进行；生产要素不能在相互贸易的国家间进行流动；技术进步是不存在的，各个产业的生产率是不变的等。如果这些前提假设无法在现实世界得到满足，那么比较优势理论下的基本结论也就是不适用的。然而，非常明显的是，生产要素在国与国之间不能流动和不存在规模经济这两个假设条件并不能在现实中得到满足。下面，我们对这两个假设条件进行探讨，说明在它们无法得到满足时会产生什么后果，从而对比较优势理论的适用范围进行界定。

（一）比较优势理论成立的重要前提Ⅰ：要素在国家间不能流动

新结构经济学认为，一国的产业结构应由其要素禀赋结构决定，其中要素禀赋结构主要体现为资本—劳动比，而资本—劳动比变化又源于从基于比较优势的国际贸易中所获取的产品剩余和资本积累。[①] 然而，

---

① 朱富强. 如何通过比较优势的转换来实现产业升级——评林毅夫的新结构经济学［J］. 学术月刊，2017，49（2）：64－79.

在这种解释中，我们能够发现，新结构经济学忽略了由于要素流动所导致的要素禀赋结构变化，而一旦要素在国家间可流动，比较优势理论成立的前提就将被打破。这是因为一旦要素可流动，我们可以资本为例，如果各个国家之间存在着要素禀赋的差异，那么资本在不同国家间的边际回报就会不同，为了寻求最大收益，资本自然会流向边际回报更高的国家，这必然导致资本稀缺的国家成为资本的流入地，从而最终抹平资本—劳动相对价格在国家间的差异，也就消除了比较优势。同理，如果劳动力可以在国家间自由流动，也会消除掉劳动力密集型产业所拥有的比较优势。而最终的结果就是在所有要素开放的国家中，资本—劳动相对价格会趋于一致。因此，只有要素无法在国家间自由流动时，比较优势理论才是可以成立的。正如萨缪尔森所言："李嘉图的贸易理论传统上假设要素流动的可能性为 0，而商品在国家或地区间流动的可能性为 100%。"①

然而，对于中国来说，改革开放后，我国对外国投资的开放力度不断提升，外资进入规模迅速扩大，期间大致经历如下三个阶段（李艳和柳士昌，2018）②：1978 ~ 1992 年为第一阶段，在此段时间内，各地尚未形成吸引外资的热潮，外资对于到中国投资也持有谨慎态度，因此外资进入额并不高。截至 1991 年，外资流量仅为 4366 万美元。1992 ~ 2001 年可视为第二阶段，这一阶段外商直接投资有了较快的增长。1995 年，《指导外商投资方向暂行规定》由原国家计委、外经贸部以及经贸委联合颁布，同时颁布的还有《外商投资产业指导目录》。对外资企业投资的审批和管理开始按照指导目录进行，法制化、制度化程度迅速提高，促进了外资的涌入。第三阶段是从 2001 年至今，在加入世贸组织的驱动力作用下，我国吸引外资规模迅速扩大，但 2008 年金融危机的影响也非常显著。在此期间，为了更好地吸引外资、服务于外资，我国于 2002 年修订了《外商投资产业指导目录》，广泛放松了外资进入

---

① Samuelson, Paul A. Thunen at Two Hundred [J]. Journal of Economic Literatrue, 1983, 21 (4): 1468 – 1488.

② 李艳，柳士昌. 全球价值链背景下外资开放与产业升级——一个基于准自然实验的经验研究 [J]. 中国软科学, 2018 (8): 165 – 174.

的限制条件。随后,我国又在 2005 年、2007 年、2011 年、2015 年和 2017 年五次修订外商投资指导目录,不断完善对外商直接投资的开放和管理,促进外资健康有序流入。图 4 - 3 给出了 1981 ~ 2017 年间,我国吸引外国直接投资情况。可以看出,我国吸引外国直接投资的规模呈现出总体迅速扩大的态势,但中短期受经济环境影响会产生波动,主要是在 1997 年亚洲金融危机和 2008 年全球次贷危机之后,外国直接投资规模出现了明显下滑。而在 2001 年后,我国加入世界贸易组织之后则出现了迅速的提升。

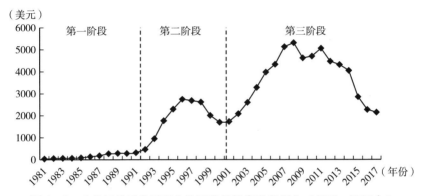

图 4 - 3 改革开放后我国吸收外国直接投资阶段划分(1981 ~ 2017 年)
资料来源:根据《新中国 60 年统计资料汇编》和国家统计局网站数据整理。

而从中国对其他国家的直接投资看(见图 4 - 4),我国对外直接投资在 2007 年后迅速提高,到 2016 年已经达到 1961.5 亿美元。实际上,自 2005 年以来,我国就已成为对外投资净收益的逆差国(王家强等,2016)。这表明我国的资本市场的开放程度是很高的,我国的资本回报逐步与全球市场趋同。在这种条件下,基于要素禀赋的比较优势理论是不适合我国的现实情况的。

为了进一步说明资本流动对比较优势的消除效应,我们整理了 2003 年和 2011 年各行业的外商投资企业固定资产投资额占外商投资企业固定资产投资总额比例的数据,从表 4 - 1 中可以看出,尽管统计时间点不同,但外商投资企业固定资产投资的重点行业都集中在房地产业,通

（亿美元）

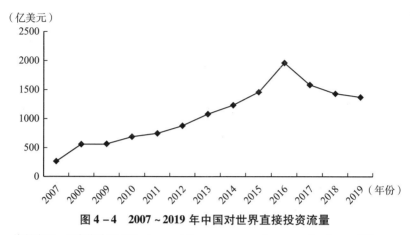

图 4 - 4　2007 ~ 2019 年中国对世界直接投资流量

资料来源：国家统计局网站，https：//data. stats. gov. cn/easyquery. htm？cn = C01。

信设备、计算机及其他电子设备制造业，交通运输设备制造业，化学原料及化学制品制造业等资本和技术密集型的产业，而像餐饮业、批发零售业等劳动密集型产业的投资占比则远低于 2011 年全部行业 1.09% 的平均水平。这说明，由于我国资本和技术等要素相对稀缺，导致这些要素的报酬率更高，而外资的涌入则一方面抹平了要素间相对价格在不同国家间的差异，同时也帮助我国发展了要素禀赋不足、不具有比较优势的产业。因此，新结构经济学基于要素在国家间不可流动的前提假设所进行的理论推断和政策主张是难以适应现实情况的。

表 4 - 1　　　　2003 ~ 2011 年我国外商投资企业固定资产
投资占比排名前十行业

2003 年		
排名	行业	比例
1	房地产业	0.163527
2	通信设备、计算机及其他电子设备制造业	0.141390
3	化学原料及化学制品制造业	0.123053
4	交通运输设备制造业	0.076508

续表

2003 年		
排名	行业	比例
5	信息传输、计算机服务和软件业	0.053139
6	电信和其他信息传输服务业	0.051719
7	电力燃气水的生产供应业	0.038371
8	电力、热力的生产和供应业	0.034321
9	造纸及纸制品业	0.030923
10	黑色金属冶炼及压延加工业	0.030663
2011 年		
排名	行业	比例
1	房地产业	0.232155
2	交通运输设备制造业	0.100968
3	通信设备、计算机及其他电子设备制造业	0.099117
4	化学原料及化学制品制造业	0.067110
5	电气机械及器材制造业	0.053294
6	通用设备制造业	0.032755
7	专用设备制造业	0.030900
8	非金属矿物制品业	0.026897
9	信息传输、计算机服务和软件业	0.025092
10	电力燃气水的生产供应业	0.022851

（二）比较优势理论成立的重要前提Ⅱ：不存在规模经济

1. 经济学界对规模经济的忽视

国际贸易理论发展至今已经历了较为明显的三个阶段，即以亚当·斯密和大卫·李嘉图为代表人物的基于绝对优势和比较优势的贸易理论阶段（古典贸易理论阶段），以赫克歇尔和俄林为代表人物的基于要素禀赋的贸易理论阶段（新古典贸易理论阶段），以及由保罗·克鲁格曼等开创的基于规模经济的贸易理论阶段（新贸易理论阶段）。在前两个阶段中，均假设生产某种产品的机会成本是不变的，这种假设排除了规模经济的可能性，也就排除了一国由于规模的扩张所带来的优势，而将全部的成本优势归因为要素禀赋结构。然而，现实的情况是，机会成本是可变的，尤其是在规模报酬递增的情况下，随着生产规模的扩大，产品的单位成本会逐步下降，从而在国际贸易中形成规模经济优势。

然而，不仅是在国际贸易理论中，长久以来，主流经济学界都没能将规模报酬递增纳入正式的经济分析中，这主要是因为主流经济学家所掌握的技术无法处理收益递增时的市场结构问题。1977 年，迪克西特（Avinash Dixit）和斯蒂格利茨（Joseph Stiglitz）在《美国经济评论》上发表题为"垄断竞争与最优产品差异化"的经典论文，[①] 二位作者在该文中建立了一个非常精巧的垄断竞争模型（后被称为 D–S 模型），该模型为经济学家提供了崭新的工具，在产业组织理论、新贸易理论、新增长理论和空间经济理论等领域掀起了收益递增和不完全竞争的革命（梁琦，2005）。[②] 于是，1979 年保罗·克鲁格曼利用 D–S 模型撰写的论文"收益递增、垄断竞争和国际贸易"在《国际经济学》发表，[③] 阐明了由于规模报酬带来的成本优势所导致的生产专业化、产业集聚和国际贸易。1991 年，克鲁格曼又发表了论文"规模报酬递增与经济地理"，[④] 构建了一个只有农业和制造业两个部门的经济模型，展示了一国是怎样被内生地划分为一个工业化的"中心"和一个农业的"外围"的，因此，这一模型也被称为"中心—外围"模型（Core – Periphery 模型，简称为 C–P 模型）。这篇论文成为新经济地理论（New Economic

---

① Dixit, Avinash K., and Stiglitz, Joseph E. Monopolistic Competition and Optimum Product Diversity [J]. American Economic Riview, 1977: 297 – 308.

② 梁琦. 空间经济学：过去、现在与未来——兼评《空间经济学：城市、区域与国际贸易》[J]. 经济学（季刊），2005, 4（4）：1067 – 1086.

③ Kugman, Paul. Increasing Returns, Monopolistic Competition and International Trade [J]. Journal of International, 1979（9）：469 – 479.

④ Krugman, P. Increasing Returns and Economic Geography [J]. Journal of Political Economy, 1991, 99（3）：483 – 499.

Geography）的开端。[①] 在模型中，企业为了实现规模经济同时最小化运输成本，趋向于在拥有更大需求的地区进行生产，但一个地区的需求又依赖于企业生产活动的分布，这就形成了一个循环累积的因果过程，从而促使了制造业的集聚。实际上，企业在两个地区间的选择取决于它对规模报酬和运输成本的权衡，"毫不夸张地说，规模报酬递增和运输成本之间的权衡关系是空间经济理论的基础"。[②] 在本章，我们将借鉴这种建模方法，构建一个两地区、两企业、两政府模型，考察政府的超前引领如何提升经济体的整体福利。

2. 规模经济对比较优势理论的威胁

当我们考虑到规模经济的影响后，比较优势就显得不重要了。这是因为，制造业集聚的地区成为了"中心"，而另一个地区则成为农业"外围"区，显然，成为中心的区域自然能够获得更高速的增长。然而，决定一个地区是否能够成为中心的根本原因不在于它具有怎样的资源禀赋和比较优势，而在于它最初的市场规模是否足够大以及两地之间的运输成本是否足够小。由此，在存在规模报酬递增的环境下，比较优势就会让渡于规模经济优势，这无疑会使比较优势理论的适用范围大大缩减。

而在现实世界，一国产业结构的变迁的最终诱导因素也并不是要素禀赋结构的变化，而是需求和供给因素相互作用的结果。从需求方面看，不同的商品和服务的需求收入弹性是不同的，非齐次效用函数与恩格尔法则推动了产业结构的变迁。而在供给方面，不同产业在规模经济特性上的差异导致了非平衡的增长。由此，我们就不难解释为何中国改革开放初期在资本相对匮乏的情况下，却建设了宝钢、上汽大众等资本密集型产业，并且这些产业也具备很好的自生能力，其生产效率和竞争力全球领先。其主要原因就是中国本土市场规模庞大，对钢铁、汽车等

[①] 新经济地理学有时也被称为空间经济学（Spatial Economics）。

[②] Fujita, M., and Thisse, J－F. Economics of Agglomeration: Cities, Industrial Location, and Regional Growth [M]. Cambridge: Cambridge University Press, 2002.

重工业产品具有较大需求，因此企业的本地化生产能够迅速形成规模经济，从而降低成本、扩大优势。而如果运用新结构经济学的资源禀赋结构决定论，将产生逻辑上的明显矛盾，是行不通的。

3. 规模经济对新结构经济学的冲击

经济发展是一个动态过程，而比较优势理论则是静态的。因此，如果要基于比较优势构建一个经济发展战略的理论，还要解决的一个关键问题就是阐明比较优势的动态演化路径。林毅夫将比较优势的这种动态演化归因于要素禀赋结构的变化，而要素禀赋结构的变化又来自产业的发展，这就形成了一个自我推进的循环因果过程，即初始的要素禀赋决定了初始的具有潜在比较优势的产业，当这个产业被发展起来后就推动了要素禀赋的升级，进而形成了新的具有潜在比较优势的产业，当这个新的产业被发展起来后，产业结构就得到了升级，而要素禀赋也会随之升级，由此，一国的经济就沿着这条路线向上攀升，并实现国民收入向发达国家的收敛。这是一个看起来自洽的理论，但正如笔者所言，当要素可以在国家间自由流动的时候，各国要素禀赋之间的差异就被极大地抹平了，而在规模经济的冲击下，这种要素禀赋上的极小差异很难对一个追求利润最大化的企业的产业进入决策产生实质性影响，而这时如果政府基于比较优势理论激励企业进入所谓的具有潜在比较优势的行业，那么这种产业政策就很有可能导致有为政府实际上的"乱为"，并最终导致比较优势战略的失败。

随着经济学家们发现国际贸易格局的发展越来越偏离基于静态比较优势学说建立起来的贸易理论（H-O模型），克鲁格曼基于规模经济和动态分析建立的新贸易理论便试图超越比较优势的分析范式，使理论更加契合于贸易实践的发展。这种基于规模报酬递增和动态分析的新贸易理论，在对分工和专业化等动态效率和动态优势变化等问题的解释上更加有力。包括内生增长理论、新兴古典经济学等新理论都是在力图去超越静态效率最优化的比较优势理论，对结构转型升级的经验现象进行动态的分析。而与之相反的是，林毅夫教授多年来坚持倡导的基于比较优势的产业政策和发展战略的思维框架显然是要坚守而不是超越静态的比较优势学说的理论基础。因此，在理论上如何能够把基于静态效率的比较优势理论从贸易部门直接推演到整个产业的范围并运用于一国国内的产业政策与产业结构变化升级的领域，这是新结构经济学的基础理论工作。① 而在进行这项工作时，首要是将比较优势的成立条件考虑清楚，否则就会出现对该理论的滥用，进而导致在运用该理论解释现实产业结构变迁时出现南辕北辙的情况。

从最初的目的上来讲，林毅夫倡导的新结构经济学，及其所强调的政府干预应"因势利导""顺势而为"是为了批判早期一些结构主义经济学家所主张的"大推进"战略，"因为这些战略没有很好考虑一个经济体自身的初始条件和禀赋，脱离国情，有机械照搬发达经济体的产业结构之虞，自然有悖自身的比较优势"②。传统的结构主义来自对于发达国家与发展中国家产业结构差异的经验观察，在其政策主张中缺少理论依据。而新结构经济学为了批判传统结构主义的赶超战略，自然希望能够找到一个合适的理论作为支撑，于是影响深远而又广为各界接受的比较优势学说就成为新结构经济学的理论基础。但新结构经济学总体上提供的还是有关政府如何推进经济发展一种思维方式，如果作为一门理论学科，则还需要在理论逻辑的严谨性和政策主张的合理性上做出进一步提升。

（三）比较优势的适用范围

现在，我们对比较优势理论实际的适用范围做一个小结。由以上的分析可知，比较优势是排斥要素在国家间的流动和规模报酬的，一旦我们放松了这两项重要的假设，我们就会发现比较优势理论的适用范围会急剧缩小。

第一，对于中国这样的大国而言，比较优势理论是不适用的。这是因为，大国拥有充足的人口数量，因此即使处在工业化初期，对各类产

①② 张军. "比较优势说"的拓展与局限——读林毅夫新著《新结构经济学》［J］. 经济学（季刊），2013，12（3）：1087－1094.

品都具有较大规模的需求。又由于资本可在国家间流动,因此即使大国在工业化初期是资本稀缺的,也能够吸引外部投资来生产资本密集型产品。同时,在规模经济的作用下,各类要素不断积聚,进而形成产业集聚的中心区,促进了经济增长。另外,超越本国资源禀赋条件的高端产业对其他产业往往具有比较明显的拉动作用,也就是说,这类高端产业会具有外部性。对于大国而言,其庞大的经济体量和完整的产业门类足以使这种外部性收益内部化,这是效果无法比拟的优势。可见,对于大国而言,当要素可在国家间流动,生产具有规模经济特性时,即使是不具备比较优势的产业部门,也能够得到很好的发展,具备足够的自生能力。因此,对于大国而言,在工业化进程中,实施进口替代战略可能是一种更加有效的选择,因为进口量大的产品表明本国具有很强的需求,政府可通过吸引外国直接投资来弥补资本和技术上的不足以发展这种产业,并形成规模经济和竞争优势。当然,成功的进口替代策略仍应以市场为主导。

第二,即使对于小国,比较优势理论也不能完全适用。以新加坡为例,它是全球三大自贸港之一:在新加坡,资金可以自由流动,政府没有对外汇的管制。对于企业利润汇出不征收所得税,也没有其他行政性限制。企业设立账户拥有很高的自由度,新元、美元、欧元、澳元等账户均可设立,企业拥有决定结算货币种类的权力。企业在新加坡开展进出口贸易也是非常自由的,不需要政府审批,只需在企业管理局进行注册即可。新加坡对外资进入也没有设置行业限制,几乎是全行业对外资开放,只是在金融、保险和证券等一些较为特殊的行业中,外资进入需要事先在主管部门进行备案。由于资本市场的完全放开,新加坡的资本-劳动相对价格将与全球市场同步,类似于新加坡这种要素市场开放度较高的经济体在要素禀赋结构上具有很强的相似性,因此其产业结构的形成和发展就是由全球市场对于这类高开放程度的小国所能提供的产品和服务的需求,即它在特定行业所具有的规模优势和竞争优势所决定的。尽管历史不能假设,但如果新加坡依据比较优势发展自身产业,它现在的产业结构和发展水平应该不会大幅度超越它的东南亚邻国。显然，比较优势理论对这类完全开放的经济体也是缺乏解释力的。

排除了以上两种情况，那么比较优势仅可能在商品可自由贸易、要素不能自由流动的中小经济体具有一定的解释力。然而，当我们要去观察此类经济体的发展轨迹时却发现，具备这种特征的经济体往往陷入经济停滞的"比较优势陷阱"中，我们将在本章的第四部分对此进行探讨。

三、政府能够有效识别比较优势吗

（一）新结构经济学的增长甄别与因势利导框架（GIFF框架）

新结构经济学认为，在一个国家的经济发展中，实施恰当的政府干预和产业政策是必要的：第一，因为不同的产业对经济发展的拉动作用存在差异，由于一国的资源有限，因此应将更多的资源投入拉动作用更大的产业当中。第二，在一国产业多样化和产业升级的过程中，"一些先驱企业会为经济中的其他企业创造公共知识，任何一个企业对这些公共知识的消费都不会影响其他企业对它们的消费，而且没有一家企业能够对这些公共知识做到完全排他性的占有；并且，个体企业在做投资决策时无法完全内化对基础设施的改进，而基础设施的改进却对其他企业产生大量的外部性。因此，在市场机制以外，政府还必须在发展过程中发挥积极而重要的协调或提供基础设施改进以及补偿外部性的作用，以促进产业的多样化和升级"。① 第三，随着发展中国家产业结构的不断升级，所能生产的产品种类不断扩大，更深地融入全球市场，对资本、技术、人才和相应的制度环境等要素的需求就会越来越高，这就要求政府在教育、金融、法律等市场基础设施方面进行改进，以保证本国产业

---

① 林毅夫. 新结构经济学——重构发展经济学的框架［J］. 经济学（季刊），2010，10（1）：1-32.

的持续升级。

接下来的问题自然是什么样的产业政策才是合适的。自然地,在新结构经济学的框架下,合适的产业政策就是遵循比较优势战略发展经济,就是要政府去选择符合自身禀赋条件的产业,形成与之相适应的产业结构,这样的产业才能自生下来,不需要政府补贴来维持其存在。所以,"为了促进本国产业的升级和多样化,政府必须制定符合本国潜在比较优势的产业政策,从而新的产业一旦建立起来,便可迅速地在国内和国际市场上具有竞争力"。①

那么,怎样制定并实施一个符合本国比较优势的恰当的产业政策呢?显然,首要工作就是要识别出那些符合本国比较优势的产业门类。为了能够帮助发展中国家准确识别出本国哪些产业具有潜在的比较优势,② 林毅夫发展了一套产业政策设计的指导原则,被称为增长甄别与因势利导框架(Growth Identification and Facilitation Framework),即GIFF框架,该框架包含两步六方法。其中,第一步是确定一国可能具有潜在比较优势的新产业,第二步是消除那些可能阻止这些产业兴起的约束,并创造条件使这些产业成为该国的实际比较优势。而为增强这一甄别框架的可实施性,林毅夫还提出了六项具体的方法:③

(1)政府提供了一份符合本国要素禀赋结构的贸易商品和服务的

---

① 林毅夫和塞莱斯汀·孟加. 增长甄别与因势利导:政府在结构变迁动态机制中的作用 [A]. 载于林毅夫. 新结构经济学:反思发展与政策的理论框架 [M]. 北京:北京大学出版社,2012:118.

② 这里,何为"潜在比较优势"笔者并未在林毅夫的相关论著中找到明确定义,朱富强(2017)在其评价新结构经济学的文章中给出了一个定义:"潜在比较优势是指产业的要素生产成本在开放竞争市场中有优势,但同时又因软硬基础设施不完善而使得总成本在开放竞争市场中没有竞争力"。笔者认为,这一解释应该是能够契合于新结构经济学的要义的,但如果新结构经济学自身没有对如此重要的概念做出过一个明确的定义,那又怎么让新结构经济学的学习者对它的理论逻辑有一个一致性的理解呢?正如田国强(2016)所指出的:"他(指林毅夫)的理论及其结论基于一些到现在都没有严格定义的概念,就必然引起许多不必要的争论。"

③ 根据林毅夫的著述归纳整理,具体可参考林毅夫和塞莱斯汀·孟加. 增长甄别与因势利导:政府在结构变迁动态机制中的作用 [A]. 载于林毅夫. 新结构经济学:反思发展与政策的理论框架 [M]. 北京:北京大学出版社,2012:136-137.

清单。纳入清单的产业的标准是：首先找到具有与本国相似的要素禀赋结构的国家，这些国家应为高速增长国家，其人均收入水平应高于本国100%，在这些国家中已经生产了超过 20 年的商品和服务。

（2）在获取了这份商品和服务清单后，应对本国已有私人企业进入的行业进行优先考虑，对这些行业的进入壁垒进行有效清除，并帮助这些行业克服阻碍产品质量提升的不利因素。

（3）清单上的某些产业可能是全新产业，或是很少从事出口的产业。政府可以鼓励外资进入，当然也可以建立孵化项目，扶持国内私人企业进入这些新产业。

（4）对于此清单外的产业，政府也应关注本国其他已经获得成功的私人企业，为这些产业扩大规模提供帮助。

（5）对于那些营商环境难以满足产业发展要求，基础设施供给水平较差的发展中国家，政府可集中力量建设工业园区，在工业园区中建立一个优良的产业发展环境，以点带面地推动产业发展和经济增长。

（6）对于率先进入新产业的国内先驱企业，政府可以提供一些补偿性激励以弥补先进入者的外部性损失，如减税或其他优惠政策。

林毅夫认为，政府依据以上 GIFF 框架制定的产业扶植政策，能够有效激发发展中国家的后发优势，帮助发展中国家实现经济高速可持续增长。

那么，运用 GIFF 框架能够有效识别所谓具有"潜在比较优势"的产业吗？一些学者从不同角度对此提出过疑问。例如，田国强（2016）认为 GIFF 框架中的第一步就是找到应该支持的产业，并为其创新行为提供一定补充，但"这个观点是大错特错的，政府只能提供支持创新的环境，而不是指定由哪个企业来创新，从而通过补助和扶持这种类似于垄断的企业，这么做一定不利于企业创新。"① 张维迎在研究了 GIFF 框架后指出，依据第一步对贸易商品和服务清单进行遴选，他发现在不同

---

① 田国强. 林毅夫张维迎之争的对与错［N］. 第一财经日报，2016 年 11 月 23 日，第 A09 版.

年份中人均收入高于中国 1 倍的国家里，要素禀赋与中国相似的国家是无法找到的，可见，GIFF 框架的现实应用性出现了严重问题。从林毅夫本人提供的数据上看，在过去半个多世纪中，能够实现连续高速增长超过 25 年从而成功地实现在人均收入水平上向西方发达国家收敛的国家和地区仅有 13 个。而在这 13 个经济体中，如果排除掉中东石油国，那么也就只有以色列、日本、新加坡、韩国，以及中国香港和中国台湾等。当然，林毅夫所设计的产业政策框架也在很大程度上是对这些经济体的借鉴，但不可回避的问题是，中国与这些经济体在国土面积、人口规模、资源环境、科技水平等诸多方面都存在重要差异，是难以复制这些经济体的增长路径的。基于此种情况，张维迎指出了 GIFF 框架存在的一个重要谬误：在一国的产业发展和经济增长的过程中，只有一种路径可供选择，所有国家都按该路径按部就班地向发达国家的终极模式演进，不存在超越的可能。① 朱富强（2017）也提出了类似的看法，他认为每个国家都拥有独特的国情基础，所面临的国际环境也不尽相同，因此，一个稳定的产业升级和经济发展路径是不存在的，因此也就无法得到一个制定产业政策的一般性方法。另外，由于政府失灵问题的存在，政府制定一个合理的产业政策并有效贯彻执行也是难以保证的。

（二）政府能够有效识别比较优势吗

通过以上几位学者对 GIFF 框架的评论观点可以看出，GIFF 所具有的更大的意义可能在于其所倡导的一种产业政策理论，它明确指出了发展中国家经济增长中政府产业政策的积极作用。但是，每个成功进入高收入水平的发展中国家的增长路径都是不同的，产业政策也有重要差异，以此如果将 GIFF 框架作为指导发展中国家制定比较优势战略的一项一般性指南，那么它至少还有待更进一步的具体化，并应具备结合不同情况对产业政策进行适应性调整的能力。结合以上几位知名学者的评

---

① 张维迎. 我为什么反对产业政策？［OL］. 新浪财经，http：//finance. sina. com. cn/ meeting/2016 – 11 – 09/doc – ifxxnffr7227725. shtml.

论，本书对 GIFF 框架提出以下三点意见或疑问：

第一，对战略性产业的选择应首先基于市场需求和在位企业盈利情况。从企业追求利润最大化的角度看，其对于是否进入一个产业的决策是由进入该产业是否能够提升利润水平决定的，因此，不论从经济学的角度还是管理学的角度看，企业都应首先考虑行业的市场需求及其发展趋势以及在位企业的利润水平之后才决定是否进入。这一过程实际上隐含着企业才是一国比较优势行业的发现者或甄别者，而政府却并不承担这一职能。另外，企业是否进入一个具体的行业还取决于该行业的进入壁垒，这主要来自行业的规模经济特性和生产技术要求。当进入条件都可以实现时，企业将建设厂房、引进设备、雇佣劳动，从而完成对一个产业的进入。在这一过程中，政府最需要做的是提供运行良好的劳动力市场、资本市场和技术市场，以降低企业交易成本。如果政府真的要对战略性产业进行选择，并鼓励企业进入，那也应选择那些牵动力强、正外部性高、公共物品属性强、处于产业链条中关键环节的行业，而不是基于是否符合本国的要素禀赋优势。因此，GIFF 框架的第一步就是错的。

第二，政府既不需要也没有能力为企业提供 GIFF 框架下所要求的那些信息。依据新结构经济学的观点，"为了在竞争性市场上取得成功，发展中国家的企业需要如下信息：处于全球产业前沿内的哪些产业与本国的潜在比较优势相一致。信息具有与公共品一样的性质。信息的收集和处理成本是巨大的。然而，信息一旦形成，允许一个企业分享既得信息的边际成本为零。因此，政府可通过投资于信息的收集和处理，将有关新产业的信息免费提供给企业等方式来给企业提供便利"。① 然而，如果我们深入地思考这一观点就会发现问题。我们暂且不论将信息视为公共物品是否合理，就一个行业的市场容量来讲，其规模一定是有限

---

① 林毅夫和塞莱斯汀·孟加. 增长甄别与因势利导：政府在结构变迁动态机制中的作用 [A]. 载于林毅夫. 新结构经济学：反思发展与政策的理论框架 [M]. 北京：北京大学出版社，2012：122.

的，至少在一定区域范围内是有限的，因此，一个企业率先进入一个行业本身，就是对潜在进入者的一种威慑，所以先进入的企业就会收获先动优势，从而弥补信息收集成本。因此，政府无须为企业收集那些信息。① 另外，正如韦森（2013）所说，GIFF 框架"实际上假定各国政府和各地区领导人，以及在计划委员会、发展委员会或其他政府部门的官员有完备的知识。但是，一个现实问题是：在对本国和本地区的资源禀赋、比较优势、有市场增长潜力的产品、行业和未来各行业的发展前景判断方面，乃自在各企业本身的竞争力和产业升级的战略选择方面，政府部门及其官员就一定比在生产和贸易第一线的企业和企业家更高明？知识更全面？判断更准确？甄别更确当？指导意见更合宜？"② 显然，政府在对这类信息的收集上既是激励不足的，也是能力不足的。

第三，现实中政府确定重点支持产业时也并未重点考虑是否符合本国的要素禀赋和比较优势。比较优势理论本质上还是一种国际贸易理论，它的作用在于证明了国际分工和贸易带来的好处，但用它指导产业结构升级是力不从心的。根据要素禀赋说，中国是否应该发展自己的航天工业呢？中国是否应该建立全超导托卡马克核聚变实验装置呢？如果当时中国没有轻易放弃对大飞机的研究和开发，中国何至于在后来的三十多年中花费上千亿美元购买大飞机呢？经过数十年的努力，中国在航空发动机方面依然未赶上世界最先进水平。显然，中国航空发动机研发上没有比较优势，是否当初中国就不应该搞航空发动机研发，或现在应该放弃呢？③ "十四五"规划提出要"推动集成电路、航空航天、船舶与海洋工程装备、机器人、先进轨道交通装备、先进电力装备、工程机械、高端数控机床、医药及医疗设备等产业创新发展。改造提升传统产

---

① 这里，所谓的"那些信息"也是难以具体化的，因为 GIFF 框架下所要求的信息，即"处于全球产业前沿内的哪些产业与本国的潜在比较优势相一致"也并没有在新结构经济学中具体化。因此，政府可能很难明确什么样的信息对企业是有价值的。

② 韦森. 探寻人类社会经济增长的内在机理与未来道路——评林毅夫教授的新结构经济学理论框架 [J]. 经济学（季刊），2013，12（3）：1051 – 1074.

③ 余永定. 发展经济学的重构——评林毅夫《新结构经济学》[J]. 经济学（季刊），2013，12（3）：1075 – 1078.

业，推动石化、钢铁、有色、建材等原材料产业布局优化和结构调整，扩大轻工、纺织等优质产品供给，加快化工、造纸等重点行业企业改造升级，完善绿色制造体系"。① 那么，这些要重点支持的产业与中国当前的要素禀赋有关系吗？这个问题无疑使新结构经济学陷入了两难，如果说有关系，却很难找到这些重点产业符合我国当前要素禀赋的有力证据；如果说没关系，那么是这些产业的选择出现了偏差还是新结构经济学的理论存在谬误呢？可见，新结构经济学的 GIFF 框架所存在的严重缺陷使其在现实中难以被有效的应用。

四、比较优势陷阱的经验事实

如前文所述，考虑到比较优势理论所要求的前提假设，它并不适用于大国以及对要素流动高度开放的国家。那么，对于实施了比较优势战略，而又能够运用比较优势理论加以解释的经济体，是否真的实现了收入水平向发达国家的收敛呢？本章以下部分将对此进行考察。

（一）从"中等收入陷阱"到"比较优势陷阱"

实际上，在"比较优势陷阱"的概念被提出之前，"中等收入陷阱"（Middle – income Trap）被更早地观察到，其影响也更加广泛。这一概念最早是在世界银行 2007 年的研究报告《东亚复兴：关于经济增长的观点》中被提出的（Gill and Kharas et al. , 2007），它被用来定义发展中国家经济发展过程中人均收入在中等收入水平出现长期停滞不前的常见现象。在此报告中，作者提醒东亚要避免像拉丁美洲和中东地区的中等收入经济体一样，它们在中等收入水平上徘徊了几十年，陷入中等收入陷阱而难以自拔。

落入"中等收入陷阱"最为典型的国家有拉丁美洲地区的巴西、阿根廷和墨西哥。这几个国家在 19 世纪 60、70 年代经历了经济腾飞阶

---

① 《中华人民共和国国民经济和社会发展第十四个五年规划和 2035 年愿景目标纲要》。

段从而成为中等收入国家，历经几十年的跌宕起伏，人均国民总收入曾一度跌落至 7000 美元，如今始终徘徊在 10000 美元左右，彻底落入"中等收入陷阱"。① 继"拉美陷阱"之后，东南亚地区的印度尼西亚等国家也落入"中等收入陷阱"。另外，尽管南亚的印度近年来给人以高速增长的印象，但从其发展轨迹上看，也未能明确显示出具有突破"中等收入陷阱"的趋势。图 4-5 给出了以上几个典型发展中国家的经济增长轨迹，图中三条粗体实线由下至上分别为中低收入门槛线（低于该门槛为低收入），中高收入门槛线（低于该门槛为中低收入），高收入门槛线（低于该门槛为中高收入，高于该门槛为高收入）。六条虚线分别表示六个经济体在 1987～2019 年人均国民收入（GNI per capita）水平。② 可以看出，仅有韩国保持了高速的经济增长，迅速从中等收入

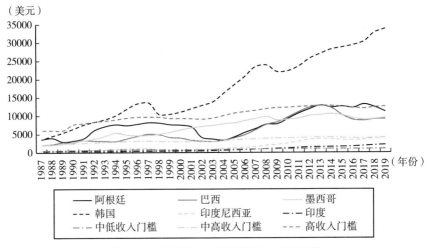

图 4-5　典型发展中国家的收入增长趋势

资料来源：依据世界银行数据整理。

---

① 陆善勇，叶颖. 中等收入陷阱、比较优势陷阱与综合优势战略 [J]. 经济学家，2019 (7)：15-55.

② 这里对 GNI 做一说明：在经济学教科书经常讲的 GNP，也即国民生产总值，实际上是从收入分配的角度来衡量居民、政府和企业等三个部门收入分配的总体情况。1993 年，联合国等国际机构认为生产总值（product）的叫法并不合适，就将 product 改为了 income，也就是现在通常所说的国民总收入（GNI）的概念，从而对 GNP 进行了替代。

水平跨入高收入水平,且仍保持较好的增长势头。阿根廷、巴西、墨西哥在中高收入水平上徘徊不前,印度尼西亚和印度则难以跳出中低收入水平,这些经济体陷入了"中等收入陷阱"当中。

那么,"中等收入陷阱"是普遍存在的吗?表 4-2 进一步梳理了世界银行的统计数据:在 1987 年进入世界银行统计的 164 个经济体中,① 高收入经济体 44 个占比 26%,中高收入经济体 22 个占比 13%,中低收入经济体 53 个占比 32%,低收入经济体 49 个占比 30%。经过 30 余年的发展后,到 2019 年,高收入经济体占比提高到 38%,扩大了 13 个百分点,中高收入经济体占比提高到 26%,扩大了 9 个百分点,中低收入经济体占比下降到 23%,减少了 5 个百分点,低收入经济体占比下降到 13%,减少了 17 个百分点。可以看出,整体上讲,近三十年全球经济持续增长,许多经济体实现了收入水平的提升。

表 4-2　　　　　依收入水平的全球经济体分组

	1987 年		1999 年		2009 年		2019 年	
	数量(个)	占比	数量(个)	占比	数量(个)	占比	数量(个)	占比
高收入	44	0.26	49	0.24	69	0.33	83	0.38
中高收入	22	0.13	37	0.18	47	0.22	56	0.26
中低收入	53	0.32	54	0.26	56	0.26	50	0.23
低收入	49	0.30	64	0.31	40	0.19	29	0.13
总计	164	1	204	1	212	1	218	1

资料来源:依据世界银行数据整理。

然而,如果具体地考察经济体在不同收入组别的动态变化情况,就

① 注:世界银行正式按低收入组、中低收入组、中高收入组和高收入组对各个经济体收入水平进行划分是从 1987 年开始的。

能够发现，在 1987 年有统计数据的 123 个非高收入经济体中，[1] 到 2019 年：21 个低收入经济体发展为中低收入经济体，5 个低收入经济体发展为中高收入经济体，23 个低收入经济体仍为低收入经济体；24 个中低收入经济体发展为中高收入经济体，3 个中低收入经济体发展为高收入经济体，17 个中低收入经济体到 2019 年仍为中低收入经济体，2 个中低收入经济体降为低收入经济体；19 个中高收入经济体发展为高收入经济体，8 个中高收入经济体仍为中高收入经济体，1 个中高收入经济体降低为中低收入经济体。由此可以看出，在 1987 年纳入统计的 74 个中等收入水平经济体中，仅有 22 个在三十余年的发展后成功迈入到高收入经济体，可见，"中等收入陷阱"是现实存在的，收入水平向高收入的"趋同"并不是普遍现象。

图 4-6 给出了 1987 年不同收入组别的经济体在 1987～2019 年人均国民收入年均增长率的分布图和核密度图，可以看出不同组别的增长情况是有很大差异的。第一，由于高收入经济体已经完成工业化进程，投资和规模扩张的红利已释放完毕，收入增长倚重于科技进步，因此高收入组的低增长率是符合预期的。第二，低收入经济体的整体增长速度也是偏低的，3% 的年均增长率出现频率最高，表明低收入国家并未能够普遍地依赖比较优势发展劳动密集型产业进而在资源禀赋不断升级的过程中实现平滑的经济增长。第三，中低收入组别经济体的整体增长是最快的，可以认为当一个经济体进入中低收入阶段后已经开始发展自己的比较优势产业实现快速增长。但是，在中高收入组别中，增长率再次下降，我们可以认为新结构经济学所倡导的沿着资源禀赋的不断升级实现经济持续增长是难以实现的。

---

[1] 1987 年有统计数据的高收入经济体 41 个，其中的 40 个经济体到 2019 年仍旧为高收入经济体，美属萨摩亚由高收入经济体下降为中高收入经济体。

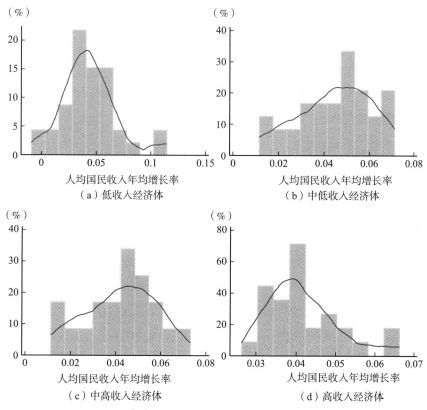

图 4-6　全球经济体人均国民收入年均增长率直方图

　　图 4-7 将这种不同收入组别的增长率差异更加明显地表现出来，从图中可以清晰地看到，不同收入组别的人均国民收入年均增长率具有这样的关系，即：中低收入组 > 中高收入组 > 高收入 > 低收入组。这表明，只有中低收入经济体向中高收入提升的过程是相对容易的，而低收入向中等收入以及中等收入向高收入的晋升都是困难的、非普遍的。

　　由此可见，不仅中等收入水平上存在"收入陷阱"，在低收入水平上也存在"收入陷阱"，具体地看：1987 年的 49 个低收入经济体，到 2019 年仍有 23 个停留在低收入水平，接近 50%。另外，如果我们将目光聚焦到高收入经济体，会发现即使像日本这样的经济大国，以及欧洲地区的法国、意大利、希腊、葡萄牙等高收入国家由于受到金融危机、

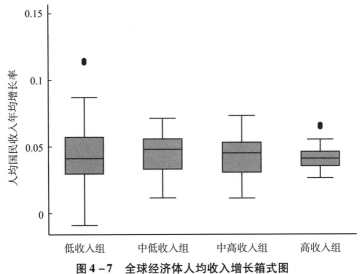

图 4-7　全球经济体人均收入增长箱式图

债务、实体经济衰落等因素的影响，导致经济发展停滞不前，似乎陷入了高收入的"陷阱"中。因此，从全球经济体的经济增长轨迹上看，"收入陷阱"不仅出现在中等收入水平上，在高收入水平和低收入水平上都存在着"收入陷阱"，各个收入水平的经济体都可能面临经济增长停滞的瓶颈期。那么，这些"收入陷阱"产生的原因是什么呢？尽管学界对此还缺乏系统的探讨，但一些观点认为：由于这些经济体在经济发展的过程中长期遵循比较优势，将具有比较优势的产业持续作为主导产业几十年，科技创新却无法持续支撑，导致产业结构固化，国际竞争力下降，贫困化增长，这些国家实际上大都陷入了"比较优势陷阱"（王佃凯，2002；陆善勇和叶颖，2019 等）。

（二）"比较优势陷阱"的形成

如前文所讲到的，比较优势仅在那些商品能够自由流动而要素流动受到限制的小国存在，而陷入"比较优势"陷阱的国家往往正是这些小国。依据王佃凯（2002）的观点，"比较优势陷阱"可以分为两种类型：

第一种是初级产品比较优势。它是指执行比较优势战略时，发展中国家完全按照机会成本的大小来确定本国在国际分工中的位置，运用劳动力资源和自然资源优势参与国际分工，从而只能获得相对较低的附加值。非洲地区国家经济发展的过程中，这些国家普遍以出口农产品为主，例如埃塞俄比亚和乌干达等国家都是以出口咖啡为主，坦桑尼亚则是非洲第三大烟叶输出国。这些国家的出口产业链很短，产品附加值低，利润微薄，根本无法有效带动相关产业和经济的发展，实质上都陷入了"比较优势陷阱"。①

第二种类型是制成品比较优势陷阱。由于初级产品出口的形势恶化，发展中国家开始以制成品来替代初级产品的出口，利用技术进步来促进产业升级。但由于自身基础薄弱，主要通过大量引进、模仿先进技术或接受技术外溢和改进型技术等作为手段来改善在国际分工中的地位，并有可能进入高附加值环节。但是这种改良型的比较优势战略由于过度的依赖技术引进，使自主创新能力长期得不到提高，无法发挥后发优势，只能依赖发达国家的技术进步。阿根廷、巴西、墨西哥的主导产业都是仅仅利用农产品资源、劳动力资源和矿产资源优势发展的初级工业制成品产业。进入中等收入阶段以后，仍然依赖于这种发展路径，实施以扭曲市场为代价的进口替代战略。经济政策不稳定、忽略科技创新、储蓄率过低等问题导致这些国家国际竞争力落后、工业增长乏力，无法实现经济跨越式的发展，人均国民总收入始终徘徊在上中等收入水平。正是因为长期遵循比较优势战略，没有及时调整和转变发展战略，固守原有经济增长模式，缺乏科技创新能力和产业结构调整升级失败最终致使拉美国家落入"比较优势陷阱"。②

比较优势陷阱形成的主要原因有以下两点：第一，所谓比较优势，是一个经济体内部产业间的比较。然而，即使是在本国具有比较优势的产业，其产品在国际市场中是否具有足够的竞争力也是不能确定的，除了价格因素外，还要看产品的质量、性能、品牌和消费者忠

①② 王佃凯. 比较优势陷阱与中国贸易战略选择 [J]. 经济评论，2002（2）：28－31.

诚等诸多因素。因此，一种产品在国际市场的竞争力，不仅取决于由比较资源禀赋条件带来的成本和价格优势，还要看这种产品是否能够给消费带来差异化的满足，这种能力既可能来自产品的原材料和生产工艺，也可能直接来自产地自身。产品的差异化程度越强，其市场势力也就越强，对市场的垄断程度也就越高。由于发达国家拥有更新、更好的生产技术，因此尽管其产品价格偏高，但由于产品质量、性能等方面的差异化程度更强，导致其在国际市场中获取高价的能力更强。而对于发展中国家而言，尤其是本章前文提到的第三类发展中小国，由于本国市场规模小、要素流动受到限制，导致难以利用外商直接投资实现产业和技术的升级，而本国研发能力差、规模经济优势难以实现，导致其不得不压缩利润率以在国际市场中保持生存，虽然能够在国际分工中获取一定收益，但由于难以实现产业升级，从而陷入了"比较优势陷阱"。第二，一般来讲，发达国家会处于产业链和价值链的高端，在这一领域里持续获取高附加值和高收入。而发展中国家一般处于产业链和价值链的低端，产品附加值低，收入也低。正如刘易斯所说："如果增长的引擎是较发达的国家的工业产品和欠发达的国家的初级产品的出口，那么较发达国家的引擎就比欠发达国家的引擎转动的得微快一些。"① 除了本国需求规模、规模经济和要素流动等方面的限制外，高收入经济体对其他国家在产业升级上设置的人为阻碍也是不可忽略的一个重要因素。这导致遵循比较优势发展本国产业的经济体更难以像新结构经济学所说的那样随着要素禀赋结构的升级而实现产业结构升级。

从以上分析和相关的经验事实可以看出，依赖比较优势是不能使发展中国家实现结构升级的，更谈不上收入水平向发达国家的收敛。尽管新结构经济学认为随着资源禀赋结构的变化，发展中国家的比较优势也会自然地演进升级。但是，对于如何识别每一个时间点上的比较优势却没有提供一个成熟可靠的方法，而仅仅停留在对一个新行业的最先进入

① 刘易斯. 增长引擎的减慢 [A]. 北京：商务印书馆，1984：2511.

企业给予补偿性激励。因此，我们很难明确一个符合比较优势的发展战略到底是什么样子，或者说我们很难界定哪些发展战略是符合比较优势的而哪些发展战略不符合比较优势，目前的判断往往是事后的：那些事实证明失败了的发展战略自然是不符合比较优势的，要么是没有按照比较优势的原则制定战略，要么是没有正确地找到比较优势。而真正遵循了比较优势原则的发展中经济体，即那些从劳动密集型的、价值链低端产业起步的经济体，其产业结构不但没有像新结构经济学所设想的那样持续升级，反而形成了对产业分工的固化，在国际贸易中处于不利地位，收入水平无法持续提高。另外，资源禀赋结构的变化是所谓的比较优势战略的实施基础，但是，当关注焦点汇聚到资源禀赋结构的变化上时，往往会忽视创新和技术进步，而实际上创新行为也确实算不上发展中经济体的比较优势，这会引起对与强化资源和劳动力优势关系不大的先进技术特别是劳动替代技术或资源替代技术的不重视甚至是排斥，使发展中国家享受不到现代高新技术进步带来的利益。实际上，像日本、韩国等成功跨入高收入行列的经济体，其经济发展历程也很难清晰地绘制出一幅如新结构经济学所愿的依比较优势升级的产业结构变迁图谱，而更应关注的是其轻重工业的同步发展以及对技术创新的高度重视，因此，其产业结构的变化更多地反映的是需求变化、规模经济和技术升级，而不是本国要素禀赋结构的变化。因此，发展中经济体必须要调整自己的经济发展战略，突破比较优势战略的束缚，实行竞争型经济增长。竞争型经济增长由陈云贤教授提出，他指出："一国的经济增长是由双动力驱动的，企业和区域政府都是推动经济增长的主体。……世界各国的经济增长的基调都是竞争型经济增长。"① 本书将在第五章对竞争型经济增长进行更为详细的介绍，并探讨区域政府如何在竞争梯度的演进中实施合适的发展战略。

---

① 陈云贤. 市场竞争双重主体论——兼谈中观经济学的创立与发展［M］. 北京：北京大学出版社，2020：129.

本 章 小 结

本章从新结构经济学面临的两大关键问题出发，首先指出在不满足比较优势理论得以成立的两个重要前提假设的条件下（即要素在国家间不可流动和不存在规模经济），比较优势理论的适用范围大大缩减。进而又指出新结构经济学的理论框架下缺少识别比较优势的明确而科学的方法，这就导致在制定地区发展战略时，很难明确地分辨出一个地区到底在哪些产业的发展上具有比较优势。因此，新结构经济学所给出的发展战略是难以有效落实的。

通过本章的分析我们可以看到，二战以后成功跨入高收入水平的发展中经济体，主要包括东亚的日本、韩国、中国台湾、中国香港和新加坡等，它们的一个共同特点就是对资本和技术的开放。如前所述，要素可以在不同经济体之间进行流动，那么就会产生对比较优势的消除效应。因此，这些经济体的收入增长绝不是新结构经济学所谓的执行比较优势战略的结果，而是在对资本和技术开放前提下，需求结构变化、规模经济优势和技术进步共同作用的结果。而那些坚持比较优势，从劳动密集型行业、价值链低端行业出发的经济体，则往往陷入到了"比较优势陷阱"之中。在接下来的章节中，本书将超越新结构经济学的比较优势发展战略，探讨有为政府超前引领的合理性，以及在竞争型经济增长中区域政府如何实施合适的发展战略。

第五章

新中观经济学竞争型经济增长理论

在本书前面的章节中，笔者已经阐述过本书对于区域经济增长动力机制的观点，即由产业集聚所带来的规模经济优势，而不是新结构经济学所强调的比较优势。规模经济所带来的优势最早由马歇尔在其《经济学原理》一书中提出，后经过克鲁格曼将规模经济纳入区域经济布局的均衡分析中，从而创立了空间经济学（新经济地理学）。而另一方面，哈佛大学商学院迈克尔·波特（Michael Porter）教授于 1990 年出版了著作《国家竞争优势》（*The Competitive Advantage of Nations*），此后，竞争优势的思想在全球广泛传播，尤其是在我国，波特教授的思想在理论和实践两个领域中都备受推崇。在本章，笔者将首先探讨竞争优势理论如何对比较优势理论实现了替代，进而对陈云贤教授新中观经济学框架下的竞争型经济增长和区域经济竞争梯度推移理论进行介绍，并将重点阐明在区域经济的每一个增长阶段中，政府实施产前引领的重要意义。新中观经济学更加强调区域竞争优势形成中的政府作用，是对克鲁格曼空间经济学和波特国家竞争优势理论的重要拓展。

一、竞争优势理论对比较优势的替代

（一）竞争优势理论对比较优势理论的批评

尽管比较优势理论已经在对国际贸易的分析和解释中占据了长期的

主导地位，但波特教授却毫不掩饰地指出："比较优势理论一般认为一国的竞争力主要来源于劳动力、自然资源、金融资本等物质禀赋的投入，而我认为这些投入要素在全球化快速发展的今天其作用日趋减少。一国的竞争力不可能由其国土的大小和军队的强弱来决定，因为这些因素与生产率大小没有直接的关系。取而代之的是，国家应该创造一个良好的经营环境和支持性制度，以确保投入要素能够高效地使用和升级换代。"①

波特认为，尽管从宏观的角度上看，生产率和竞争力之间存在着协同关系，但片面地追求生产率主导下的产业发展战略可能是以牺牲未来的竞争力为代价的。② 例如，在比较优势学说的影响下，"各国政府不论对错地提出一连串改善生产要素比较优势的政策。最明显的例子就是政府降低利率、压低工资、贬值货币、补贴、特许某些设备折旧、针对特定出口项目提供融资等。在特定的时空中，这些政策工具各有其一定的效果，目标通常锁定在协助本国且有将生产成本压低于国际竞争对手"，③ 然而，"发展中国家很容易掉入这种陷阱。它们几乎一窝蜂地在生产成本与价格上竞争，其开发计划便是以成本导向的新产业为基础，无法逃脱生产成本的限制。因此，这类国家时时处在失去竞争力的威胁中，年复一年面临薪水与资本周转的问题。它们有限的利润完全仰仗于国际经济波动"。④

实际上，早在 20 世纪 50 年代，诺贝尔经济学奖得主、美国学者里昂惕夫就针对资源禀赋说提出了所谓的"里昂惕夫之谜"（Leontief Paradox），即作为在资本和科技要素上具有优势的国家，美国本应出口资

---

① ［美］迈克尔·波特. 国家竞争优势 ［M］. 李明轩，邱如美译，北京：华夏出版社，2002：2.

② 转引自：张进昌. 波特的国家竞争优势理论剖析 ［J］. 中国工业经济，2001（9）：53－58.

③ ［美］迈克尔·波特. 国家竞争优势 ［M］. 李明轩，邱如美译，北京：华夏出版社，2002：11.

④ ［美］迈克尔·波特. 国家竞争优势 ［M］. 李明轩，邱如美译，北京：华夏出版社，2002：14－15.

本密集型产品、进口劳动密集型产品，但实际的情况却恰好与此相反。而与此对应的是，朝鲜战争结束时的韩国，资本奇缺，但却建立了出口导向的钢铁、造船、汽车等资本密集产业。

下面，我们选择几个代表性的产业，从这些产业的出口数据考察比较优势是否发挥了作用。首先，在农产品的出口上，比较优势和资源禀赋说确实能够做出较好解释，因为农产品的出口严格依赖于一国自然资源。如图 5 - 1 所示，作为全球最大的农产品出口国，美国的农产品出口额占其总出口额的比重超过 10%，远高于中国和全球平均水平。

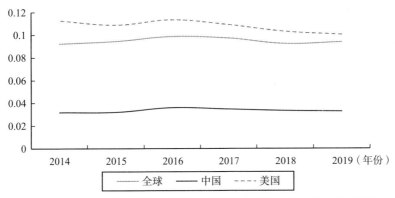

图 5 - 1　2014 ~ 2019 年中国、美国和全球农产品出口额占出口总额比例
资料来源：根据世界贸易组织统计数据整理。

再以资本密集型的钢铁产业为例，图 5 - 2 显示出，中国的钢铁产业出口额占总出口额的比例远高于美国，也高于全球平均水平。然而，中国却并不是一个资本丰裕国，铁矿石储量也并没有优势。之所以能够发展出世界规模最大的钢铁产业，还在于本国工业化进程中对钢铁产品形成的巨大需求推动了钢铁产业在本地的发展，在规模经济的支撑下，形成了竞争优势。

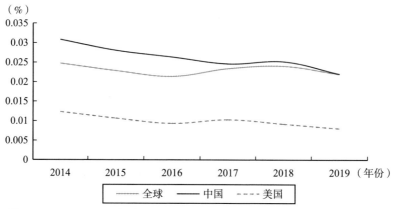

图 5 – 2　2014～2019 年中国、美国和全球钢铁产品出口额占出口总额比例

资料来源：根据世界贸易组织统计数据整理。

再以技术密集型的电子数据处理和办公设备产业（Electronic Data Processing and Office Equipment）为例（见图 5 –3）。当然，也许该产业确实存在一定的劳动密集型产业的属性特征，但该产业在中国的发展却并不是基于比较优势：第一，如果没有资本和技术的引进，该产业就无法在我国得到发展；第二，如果没有中国全球最大规模需求市场的支撑，该产业也难以达到极端的规模经济效应从而实现全球领先的竞争优势。

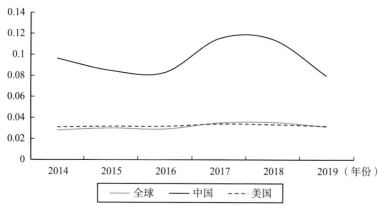

**图 5 – 3　2014～2019 年中国、美国和全球电子数据处理和
办公设备出口额占出口总额比例**

资料来源：根据世界贸易组织统计数据整理。

由此可见，在当前的区域产业发展和国际贸易格局中，比较优势已不再构成主导力量，那主导力量又是什么呢？波特将其归结为国家竞争优势，即国家能否为企业创造一个良好的经营环境和支持性制度，以确保投入要素能够高效地使用和升级换代。为更好地对国家竞争优势进行解释，波特发展了著名的钻石模型。

（二）钻石架构与国家竞争优势发展的四个阶段

1. 国家竞争优势的钻石架构

波特教授用于解释国家竞争力的钻石架构早已在全球广泛传播，这里笔者再对其进行一个简单的介绍：首先，在钻石架构中，一国对其产业发展发挥支撑作用的因素分为四类，即生产要素、需求条件、相关和支持性产业及企业战略、结构和同业竞争。

第一，生产要素主要包括人力资本、自然资源、物质在本、知识与技术以及基础设施等。生产要素可被分为初级生产要素（如自然资源、地理条件、气候等）和高级生产要素（如现代化基础设施、人力资本、研究与开发能力等），显然，欠着的获取不需要付出太多代价，而后者则需要进行长期投入。随着一国经济的发展，高级要素相对于初级要素的重要性将会不断提升，对国家竞争力培育的意义也会越来越强。第二，需求条件指的是一国的国内市场对某一产品或服务的需求。波特认为，国内市场的重要意义在于它是产业发展的动力。国内市场的需求特征将会诱导本地企业对产品进行适应性的改进和创新，这就形成了产品差异化特征，进而成为这个国家的产业竞争优势。第三，相关和支持性产业主要是指某一产业的上游产业和配套产业。在很多产业中，一个企业竞争优势的来源正是因为它的相关产业具有竞争优势，能够为它提供高质量的配套支持。相关产业的表现与能力自然会带动整个产业链的创新和国际化，从而提升整个产业和国家竞争力。第四，企业战略、企业结构和同业竞争指的是如何创立、组织和管理公司，以及竞争对手的状态。由于国家之间在制度、文化等方面存在差异，因此各个国家的企业目标、战略、组织结构和管理方式等都有所不同，国家竞争优势就体现在这些差异条件能否实现最优组合以提高企业的国际竞争力。同时，本国竞争者的状态、行为也在企业国际竞争优势的获取上扮演重要角色。

其次，除了上述四种主要影响因素外，波特教授认为机遇和政府也会对产业竞争优势产生重要影响，如图5-4所示。机遇是指那些无法进行人为控制的对企业经营具有重要影响的突发事件，如基础研究上的重大突破所带来的技术革命、能源危机、战争、疫病等。机遇能够给当前的产业生态带来重大冲击，打破原有竞争格局，如数码相机技术的进步在短时间内淘汰了胶片相机；受新冠疫情的影响交通运输业备受打击，但网络办公系统却蓬勃发展。政府通过对四个主要因素的影响作用于国家竞争力。波特指出："政府与其他关键要素之间的关系既非正面，也非负面。……政府既可能是产业发展的助力，也可能是障碍。"① 因此，对于政府作用效果的考察，要看其对四个主要因素产生了什么样的影响。

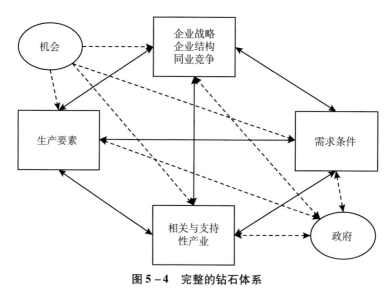

图5-4 完整的钻石体系

资料来源：[美] 迈克尔·波特. 国家竞争优势 [M]. 李明轩，邱如美译，北京：华夏出版社，2002：119.

_____

① [美] 迈克尔·波特. 国家竞争优势 [M]. 李明轩，邱如美译，北京：华夏出版社，2002：118.

钻石理论告诉我们，在现代全球经济下，一国可以自己选择是否走向繁荣：如果一国所实施的政策和法律、所建立的制度环境是有利于生产率提高的，这个国家就选择了繁荣之路。反之，如果一国所实施的政策对生产力的发展产生了破坏和阻碍作用，或其政策仅能使少部分利益团体获利，则该国就选择了通往贫穷的道路。因此，一国竞争优势的建立不是由其先天资源禀赋条件决定的，而是这个国家的政府带领人民后天努力的结果。可以认为，竞争优势理论是对比较优势理论的一种替代。

2. 国家竞争优势发展的四个阶段

波特教授提出了国家竞争力发展的四个阶段，即生产要素驱动阶段（Factor-driven）、投资驱动阶段（Investment-driven）、创新驱动阶段（Innovation-driven）和财富驱动阶段（Wealth-driven），并指出在这种阶段划分中，前三个阶段是国家竞争优势发展的上升期，通常会带来经济上的繁荣。第四个阶段则是一个转折点，经济发展可能会在此阶段进入到下行趋势中，如图 5-5 所示。

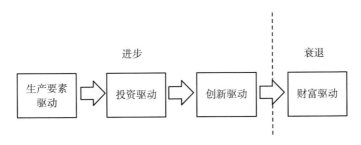

图 5-5　国家竞争优势发展的四个阶段

资料来源：［美］迈克尔·波特. 国家竞争优势［M］. 李明轩，邱如美译，北京：华夏出版社，2002：530.

在生产要素驱动阶段，一国产业能否实现成功发展依赖于基本生产要素，包括丰富的自然资源和廉价的劳动力，而生产所需的技术和资本则主要依赖于国外输入，此阶段国家竞争优势的主要来源就是钻石体系四因素中的生产要素因素；在投资驱动阶段，企业进行频繁的投资活动，其目的在于提高各产业环节的精密性和竞争力。企业能否从生产要素驱动阶段晋升到投资驱动阶段的关键决定因素是其对生产技术的引进、消化、再创新的能力。在投资驱动阶段，一国竞争优势的主要来源涵盖了钻石体系四因素中的生产要素、需求条件以及企业战略、企业结构和同业竞争三个方面；在创新推动阶段，企业不仅能够改善国外技术和生产方式，也培育了自主创新的能力。在此阶段，国家竞争优势的来源已经覆盖到钻石体系中所有的四个要素。在财富驱动阶段，由于国内竞争活动衰退、经营战略由积极转趋保守、企业再投资的意愿降低、大企业左右政府保护政策使自己与竞争者隔离，这导致企业开始丧失它们在国际间的竞争优势。

（三）比较优势还是竞争优势

尽管波特教授本人在其著作中对比较优势理论进行了旗帜鲜明的批判，但在其理论传入我国后，国内学者对比较优势和竞争优势的探讨和争论就没有停止过，其中不乏知名学者的真知灼见。有学者赞成国家竞争优势是对比较优势的替代，也有学者持相反的观点，认为国家优势与比较优势在本质上是一致的，另外一些学者则提出了更折中的观点，认为在一国发展的不同阶段，比较优势与竞争优势分别发挥了不同的作用。

例如，陶然和周巨泰（1996）较早地对比较优势理论和波特的国家竞争优势理论进行了比较，认为波特理论摆脱了传统理论（指比较优势理论、国家干预理论等）的片面性、孤立性，他对国际贸易的探讨是从更宽泛的角度和更高的层面上进行的，通过对国家竞争优势概念体系和理论框架的构建，梳理了一个新的理论分析范式，为国家间经济发展水平的差异提供了更加有力的解释。洪银兴（1997）认为，单纯的比较优势，不一定能成为竞争优势。注重质量和效益的对外贸易不能停留在现有的比较优势上，需要将这种比较优势转化为竞争优势。

但是，坚持比较优势的学者也表达了二者之间的有机关系，如林毅夫和李永军（2003）认为，充分地发挥经济的比较优势是波特"钻石体系"中的四种主要因素存在和发挥作用的必要条件，或者说，充分地发挥经济的比较优势是国家创造和维持产业竞争优势的基础。陈立敏（2006）指出，不论从生产要素角度还是解释力范围来看，波特的竞争优势理论都是比较优势体系的一个部分，国家竞争优势理论的创新之处是在全部生产要素都可自由流动的全球化时代，最大的比较优势来源于国家制度。

还有学者认为，竞争优势包含了比较优势，但又不限于比较优势，它强调产业配套和挑剔的内需市场的作用，体现了新贸易理论对规模经济的重视（Gupta，2009）。郭跃文和向晓梅等（2020）认为发展中国家的工业化启动是有比较优势主导的，而竞争优势理论则为解释工业化深化提供了合适的分析工具，并就此提出了优势演化假说，在比较优势、竞争优势与不同的工业化阶段之间建立了对应关系，见表5-1。

表5-1　　　　　　　　　　　优势演化假说

发展阶段	工业化早期	工业化中期和后期	后工业化阶段
工业化任务	工业化启动和规模扩张	工业化深化	开展原始创新，孵化前沿产业
主导优势	比较优势	节点型竞争优势	领导型竞争优势
优势来源	资源禀赋	资源禀赋 + 规模经济 + 技术进步	资源禀赋 + 规模经济 + 技术进步
全球化角色	商品生产者/知识应用者（全球创新网络边缘）	商品生产者/知识生产者（全球创新网络节点）	关键商品生产者/核心知识生产者（全球创新网络中心）
政策重点	改善基础设施	改善基础设施 维护规模经济 鼓励企业创新	改善资源禀赋 避免过度去工业化 推动基础创新和前沿创新
支撑体系	市场体系：市场体系是否完备，影响要素配置效率 国家能力：政府是否能为善为，决定了各阶段发展政策能否得到有效执行 文化观念：是否具备强烈的赶超意愿与创新文化，影响企业战略导向		

资料来源：郭跃文，向晓梅，等. 中国经济特区四十年工业化道路——从比较优势到竞争优势 [M]. 北京：社会科学文献出版社，2020：35.

（四）本书的观点

对于当前我国学界对于比较优势与竞争优势的争论，本书的观点是明确的，笔者认为，竞争优势无疑是对比较优势的替代，但竞争优势理论本身也存在一些明显的不足，需要结合时代的发展予以补充和拓展，而这正是新中观经济学所做出的贡献。

1. 竞争优势是对比较优势的替代

如本书在第三章中所指出的，比较优势理论得以成立的两个关键假设，即要素在国家间不可流动，以及不存在规模经济，在现实世界中是难以得到满足的，因此，运用比较优势理论的基础是不存在的。然而，学界之所以对比较优势理论还未完全否定，是因为在发展中国家的工业化初期，一些劳动密集型产业确实得以较好的发展。但需要注意的是，如果比较优势的确是发展中国家工业化的主导力量，那么在工业化初期就只有劳动密集型产业得以发展。然而，反例却并不鲜见，不论在日本、韩国还是中国，重化工业也在工业化初期就得到了发展，并且能够获取所谓的自生能力。因此，笔者认为，发展中国家工业化初期劳动密集型产业的发展是此阶段国家竞争优势的体现，这种现象只是没有排斥比较优势，但绝不是比较优势发挥作用的证据。竞争优势理论是对比较优势理论的替代。

2. 竞争优势理论对政府作用的认识存在的不足

在竞争优势理论的钻石模型中，政府可以通过自己的活动来影响钻石体系四种核心因素中的任何一个方面，从而达到影响企业竞争优势的目的。但是，波特认为，四种核心因素的作用是不可替代的，如果没有四种核心因素的存在和相互配合，单纯政府的影响并不会使企业取得竞争优势。这是因为，"政府的影响虽然乐观"，但"政府本身并不能帮助企业创造竞争优势"。[①] 由此可以看出，波特对政府作用的理解还存

---

① ［美］迈克尔·波特. 国家竞争优势［M］. 李明轩，邱如美译，北京：华夏出版社，2002：118 – 120.

在一定局限，又如，他认为"政府在有些方面（比如贸易壁垒、定价等）应该是尽量不干预，而在另外一些方面（诸如确保强有力的竞争，提供高质量的教育和培训）则要扮演积极的角色。政府不应该是钻石理论要素的一个组成部分，但政府对钻石理论的每一个要素都会产生或多或少的影响，这种影响是理解政府与竞争之间关系的最佳方式"，① "虽然政府在创造和保持国家优势上扮演重要角色，但它的效果却是片面的。一个产业如果缺少基本的、具有竞争优势的环境，政策再好也是枉然。政府并不能控制国家竞争优势，它所能做的就是通过微妙的、观念性的政策影响竞争优势"。② 可见，在波特的国家竞争优势框架里，政府的作用并不是独立的，而是建立在钻石模型四大因素基础上的，如表5-2所示，这种解释实际上是对政府职能的一种弱化，未能全面展示政府作用。通过一些成功的发展中国家的经验告诉我们，很多时候，政府是钻石体系中四大因素的创造者，其作用的发挥是先于这四大因素的，即新中观经济学所说的"超前引领"。

表5-2　　迈克尔·波特国家竞争优势理论中政府政策的主要作用渠道

政府政策作用渠道	主要的政府政策措施
生产要素	政府创造和提升生产要素；重视教育和培训；主动研发重要科技；发展基础设施；开放资本渠道；培养信息整合能力；减税与补贴；有效的生产要素和货币政策
需求条件	政府采购政策；国防采购政策；规范产品和制程标准；鼓励精制型需求；设定技术标准；延伸国内市场
相关与支持性产业	积极的媒体政策；促进产业集群发展；设定区域发展计划

---

① ［美］迈克尔·波特. 国家竞争优势 ［M］. 李明轩，邱如美译，北京：华夏出版社，2002：3.

② ［美］迈克尔·波特. 国家竞争优势 ［M］. 李明轩，邱如美译，北京：华夏出版社，2002：602.

续表

政府政策 作用渠道	主要的政府政策措施
企业战略、 企业结构、 同业竞争	推动国家化；设定明确的发展目标；保持国内竞争强度；降低行业准入门槛鼓励新企业进入；积极的贸易政策；鼓励外商投资

资料来源：根据〔美〕迈克尔·波特. 国家竞争优势〔M〕. 李明轩，邱如美译，北京：华夏出版社，2002：610-654.

3. 对如何从低发展阶段向高发展阶段升级未做足够阐释

如前所述，波特将国家竞争优势划分为四个发展阶段，指出了每个阶段的主导驱动力量。然而，对于一国如何从低级阶段向高级阶段晋升，波特却并未能够给出充分的解释。波特仅是在其著作中强调，逐一经历每个发展阶段不是必需的，一国的发展过程可能是跨越式的，并认为意大利就在没有经过投资驱动阶段的情况下，直接从生产要素驱动阶段跨越到创新驱动阶段。同时，波特也指出，一国的经济发展也并非是完全的直线前行，停滞甚至倒退的情况也是可能出现的。

那么，波特教授的国家竞争优势理论为什么对如何实现发展阶段的升级讨论不足呢？笔者认为，这与波特教授对政府职能的认知局限是紧密联系在一起的。一国进入一个发展阶段后，钻石体系的四个因素很难实现自生性的升级过程，这时就需要一个外在的冲击帮助整个体系实现升级。而这个外生的冲击力量就是政府，其政策手段也就是本书一直强调的"超前引领"。然而，正是由于对政府作用的认识不足，才使得波特教授仅关注到在每个发展阶段四大因素所应具备的状态，但却没能深入探讨如何推动四大要素达到发展阶段升级所要求的状态水平。

新中观经济学也强调竞争优势的重要性，并提出了竞争型经济增长的概念，其对现有理论的重要发展是更加明确地指出了政府对经济发展阶段梯度升级的重要作用，并对每个阶段中政府该如何作为提供了具体的指引。本章后续内容将着重对新中观经济学的竞争型经济增长理论进行介绍，另外，笔者还将运用本书第四章所阐释的政府为市场提供"聚点"的思想对竞争型经济增长理论进行拓展，从而构建起新中观经济学下政府超前引领经济发展的路径。

二、新中观经济学的核心概念

新中观经济学研究的核心问题是区域政府竞争。因此，新中观经济学就与波特的国家竞争优势理论产生了极大的不同，在波特的理论框架中，国家竞争优势来自企业竞争优势；新中观经济学则提高了区域政府的作用，区域的竞争力不仅来自企业，也来自区域政府。因此，在新中观经济学的理论体系下，一国的经济增长是由双动力驱动的，企业和区域政府都是推动经济增长的主体。为了方便读者更好地理解新中观经济学的内涵，本章在这里首先对新中观经济学的核心概念进行介绍。

（一）"城市资源""资源生成"与"生成性资源"

1. 城市资源

新中观经济学创新性地定义了"城市资源"的概念，并指出城市资源有广义与狭义之分：广义的城市资源包括了产业资源、民生资源和基础设施/公共工程资源。[①] 其中，产业资源也可被称为"可经营性资源"，即第一、第二和第三产业部门，这类资源配置的主体一般是企业，因此它是可经营的。民生资源也可被称为"非经营性资源"，它以各区域的社会工艺产品、公共物品为主，包括经济（保障）、历史、地理、形象、精神、理念、应急、安全、救助，以及区域的其他社会需求。[②] 由于这类资源所具有的公共物品属性，因此其配置主体一般为政府，所以是非经营性资源。基础设施/公共工程资源与城市建设相对应，可被称为"准经营性资源"，主要包括保证国家或区域的社会经济活动正常

①　陈云贤. 经济新引擎——兼论有为政府与有效市场 ［M］. 北京：外语教学与研究出版社，2019：57.

②　陈云贤. 市场竞争双重主体论——兼谈中观经济学的创立与发展 ［M］. 北京：北京大学出版社，2020：59.

进行的公共服务系统和为社会生产、居民生活提供公共服务的软硬件基础设施，如交通、邮电、供电供水、园林绿化、环境保护、教育、科技、文化、卫生、体育事业等城市公共工程设施和公共生活服务设施等。[①] 一般来讲，此类资源由于其具有公共物品属性，因此应由政府提供。但随着技术的发展、制度的创新，此类资源中有多数已经能够交给市场来提供，因此政府和市场都具有对此类资源进行配置的职能属性，因此称其为准经营性资源。

狭义的城市资源即是作为准经营性资源的基础设施（公共工程资源），对于此类资源的配置，各国应根据区域发展方向、财政状况、资金流量、企业需求和社会民众的接受程度与承受力等因素，来确定其是按可经营性资源来开发调配，还是按公益性事业来运行管理。对这一领域资源配置规律的深入洞察，尤其是对区域政府在这一资源配置领域中的竞争与合作的全面解释，是新中观经济学所做出的突出贡献。

2. 资源生成

传统经济学在论及资源配置时，其前提条件即资源的稀缺性。曼昆对经济学的定义就是："经济学是一门研究如何对稀缺性资源进行配置的学问，而所谓稀缺则是指社会资源的有限性"。[②] 新中观经济学并不否认对稀缺资源进行有效配置的重要性，但与此同时还重点关注了"资源生成"问题。新中观经济学指出，资源生成不是政府计划的结果，"而是指原已存在或随着时代进程的客观需要而出现的事物，它由静态进入动态，直至具备经济性和生产性"。[③] 在现代社会里，经济社会发展所需的软硬件基础设施，乃至更进一步的智能城市开发与建设过程中的系列工程，它是一种重要的生成性资源。这些现代化基础设施建设对

---

① 陈云贤. 市场竞争双重主体论——兼谈中观经济学的创立与发展 [M]. 北京：北京大学出版社, 2020：59.

② Mankiw, N. G. Principles of Microeconomics（Six Edition）[M]. South – Western Cengage Learning, 2011：4.

③ 陈云贤. 市场竞争双重主体论——兼谈中观经济学的创立与发展 [M]. 北京：北京大学出版社, 2020：55 – 56.

一国经济增长形成了重要的拉动和支撑，由此"资源生成"问题就产生了。而这个新的资源生成领域就是城市资源，它有别于传统产业资源的性质和配置方式，从另一路径发挥着促进经济增长的积极作用。

3. 生成性资源

所谓生成性资源是指由资源生成派生的一种资源，"与产业资源一样同属于经济资源，它具备三大特性：动态性、经济性、生产性。"[1]实际上，土地、矿产、水、森林、草原等自然资源在经过动态开发后就成为可经营性的产业资源，这是生成性资源最简单的例子。上面提到的现代经济建设中的城市软硬件基础设施，也是一种生成性资源，但与产业资源的可经营性不同，它属于准经营性资源。这类资源在具有明显的动态性、经济性和生产性特征的同时，还具有高风险性，特别是大型的城市软硬件基础设施，大都属于资本密集的建设项目，具有如下特点：第一，前期投资大；第二，建设周期长；第三，成本高；第四，投资可能失败；第五，突发事件难以控制等。因此，准经营性资源向可经营性资源转换时伴随着特有的投资风险、运营风险和管理风险，而且还面临诸多限制：第一，非政府投资是由具有独立法人资格的企业或个人从事的投资，要追求微观上的营利性，这是其首要特征；第二，私人投资的资金主要来自个人的积累或社会融资，投资规模受到很大限制；第三，企业或个人囿于一行一业，难以顾及非经济的社会事业。因此，即使通过一些现代技术的加持能够使一些准经营性资源同样具有排他性和竞争性，但因为成本太高，风险太大，所以按照可经营性资源去运作，在经济上是不可行的。此时，对这类准经营性资源，政府仍然会按照非经营性资源的标准去开发，并根据政府提供公共物品的政策目标作出投资决策。因此，在这一资源生成领域中，区域政府应如何对准经营性资源进行有效调配，从而对区域经济实施超前引领是新中观经济学的研究范畴，如图 5-6 所示。

---

[1] 陈云贤. 经济新引擎——兼论有为政府与有效市场 [M]. 北京：外语教学与研究出版社，2019：55.

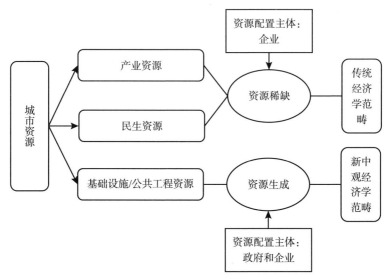

图 5 - 6　新中观经济学对传统经济学研究领域的拓展

为了对政府如何配置城市基础设施这种准经营资源进行具体分析，新中观经济学创新性地区分了地方政府的双重属性，一方面，地方政府也具有中央政府一样的"准宏观"属性，它负担着协调各个微观经济主体行为的职能；另一方面，地方政府本身也是一个利益主体，它拥有自身的利益诉求，具有"准微观"属性。由于地方政府拥有这样的双重属性，因此，它才能在民生经济中实施"基本拖底、公平公正、有效提升"政策；在产业经济中实施"规划、引导、扶持、调节、监督、管理"政策；在城市经济中则要实施"参与竞争、调配监督"政策。政府是以竞争主体的身份出现在九个方面的竞争中，包括项目竞争、产业链配套竞争、人才科技竞争、财政金融竞争、基础设施竞争、进出口竞争、环境体系竞争、政策体系竞争和管理效率竞争。地方政府在生成城市资源的激烈竞争中，通过全力推动以基础设施开发建设为主体的投资新引擎、创新新引擎和规则新引擎的建设，不断开拓新的经济增长点，实现一国经济的可持续增长。

（二）"原生性资源""次生性资源"与"逆生性资源"

新中观经济学在定义了资源生成领域后，进一步指出，资源生成领域至少包含三个层面的资源，即原生性资源、次生性资源和逆生性资源。[①]

第一，原生性资源。举例来说，太空资源、深海资源、极地资源以及地球深探资源等。如果不去开发这类资源，它们就是静态的自然资源。如果投资开发，其动态性、经济性和生产性又使这类资源转换为资源生成领域中的原生性资源。原生性资源具有投资规模大、开发周期长、不确定因素多等高风险性，因此各国政府为了在世界区域经济竞争中使本国、本区域获得优势，必须成为该类资源的第一投资人。

第二，次生性资源。以城市软硬件基础设施为例，它本是一种准经营性资源，但通过一些现代技术的加持和相关政策的实施，使这种准经营性资源变为可经营性资源时，它就成为资源生成领域中的次生性资源。此类资源的投资开发同样具有动态性、经济性、生产性和高风险性四大特征，因此各国政府也必须充当该类资源的第一投资人。

第三，逆生性资源。这一类资源本来并不存在，是由区域经济发展中的外部移出效应逆向形成的一类独特的生成性资源，比如碳排放交易资源等。对此类逆生性资源的开发与管制，政府必定是第一责任主体。[②]

（三）新中观经济学下的"有效市场"+"有为政府"组合模式

新中观经济学进一步指出，只有强式有为政府与强式有效市场的组合才是成熟市场经济。新中观经济学刻画了现代市场纵向体系的六大子

---

① 陈云贤. 市场竞争双重主体论——兼谈中观经济学的创立与发展［M］. 北京：北京大学出版社，2020：97.

② 除了碳排放交易是逆生性资源外，垃圾也可看成一种逆生性资源。这是因为：垃圾本没有价值，但随着垃圾处理技术的不断进步，以及垃圾分类这项制度的制定和实施，垃圾逐渐由一种废弃物变为了资源，因此是逆生性资源。

系统,① 并按这六大子系统发挥作用的情况将有效市场划分为了"弱式""半强式"和"强式"三个层次:对于"弱式有效市场",只有市场要素体系和市场组织体系存在其中,市场才能够维持基本的运行;在此基础上,如果一国市场形成了比较健全的法治体系和监管体系,并且这些制度能够得到很好的执行,那么这种市场就成为"半强式有效市场";在此基础上,如果市场环境体系与市场基础设施能够得到建立和完善,那么这样的市场就成为"强式有效市场"。

与有效市场类似的,有为政府也可划分为"弱式""半强式"和"强式"三种类型,其划分依据于政府是否具有对民生经济、产业经济和城市经济进行调配的相关政策。只关注民生经济,即仅对非经营性资源的调配发挥作用的政府属于"弱式有为政府",实际上,这种政府即是坚持西方经典经济学理论的学者所倡导的"有限政府";在"弱式有为政府"基础上,区域政府还关注于对可经营性资源配置的优化和引导,则这种政府属于"半强式有为政府";在此基础上,如果区域政府对城市软硬件基础设施的配置采取积极配套政策,主动参与到这种生成性资源的配置和竞争当中,为产业经济发展提供有力的支撑与保障,成为经济发展驱动力之一的政府就成为"强式有为政府"。

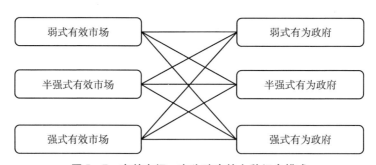

图 5 - 7 有效市场 + 有为政府的九种组合模式

资料来源:陈云贤. 市场竞争双重主体论——兼谈中观经济学的创立与发展 [M]. 北京:北京大学出版社, 2020:266.

---

① 在新中观经济学中,现代市场纵向体系的六大子系统是指:市场要素体系,市场组织体系,市场法制体系,市场监管体系,市场环境体系和市场基础设施。

三种类型的有效市场与三种类型的有为政府的有机结合构成了九种模式的"有为政府+有效市场"组合，如图5-7所示。在这九种模式中，能够作为成熟市场经济发展的目标模式的自然是"强式有为政府"+"强式有效市场"的组合。在这样的组合模式中，强式有为政府具有超前引领区域经济发展的能力，强式有效市场则能够保证各类资源的可经营性资源的优化配置，二者的有机结合既能够保证企业决策的科学性，使企业在产业资源的配置与竞争中取得竞争优势，又能够更好地发挥区域政府在城市资源的配置与竞争中的优势，在政府支持下通过区域竞争力的整体支撑，进一步推动企业竞争力的增强。

三、新中观经济学竞争型经济增长理论

新中观经济学认为，经济学发展至今对经济增长的理论探讨，仍主要局限在产业经济领域，认为推动经济增长的主体是企业，经济增长的动力来自要素投入的增加和生产技术的进步；对于经济发展的另一重要动力——城市经济及其主体区域政府的作用，传统经济学理论或忽略、或表述模糊。但现实世界的实际情况是，一国的经济增长是由双动力驱动的，企业和区域政府都是推动经济增长的主体，经济增长不仅来自企业竞争力的提升，更是区域政府竞争优势的体现。因此，在新中观经济学中，经济增长是企业和区域政府竞争力驱动的竞争型经济增长，而其对传统理论的重大突破就在于将区域政府竞争力作为区域经济增长的另一个支点，并对其进行了系统的解构。新中观经济学将经济增长划分为四个阶段，即由产业经济竞争主导的增长阶段；由城市经济竞争主导的增长阶段；由创新经济竞争主导的增长阶段以及由共享经济导向的增长阶段。下面，笔者分别对这四个增长阶段中企业和区域政府如何发挥对经济增长的驱动作用进行介绍和阐释。

（一）由产业经济竞争主导的增长阶段

对于区域政府来说，产业经济竞争主要表现为区域产业链配套与产

业集群发展程度和区域产业政策的竞争。产业经济竞争主要是在区域经济增长的初始阶段，即要素驱动阶段占据主导地位。

1. 对原生性资源的竞争

产业经济竞争的实质是区域生产要素配置的竞争，是区域政府对原生性资源的一种调配与争夺。在这一阶段，原生性资源主要包括土地、劳动力和资本等，此时，几乎所有企业或产业都依赖于本区域的基本生产要素，其竞争优势主要体现于能否以更低的价格供给产品。因此，在这一阶段，一个区域的经济增长就取决于该区域是否能够在这些原生性资源的获取上取得竞争优势，即以更低的成本取得这些资源。而处于此一阶段的本地企业，其产品技术含量、功能种类和差异化等尚未得到更好的发展。

在此阶段产业经济竞争所需的主要生产要素中，劳动力相对容易获取，本地企业的生产技术则主要依赖国外引进，或者是对在本区域投资的外商技术的模仿。也就是说，本地企业拥有的较高级的产品设计水平和技术水平，大多数或是由选择该区域作为生产网点的外商投资兴建的一体化作业工厂提供的，或是由本地制造企业以半成品加工方式学习而来的。所以，此阶段产业经济竞争所需要的关键原生性资源是土地和资本。因此，区域政府的竞争就体现在怎样为产业发展提供充足的土地和资本，当然，公路、水、电、通信等基础设施也是非常必要的。这就决定了在这一阶段，区域政府应该采取有效措施，如大力招商引资、开展项目竞争、完善产业链配套、形成产业集群、鼓励进出口贸易、发挥生产要素优势、驱动资源配置、不断推动区域经济增长。

也就是说，在经济发展的初始阶段，技术水平是较低的，且长期内不会有显著提高，资本也缺少有效积累，常常不足，所以区域更多依靠劳动力、自然资源等生产要素在数量上的简单扩张来获得和维持经济增长的动力。这种驱动经济增长的方式比较简单易行，短期效果也比较显著。因此，在这一阶段，各国区域政府通过努力创造条件，推动区域招商引资，有效开展区域生产要素优化配置的竞争，就能对经济增长起到很大的促进作用。

2. 产业经济竞争主导的增长阶段的三个过程

由产业经济竞争主导的增长阶段，本质上又是区域经济增长的要素驱动阶段。这一时期的经济发展大致会经历三个过程。第一个过程是区域依赖本地资源发展的阶段。最初的区域经济发达地区多半都是地大物博、自然资源和劳动力丰富的区域。区域经济发展的起步和产业的短期崛起都依赖于大量投入生产要素并以粗放式扩大其规模。但从长期来看，这种仅仅依靠本地资源的要素驱动式增长后继乏力，只是一种初级的、短期扩张的手段。因此，从"本地要资源"的发展模式终究会转向从"域外争夺资源"的模式。这就是第二个过程，区域全力开展招商引资、招才引智的阶段。此时区域的产业发展就不仅仅依赖于争夺项目、完善产业链配套、形成产业集群、扩大进出口贸易、占领国内外市场等竞争，更依赖于科技人才和环境配套的竞争。在此阶段，工业园区、科技园区、产业孵化园区等陆续涌现。这些竞争将很快推动区域经济发展进入下一个过程，在此过程中，区域政府要展开政策配套和环境优化的竞争，这对招商引资、招才引智的成效具有重要影响。因此，各区域需要在项目政策、土地政策、产业补贴政策、人才支撑政策、科技投资政策、担保贴息政策，甚至在相关的子女就学、父母就医政策等方面展开竞争，提升本区域对原生性资源的竞争能力，推动区域经济持续增长。

3. 产业经济竞争主导阶段的区域产业政策匹配

对于产业政策问题，学界尚存在广泛争论，这主要集中于以下三点：一是要不要产业政策；二是需要什么样的产业政策；三是能够支持产业政策的基础理论是什么。

新中观经济学认为：第一，支持产业政策的理论框架来源于现实存在的由产业经济竞争主导的经济增长的需求。第二，现实的发展需要政府运用三个层面的产业政策来克服市场失灵。一是通过规划与引导，克服市场机制缺陷性失灵；二是通过扶持与调节，克服市场机制空白性失灵；三是通过监督与管理，克服市场机制障碍性失灵。第三，产业政策不只包括产业补贴，而且政府必须摒弃脱离市场规则的干预行为。产业政策应该建立在让市场决定产业资源配置和更好地发挥政府规划引导、扶持调节和监督管理作用的基础上。在这一由产业经济竞争主导的增长阶段，区域政府的财政支出将侧重在财政转移支付的项目上，区域政府的作用将主要体现在"三类九要素竞争理论"中第一类的三个要素的竞争上。[①]

（二） 由城市经济竞争主导的增长阶段

对于区域政府来说，城市经济竞争主要表现为城市基础设施软硬件乃至智能城市开发建设，以及与之配套的政策措施的竞争。城市经济竞争主要是在区域经济增长的第二阶段，即投资驱动阶段占据主导地位。进入这一增长阶段后，区域发展已经突破了由生产要素驱动经济增长的局限迈向由投资驱动增长的过程，此时，区域政府也从第一阶段中着重于原生性资源的竞争转向对次生性资源的开发与争夺。

1. 投资驱动增长的过程是区域政府对次生性资源的开发与争夺

首先需要指出的是，新中观经济学所指的投资驱动是城市基础设施的投资，而非广义上的固定资产投资。城市基础设施包括：城市硬件基础设施，即城市能源供应系统、供水排水系统、交通运输系统、邮电通信系统、环保环卫系统和防卫防灾安全系统等六大工程性基础设施；城市软件基础设施，即行政管理、文化教育、医疗卫生、商业服务、金融保险和社会福利等社会性基础设施；随着城乡一体化进程，这类基础设施还包括乡村生产、生活、生态环境建设和社会发展等四大类基础设施；伴随着城市现代化的进程，开发和建设智能城市系列工程也成为城市基础设施建设的新内容。

对于区域政府来说，城市经济竞争首先表现为对城市基础设施投

---

① 新中观经济学所指的"三类九要素竞争理论"是指：区域政府竞争的目标函数是财政收入，指标函数是区域竞争力。支撑该目标函数和指标函数的核心是"三类九要素"，第一类是区域经济发展水平，其三要素是项目、产业链和进出口；第二类是区域经济政策措施，其三要素是基础设施投资政策，人才、科技扶持政策和财政、金融支持政策；第三类是区域经济管理效率，其三要素是政策体系效率、环境体系效率、管理体系效率。

资、开发、建设的竞争即对次生性资源的开发与争夺。在产业经济竞争主导的经济发展早期阶段，劳动者收入水平低，消费需求自然集中在满足生存所需的衣食住行等基本商品。但当经济发展进入到城市经济竞争主导阶段后，随着工业化进程的推进，劳动者收入普遍提高，消费需求也随之升级，尤其是对那些需求收入弹性更高的软硬件城市基础设施的需求就会迅速增加，包括宜居的环境、便利的出行条件、高水平的教育和医疗设施、运作良好的文化和体育场馆等硬件基础设施，以及公平公正的法治环境、运转良好的城市管理体系等软件基础设施。在此阶段，政府需要在这些领域加大投入力度，保障城市软硬件基础设施的高水平供应，才能保持并提升区域竞争力，进一步吸引高水平要素向本地集聚，从而推动区域经济持续增长。

实际上，世界一些国家陷入低层次、低水平的"比较优势陷阱"，很大程度上就是因为区域政府没有能够适时有效地提升城市软硬件基础设施供应水平，仅依赖于低成本的劳动力参与国际产业分工，从而使区域经济发展停滞不前。因此，政府在产业经济主导阶段的后期实施有为的超前引领战略，即加大城市基础设施软硬件的完善以及智能城市的开发力度，既能改善区域经济投资环境，又能促进区域突破以生产要素驱动经济增长的瓶颈，转向以投资驱动，从而进入由城市经济竞争主导的增长阶段。

在城市经济竞争主导的增长阶段，低成本仍是本地产业经济的重要特征，政府招商引资"聚点"效应带来的规模经济和不断完善的产业链条，在不断完善的城市软硬件基础设施的保障下，仍能够持续地提升本地产业的竞争优势。但与此同时，随着人力成本、土地成本等要素的提高，产业经济也面临越来越大的竞争压力。同时，随着本地收入水平的提高，也产生了对更多种类产品和服务的需求。这些新的产品和服务往往需要新的技术和掌握专业技术的人才，因此，本地经济发展能否顺利地进入下一个发展阶段，取决于区域政府是否能够实施进一步的超前引领。

2. 城市经济竞争主导增长阶段的区域政府配套政策

在由城市经济竞争主导的增长阶段，区域政府发挥着"规划布局、参与建设、有序管理"的三重作用。

首先，城市经济的规划布局，涉及区域资源配置的三个层次：第一层次是区域经济发展的概念规划，它体现了一个区域的主要经济和社会功能的界定，其目标是使区域朝着宜居、宜业、宜游的方向，实现包容发展、协调发展、绿色发展、开放发展和共享发展；第二层次是区域经济发展的城乡规划，它侧重于城乡一体化基础设施软硬件的布局、开发、投资与建设，这将直接影响城市经济的竞争力；第三层次是区域经济发展的土地规划，政府应严格按照用地性质，区分不同的投资项目，制定严格的准入制度，构建科学合理的城市资源配置格局。概念规划、城乡规划和土地规划三位一体，划定了城市经济竞争的政策范围，使区域政府在城市经济的战略规划、实施标准、项目评估、市场准入、法治保障等方面制定细则，发挥作用，促进城市经济发展。

其次，区域政府为了在城市基础设施投资建设中获得收益，既会对原有的存量资产进行股权改造，又会对增量资产进行股权结构优化，使其符合市场竞争规则，并通过资本市场的各种融资方式，以及收费权、定价权等手段，运用 DBO（设计—建设—经营）、BOT（建设—经营—移交）、BOO（建设—经营—拥有）、BOOT（建设—经营—拥有—转让）、BLT（建设—租赁—转让）、BTO（建设—转让—经营）、TOT（转让—经营—移交）等方式实施特许经营权的资本运营。同时，区域政府还根据城市基础设施项目的不同特点和条件，采取不同的资本运营方式，或交叉运用不同的资本运营方式，进一步把城市基础设施项目做强做大，从而使区域政府克服资金瓶颈的制约，提升城市基础设施投资、开发、运营、管理的能力，使其科学、可持续发展，用有限的区域财政"四两拨千斤"，更加有效地满足区域社会民众日益增长的对公共产品和公益事业的需求。在投资驱动阶段，区域政府参与城市经济力度的大小，财政投资性支出和社会消费性支出的规模与结构，市场开放的程度及相关政策措施，都将直接影响区域的经济增长状况。

最后，有序管理是城市基础设施建设得以高效实施的保障。正如存在不同类型的市场失灵一样，国家或区域也存在三种不同类型的政府失灵：第一种是"民生经济不足型"政府失灵；第二种是"产业政策缺失型"政府失灵；第三种是"城市建设空白型"政府失灵。其中，第三种政府失灵集中表现在以下几个方面：一是推动城市基础设施建设的政策措施几乎空白；二是政府既没有作为城市建设的竞争主体参与其中，又没有发挥规划、监管、调节城市建设的作用；三是政府参与城市建设，但在过程中没有遵循市场规则。这些问题从另一个角度阻碍着区域经济在投资驱动阶段的可持续增长，只有加强有序管理，才能保障城市基础设施建设高效实施、提档升级。

（三）由创新经济竞争主导的增长阶段

在城市经济竞争主导的增长阶段，区域已能够进入中等收入水平。但此时，产业经济继续向价值链两端突破会遇到极大阻力，向上突破会遇到发达国家的技术封锁，向下突破也会遇到全球高端品牌的打压。此时，从利益最大化的角度出发，产业自身就会规避风险、安于现状，但这也使很多国家陷入"中等收入陷阱"的重要原因。此时，区域政府是否能够再次发挥超前引领作用是区域经济能否进入创新经济竞争主导的增长阶段的关键。对区域政府来说，创新经济竞争主要表现为区域政府促进理念、技术、管理以及制度创新的政策措施的竞争。创新经济竞争主要是在区域经济增长的第三阶段，即创新驱动阶段占据主导地位。

1. 区域政府理念创新

在四类创新中，区域政府理念创新是区域竞争的焦点。如前文所述，在区域经济发展处于要素驱动和投资驱动阶段时，经济增长以拼资源、拼成本为主，容易产生过分掠夺致使产业资源和城市资源枯竭、生产效率低下、技术滞后、人才流失、社会矛盾激化等问题，必须尽快转型。这时，区域下一阶段的发展思路、方向和方式就至关重要，需要先进理念来引领。区域政府的理念创新既包括对区域资源的整体把握和调控，对区域未来发展战略的定位和发展模式的全面规划，也包括在顶层设计上解决好发展方式和发展动力等问题。在要素驱动阶段和投资驱动阶段之后，区域政府应该用创新发展、协调发展、绿色发展、开放发展、共享发展等理念超前引领，推动区域经济可持续发展。

2. 区域政府技术创新

在创新驱动阶段，区域政府技术创新是区域竞争的制胜点。技术创新对经济发展的驱动作用是爆发式的，能够推动区域经济产生从量变到质变的飞跃，使经济实现全过程、全要素的突破性创造，使资源得到优化配置。在此阶段，技术创新是核心驱动力，能够催生新产品、新产业、新模式、新业态。技术创新与金融、产业创新的融合，将激发持续的创新驱动力，因此这一阶段，技术创新是区域竞争的重要手段。

3. 区域政府管理创新

在创新驱动阶段，区域政府管理创新是区域竞争的关键。当经济发展从要素驱动阶段过渡到投资驱动阶段，区域竞争的主要手段是扩大投资规模，刺激经济增长。在这一阶段，区域政府的组织管理创新能力成为关键，政府应加强管理的规范性，强化快速反应能力，贴近市场，服务企业，发展网络结构和矩阵结构，减少管理层次，以更高的效率和灵活性有效提高管理水平，促进经济稳定、有序发展，助力区域竞争。

4. 区域政府制度创新

在创新驱动阶段，区域政府制度创新是区域竞争的必然选择。制度创新是理念、技术和管理创新的根本保障，能够促进三者的融合发展。如果世界各国的区域经济发展都沿着要素驱动、投资驱动、创新驱动和共享驱动阶段的轨迹前行，那么，在三大产业发展日新月异、民众环境意识越来越强、新的经济发展模式和个人成长模式推陈出新的创新驱动阶段，区域政府就不仅需要理念创新、技术和管理创新，更需要制度创新来确保区域的竞争优势。因为在创新驱动阶段，经济发展呈现灵活、迅捷、多样的特点，政府只有使制度、政策与之相匹配，才能紧随创新驱动时代的脉搏，引领经济发展方向，保持经济的持久活力。全方位、全过程、全要素的理念、技术、管理和制度创新，将是这一阶段区域竞争的必然选择。

综上所述，在由创新经济竞争主导的经济增长阶段，世界各国的区域政府既要以技术创新引领经济发展，又要全面地、创造性地处置经济发展给区域社会带来的危害因素。在这一阶段，区域政府需要根据经济的实际运行状况，科学地开展理念、技术、管理和制度创新，这将促进区域经济科学、可持续发展，在创新驱动阶段取得可喜的成效即实现基于提高"全要素生产率"的增长。

（四）由竞争与合作经济竞争主导的增长阶段

对于区域政府来说，区域经济增长经过由产业经济竞争、城市经济竞争和创新经济竞争主导的不同发展阶段后，进入竞争与合作经济主导阶段。这时区域经济增长的第四个阶段即共享经济驱动的增长阶段。

1. 竞争与合作经济竞争主导增长阶段的特点

区域经济将经历更为深刻的转化过程：从依赖本区域资源转向探索域外、开发各类国际经济资源（如太空资源、深海资源、极地资源等），切换经济发展模式；从单纯通过企业竞争配置产业资源，到区域政府相互竞争，参与配置城市资源和其他新生成性资源；从单一市场机制发挥作用，到有为政府与有效市场相结合，构建区域经济增长的投资新引擎和创新新引擎。在这一转化过程中，区域间的竞争必然涉及如何维护经济治理体系的公平、公正原则的问题。一方面，需要保护各区域的经济利益和区域间的经济秩序，也需要维持和扩大开放型经济体系；另一方面，各区域在开拓经济新领域的过程中，为应对新问题需要制定新规范，由此会不断产生跨区域的新挑战，这客观上会导致区域间竞争与合作共存的格局。因此，在区域经济增长的第四阶段即共享驱动阶段，竞争与合作经济将占据主导地位。

在此阶段，区域产业体系已升级为具有区域竞争力的现代产业体系。一是传统产业完成改造提升，互联网、大数据、人工智能和实体经济深度融合，制造业从加工生产环节向研发、设计、品牌、营销、再制造等环节延伸、智能化发展；二是战略性新兴产业不断壮大，新一代信息技术和生物技术、新能源、新材料、高端装备、节能环保设备、3D打印、智能机器人、新能源汽车等产业蓬勃发展，逐渐形成具有区域竞争力的新兴产业集群和产业集群带；三是现代服务业加快发展，金融、物流、航运、旅游、文化、会展等生产性、生活性服务业正向专业化、高品质化转型。区域的产业经济竞争推动着区域间产业的优势互补、紧密协作和联动发展。

在此阶段，区域基础设施已形成区内互联互通、区外通道顺畅的功能完善的网络。一是现代化的综合交通运输体系已形成，以沿海主要港口为重点的港口、航道、疏港铁路、公路等基础设施服务能力强，以航空枢纽为重点的空域资源利用效率高，以高速公路、高速铁路和快速铁路等为骨干的综合运输通道畅通；二是以物联网、云计算、大数据等信息技术集成应用为重点的智能交通系统日趋完善；三是智能城市基础设施、城市软件基础设施、城乡一体化中的能源基础设施和水利基础设施等逐渐完善。区域的城市经济竞争推动着区域间基础设施的互联互通、布局合理和衔接顺畅。

在此阶段，区域通过技术创新已形成集聚创新资源的开放型区域协同创新共同体。一方面，区域技术创新高地和新兴产业重要策源地已逐渐形成，技术创新走廊的建设，人才、资本、信息、技术等创新要素的区域流动，大数据中心和创新平台的建设，高校、科研团体、企业等技术创新活动的开展，以及创新基础能力的提升和产学研创新联盟的发展等，都在不断拓展和深化；另一方面，致力于提升科技成果转化能力的各类制度和政策环境正在优化，区域创新体制机制改革，科技、学术、人才、项目等区域合作的便利化，科技成果转化、技术转让、科技服务业合作、知识产权保护和运用，以及科技、金融、产业融合创新政策，科技、管理、制度、理念融合创新举措等都在不断深化。区域的创新经济竞争推动者区域间的创新合作、协同创新和融合发展。

2. 四种共享产品与区域政府间应遵循的基本原则

区域经济的竞争驱动或者说区域的竞争型经济增长，在客观上形成了人类社会的四种共享产品或公共产品。第一种是思想性公共产品。比如对市场机制运作体系的重新认识，即市场竞争不仅存在于产业经济的企业竞争中，而且存在于城市经济的区域政府竞争中，成熟市场经济应该是有为政府与有效市场相融合的经济体系等。第二种是物质性公共产品。比如，信息化与工业化、城市化、农业现代化、国际化的结合，相关的软硬件基础设施建设推动了区域公共交通、城市管理、教育、医疗、文化、商务、能源、环保等物质条件的改善与提升。第三种是组织性公共物品。比如，传统的城市建设如"摊大饼"，现代化的城市发展则要求组团式布局，因此区域经济秩序的架构从"摊大饼"模式走向组团式布局时，就实现了组织管理的改革创新。第四种是制度性公共产品。比如，"让区域带来更多发展机遇""让经济增长成果普惠共享"等原则指导下的制度安排，使区域的劳动、就业、保障和社会政策等进一步完善，其成果具有共享性。由此可见，在区域由竞争与合作经济主导的增长阶段，即共享驱动阶段，区域政府间应遵循的基本原则是：第一，改革引领，创新发展；第二，统筹兼顾，协调发展；第三，保护生态，绿色发展；第四，合作共赢，开放发展；第五，惠及民生，共享发展。总之，构建竞争与合作相融合的创新型、开放型、联动性、包容型和共享型区域经济体系，将是这一阶段的可持续的经济增长方式。

四、区域经济竞争梯度推移模型

在前文中笔者已经提到，波特国家竞争优势理论的一个不足之处就是没有对一国如何由低发展阶段向高发展阶段升级提供充分的解释说明，而这主要是由于波特对政府作用认识不足所导致的。在新中观经济学中，陈云贤教授继承了波特对发展阶段的划分方法，也将一国经济增长划分为四个阶段，更进一步地，陈云贤教授构建了区域经济竞争梯度推移模型，全面阐述了区域政府推动本地经济梯度升级的方法。

（一）区域经济竞争梯度推移模型介绍

在世界各国区域经济发展的历史进程中，区域经济竞争在四个阶段上呈现出梯度推移的模式。在图 5 - 8 中，A 至 I 表示不同的区域，1 至 4 表示区域经济发展的四个阶段，即 1 是由产业经济竞争主导的增长阶段，2 是由城市经济竞争主导的增长阶段，3 是由创新经济竞争主导的增长阶段，4 是由竞争与合作经济主导的增长阶段。

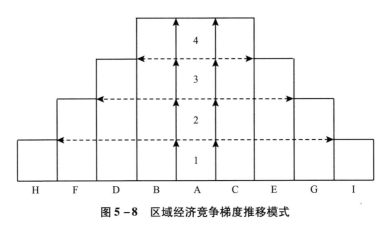

图 5-8　区域经济竞争梯度推移模式

资料来源：陈云贤．市场竞争双重主体论——兼谈中观经济学的创立与发展 [M]. 北京：北京大学出版社，2020：152.

　　第一阶段属于区域经济发展的初始阶段，在此阶段，技术水平是较低的，资本积累较少，区域更多是依靠土地、劳动力、自然资源等生产要素在数量上的简单扩张来形成增长动力，因此呈现出要素驱动的特征，其经济增长方式具有基础性和普及性，这是区域政府竞争的第一个层次。在此阶段，区域政府推动本地经济增长的主要方式是大力招商引资，并为企业生产提供充足的土地和劳动力，使本地成为资本和劳动力的"聚点"，促进产业集聚和规模经济的形成。当本地拥有了较为完整的产业链配套能力，产业集群竞争优势得以显现时，区域经济发展就开始向下一个阶段过渡。

　　第二阶段属于区域经济发展的扩张阶段，此阶段以城市硬件基础设施的大量投资为起点，以城市软件基础设施和城乡一体化的软硬件基础设施的大量投资为过程，以智能城市的开发和完善为终结，区域经济增长由此出现一个又一个高潮，因此呈现出投资驱动的特征，其经济增长方式中政府参与的痕迹明显，这是区域政府竞争的第二个层次。在这一阶段，产业经济的发展使本地居民收入水平不断提高，因此本地对于具有更高收入弹性的公共物品的需求会迅速扩大。因此，区域政府为了进一步吸引人才、留住人才，首先要大力提升硬件基础设施的供应水平，进而还要提高软件基础设施的供应质量，使本地不但能够吸引国内人才的流入，还能够成为国际人才的"聚点"。

第三阶段属于区域经济发展的高质量阶段，在此阶段，技术创新作为主导力量，引领着理念、组织和制度的全面创新，从而使经济增长模式不断推陈出新，经济发展的质量获得全方位提升，呈现出创新驱动的特征，推动着区域政府经济竞争向高端化发展，这是区域政府竞争的第三个层次。在此阶段，区域政府应大力发展高等教育事业，为本地培养高层次人才；对企业、科研院所等的研发活动提供有效激励；加大力度引入跨国公司全球研发中心；积极培育本地创新文化，推动全面创新。最终使本地成为科研人才和研发活动的"聚点"，实现区域经济增长方式向创新驱动演变。

最终，区域政府竞争将迈向第四阶段，即竞争与合作相融合的高级阶段，在此阶段区域经济将沿着"竞争为主—竞争与合作共存—合作共赢为主"的轨迹前行，呈现出共享驱动的特征。此时，在区域经济竞争中形成的思想性、物质性、组织性和制度性公共产品，将成为区域间普惠共享的经济增长成果，推动各区域经济社会的协同进步。

这里，笔者需要重点指出的是，新中观经济学对区域经济增长阶段的划分是基于竞争优势的，因此，尽管对于发展阶段的划分看似是依要素禀赋升级的，但各个阶段所要重点发展的产业绝不依赖于比较优势。实际上本书已多次指出，在要素可流动的前提下，区域在一个时点上的比较优势不是绝对的，资本在国家间的流动会导致一国要素禀赋发生动态变化，比较优势已被竞争优势所替代。因此，即使在要素驱动的产业经济竞争主导的增长阶段，资本密集型和技术密集型的产业也可以发展，前提是此类产业拥有足够的市场需求量，本地能够吸引到这类产业的投资，就可以发展这类产业。而政府要做的，就是实施恰当的超前引领战略，做好本地区的发展规划和产业政策，使本地成为各类生产要素的"聚点"。

另外,笔者认为,新中观经济学下梯度推移模型的各个阶段关系不是简单的一个阶段对另一个阶段的替代,而是在一个阶段的基础上进入更高的阶段。举例来说,从要素驱动进入基础设施驱动,但并不是说不需要要素的投入了,而是所需的要素也随之升级。从基础设施驱动进入创新驱动,并不是说不需要基础设施的投入了,而是在新的阶段下,经济增长主要依靠创新驱动,要素和基础设施的投入也随之升级。在本书第六章,笔者将以深圳经济特区的发展为例,说明在区域不同增长阶段中政府如何实施超前引领战略及其相应的效果。

(二) 支持区域经济竞争梯度推移模型的四种经济学说

新中观经济学不但划分了竞争型经济增长的四个阶段,还阐明了与这四个阶段相对应的四种支持性经济学说[①]:

第一,产业效应说。在由产业经济竞争主导的经济增长阶段,由于区域经济发展在空间上并不同步,往往是一些具备产业发展内在因素和外在条件的区域率先发展,这些区域的产业逐渐集聚、经济不断增长,并与产业发展滞后的区域相互影响,使产业发展需要的各种生产要素不断从不发达区域向发达区域集聚,形成区域竞争优势和产业效应。因此,在这一阶段,区域政府要在竞争中脱颖而出,就应大力招商引资、引进项目、完善产业链、鼓励进出口、拓展国内外市场,加强对产业经济的规划引导、扶持调节、监督管理等配套政策。

第二,城市扩展说。在由城市经济竞争主导的经济增长阶段,区域经济增长的动力主要来自多层次的城市基础设施的投入和城乡一体化的扩展,具体包括核心城市软硬件基础设施的投资、城乡一体化基础设施的建设和智能城市的开发运用等。处于多层次城市系统中的各区域政府,对城市基础设施投资建设,应遵循"政府推动、企业参与、市场运

① 陈云贤. 市场竞争双重主体论——兼谈中观经济学的创立与发展 [M]. 北京:北京大学出版社,2020:153 – 154.

作"的原则来配套政策，唯其如此，才能推动城市功能的延伸、扩展，改善并优化区域经济发展环境，建设完善的城市经济系统，确立区域竞争优势，从而促进区域经济在此阶段实现可持续增长。

第三，创新驱动说。在由创新经济竞争主导的经济增长阶段，处于创新驱动阶段的区域（一般都是经济较为发达的区域），其产业部门、产品、技术、生产方式和商业营销模式等方面会出现一系列创新活动，以此为基础还会延伸出组织管理方式、制度政策措施等一系列创新活动。随着实践推移，这类源于经济发达区域的创新又会逐渐向落后区域传递。在这一阶段的区域经济竞争中，区域政府应及时、有效地推动各项有利于创新的政策措施，从而促进区域经济发展，建立区域经济优势。

第四，协同发展说。在由竞争与合作经济主导的经济增长阶段，竞争会使产业资源和城市资源向经济发达区域不断集中，但经济发达区域的增长天然地受到这一阶段区域内在因素和外在条件的制约，因此区域间会形成各类共享性的公共产品，从而保障各区域经济和社会的持续进步。因此在这一阶段，区域政府的各类经济政策和措施应沿着"竞争—竞争合作—合作共赢"的轨迹，促进各区域协同发展。

在上述分析的基础上，我们再来详述区域经济梯度推移说。图 5－8 所呈现的区域经济梯度推移模型有以下四个特点：一是区域经济竞争最早是由率先推动产业经济、城市经济、创新经济发展的经济发达区域启动的，随着时间的推移及各区域内在因素和外在条件的变化，区域经济竞争从以发达区域为主逐渐向欠发达区域横向推移。即从图 5－8 中的 A、B、C 区域向 D、E、F、G、H、I 区域横向推移；二是随着经济发展水平逐渐成熟和经济增长阶段的不断升级，区域经济竞争逐渐从产业经济纵向扩展至城市经济、创新经济等领域，即从图 5－8 中的阶段 1 向阶段 2、3、4 纵向推移；三是在由产业经济、城市经济和创新经济竞争主导的阶段，率先推出有效的政策措施的区域，其经济发展将具有领先优势，各区域政策措施的力度和效用差异，将使其在区域间梯度经济结构中居于不同的位置，图 5－8 中 A、B、C 区域即优于其他区域；

四是经济增长阶段的升级，即从产业经济竞争主导，到城市经济竞争主导，再到创新经济竞争主导，最后到竞争与合作经济主导，是个漫长的历史进程。但人类经济社会共同创造的各类公共产品，终将驱动共享经济的普及，促成区域间经济的协同发展。竞争与合作相互作用，共同推动经济增长，尽管各区域的经济发展存在差异，但呈现横向有序推移、纵向协同发展的趋势，最终使合作共赢成为主流。

五、对新结构经济学与新中观经济学有为政府理论差异的总结

本章的分析指出，与新结构经济学框架下经济增长的比较优势基础论所不同的是，新中观经济学以竞争优势解释经济增长，但同时又指出，竞争优势不仅来自企业，也来自区域政府，区域政府和企业都是资源调配的主体，因此区域经济增长是由企业和政府共同驱动的。回顾本书前面的内容，现将新结构经济学与新中观经济学的理论差异总结为三个主要方面，即政府干预时机、政府干预是否能够超越比较优势以及政府推动经济增长的机制。

（一）政府干预的时机

新结构经济学强调政府干预应遵循比较优势，其增长甄别和因势利导框架（GIFF）的第一步即是给出符合本国比较优势的产业名单，在此基础上再运用适当的产业政策因势利导地推动经济发展。因此，新结构经济学的政府干预是事后行为。

新中观经济学强调政府应对区域经济实施超前引领，这种超前引领对于经济的事前、事中、事后都可以事先进行科学规划并在过程中进行积极引导，体现了区域政府在经济运行中更积极主动的一面。

（二）政府干预是否能够超越比较优势

新结构经济学以比较优势理论为基础，因此其政策主张认为政府应

采取符合本国比较优势的发展战略。然而，正如本书前文所讲到的，尽管新结构经济学强调产业政策应符合地区比较优势，但在其所倡导的政策主张中又往往超越比较优势，这就使得理论与实践出现了矛盾。实际上，这种情况的发生正是由于比较优势的前提假设在现实中并不成立所导致的，因此，新结构经济学的进一步发展应以对比较优势理论的推展为首要任务。

新中观经济学不囿于比较优势，它基于竞争优势阐述不同发展阶段的政府政策。并且，新中观经济学最大的创新之处是划定了政府资源配置的领域，即生成性资源领域，在该领域中政府是竞争主体。因此，在新中观经济学的框架下，在每一个发展阶段，作为竞争主体的区域政府都应实施超前引领战略，提升区域竞争力，积极把握机会发展高端产业。

（三）政府推动经济增长的机制

在新结构经济学框架下，经济增长的动力来自产业发展所带来的要素禀赋结构升级，进而再推动产业结构升级。因此，新结构经济学框架下的经济增长路径可由图 5-9 进行表示：产业的发展带来了要素禀赋结构的变化，从而使比较优势得以升级，此时需要政府再次对本国具有潜在比较优势的产业进行识别，从而进入一个新的循环过程。就是在这样的循环中，一国的产业结构实现了升级，国民收入得以向高收入国家收敛。

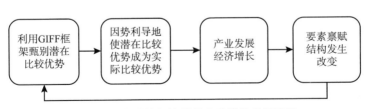

图 5-9 新结构经济学的产业结构升级路线

新中观经济学则超越了比较优势，认为政府对区域经济的超前引领能够使本地区成为资本、人才、科技等各类产业要素的"聚点"，从而实现产业的集聚和规模经济，进而形成区域竞争优势，推动产业发展和经济增长，如图 5-10 所示。

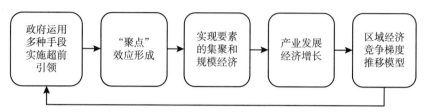

图 5-10　完善后的新中观经济学政府超前引领经济发展路径

本 章 小 结

　　本章首先介绍了在国际贸易和经济发展的解释上，竞争优势理论对比较优势理论的替代，同时也指出了波特国家竞争优势理论对政府作用的认识不足。新中观经济学继承了竞争优势的思想，同时更加强调了政府作用，认为企业与政府是区域经济增长的双重驱动力量。

　　在对已有竞争优势理论做出了重要推展的基础上，新中观经济学将经济增长路径划分为四个阶段，即由产业经济竞争主导的增长阶段、由城市经济竞争主导的增长阶段、由创新经济竞争主导的增长阶段以及由竞争与合作经济主导的增长阶段。在每个增长阶段，新中观经济学都着重探讨了政府超前引领的政策着力点。同时，构建了区域经济竞争梯度推移模型，解释了区域经济升级的一般规律。在本章的最后，笔者指出了新中观经济学相对于新结构经济学的三个主要差异，不论在理论上还是在实践上，笔者都认为新中观经济学能够为区域经济增长提供更合理的解释和更具可行性的指导。而新结构经济学所要面对的关键问题是，在生产要素可流动且存在规模经济的条件下，对一国比较优势的动态演变进行解释和预测，只有解决了这一难题才能够调和其理论基础与政策主张之间存在的矛盾性。

|第三篇|

有为政府引领区域经济发展的理论与实践

政府超前引领对区域经济增长的驱动机制及福利意义

在前面的章节中，本书已指出过新中观经济学的一个不足之处在于政府的超前引领与区域经济增长之间缺少一个明确的传导机制。而在新结构经济学中，这一传导机制可被概括为政府通过因势利导的产业政策推动符合本国比较优势的产业部门迅速发展，进而带动资源禀赋和比较优势的升级，从而实现经济持续增长。但在这一过程中，从理论上讲，要素是不可在国家间流动的，规模经济也是不被允许的，否则就难以用比较优势去解释结构升级和经济增长，但在现实世界的大多数情境下，这两条前提假设都是无法满足的。因此，在第六章中，笔者希望能够基于新中观经济学政府"超前引领"的思想，设计一个协调博弈模型并运用"聚点"均衡解释政府行为如何引致了区域经济增长，同时通过对政府干预的福利意义进行考察以阐明政府"超前引领"的合理性和必要性，以此对新中观经济学的有为政府理论进行必要补充。

本章第一部分指出了研究政府行为的福利意义对有为政府理论的意义；第二部分对经典理论中的政府干预领域进行了回顾和梳理；第三部分介绍了本章模型对空间经济学和协调博弈"聚点"均衡进行运用的思路方法；第四部分构建了博弈模型，对均衡结构进行了分析给出了一个数值例子；第五部分考察了我国政府超前引领的经验事实，并对有效引领得以实现的条件进行了分析。在本章，读者会看到，政府的超前引领（如制定区域发展规划、实施优惠财税政策和土地政策等）会使本地成为要素（资本）流动的一个"聚点"，进而在本地形成规模经济效应，从而提升竞争优势、促进经济增长。不仅如此，当企业为了实现利润最大化而采取的策略与社会福利最大化目标相违背时，政府的超前引领还具有对低效资源配置结果的纠正意义，这为政府超前引领提供了有力的理论支持。

一、从福利的角度看待政府干预行为

（一）有为政府理论在福利研究方面的不足

"有为政府"是十分具有中国特色的一个理论概念，在党的十九届五中全会上，有为政府在中央层面被正式地提出，为我国政府与市场关系的进一步发展指明了方向。从现有文献来看，有为政府首先是在对实践经验的总结中被提出（如胡雪梅，1997 等），此后学界的探讨不断跟进（如石佑启，2013；付才辉，2014；程恩富，2014；高尚全，2016；朱富强，2018；张新宁，2021，等）。其中有代表性、成体系的理论是林毅夫新结构经济学与陈云贤新中观经济学中的有为政府思想。但是，不论是新结构经济学还是新中观经济学，对有为政府的研究都缺少一个基本的层面，即政府行为会对经济福利产生怎样的影响。由于缺少对这一问题的深入探讨，所以无法准确地判断政府对市场的干预是否具有合理性和必要性，对于政府行为的边界也就难以做出清晰的界定。

在经济学对政府与市场关系的研究中，对政府干预的必要性是有着清晰的界定的，即在那些由市场配置资源无法达到帕累托最优均衡状态的领域中即市场失灵的领域，市场配置资源会带来效率损失，因此需要政府干预。尽管这种研究范式本身也存在较大局限性，① 但却拥有很强的逻辑一致性，能够非常明确地将政府干预的合理性和必要性解释清楚。因此，在对有为政府的研究中，学界也可以甚至很有必要地去借鉴西方经济学的研究范式，从福利的意义去解释政府干预的合理性、必要性，划定政府行为边界。

前面的章节已讲到，新结构经济学从比较优势出发，认为政府"应该遵循一国比较优势原则，实施因势利导的'顺势而为'干预策略（林毅夫，2020）。"随着经济社会的发展，市场失灵的领域也会不断演进，政府需要根据每个发展阶段所面对的具体问题实施相应的措施，以不断地对市场失灵进行纠正，干预、增进与补充市场（王勇和华秀萍，2017；Lin and Wang，2019）。因此，新结构经济学所阐述的有为政府"因势利导"的行为法则集中在事后干预，也即在甄别了本国的比较优势和市场的不足之处后实施必要的政府干预。而新中观经济学的理念则完全不同，陈云贤教授基于多年理论与实践工作经验，对早期的中观经济理论（王慎之，1988）进行了重要发展，以生成性资源为基础，以区域政府竞争为主要研究对象，主张政府应该实施"超前引领"（陈云贤，2019）。"政府超前引领运行模式的典型特征是'政府引领（干预）'＋供给侧推动，即在市场决定资源配置的基础上，政府发挥引导、调节、监督作用，全方位、全过程地引领区域经济科学、可持续发展"（陈云贤，2020）。因此，新中观经济学中政府"超前引领"对于经济的事前、事中、事后都可进行事先的科学规划和过程中的积极引导。显然，新中观经济学下的"超前引领"比新结构经济学下的"因势利导"赋予政府更加广阔的行为空间，这无疑将对经典西方经济学带来重大的冲击。

本章将构建一个博弈模型，模型中的政府行为是发生在企业行为之

---

① 例如，人在现实中往往是非理性的，但理性人却是经济学的一项基本假设，这种不一致性会使理论推导出的帕累托有效均衡结果难以在现实中发生，理论假设与现实世界的矛盾是现代经济学面临的重要难题之一。

前的，即政府要在企业做出投资决策之前决定是否在本地实施吸引企业投资的政策措施。因此，本章对政府行为的探讨显然是更加契合于新中观经济学，实际上，本章的目的即在于为新中观经济学在政府超前引领和区域经济增长之间增加一个传导机制，同时也为政府超前引领的合理性和必要性提供了一个初步的证明。

（二）政府超前引领驱动经济增长的福利意义

在新古典经济学中，市场失灵领域外的几乎所有政府干预行为都会造成效率损失，如税收、补贴、最高限价、最低工资等。那么，政府为推动经济增长所实施的政策措施会有哪些福利上的影响呢？首先能够肯定的是，政府如果对所要支持的产业采取税收优惠或财政补贴等措施，那么就一定会扭曲企业的投资行为，这在西方经济学家的眼中自然是错误的。即使从新结构经济学的视角去考察，政府的这种支持也仅应该发生在本国具有"潜在比较优势"的产业部门中。

然而，这种静态视角下的福利分析未能考虑政府干预所带来的长远影响，其中关键的一点就是由规模经济效应所衍生的竞争优势。这种规模经济效应除成本上的节约外，还包括与规模相联系的关联效应、厚实的市场、知识溢出等外部经济性（梁琦，2005），显然，这些规模经济效应都具有动态属性，难以用静态均衡进行刻画。因此，政府推动的产业集聚可能在短期造成资源配置扭曲，但这并不意味着企业会因此缺乏自生能力，如果规模经济效应能够在长期内形成，就会带来竞争优势，提高企业收益的同时也增进社会总体福利水平。

因此，新古典经济学对待政府干预的看法仍较为片面，这一方面是由其自由主义意识形态所决定的，但同时经济学研究工具的发展滞后也是导致其产生重要原因之一。在本章，笔者设计了一个 2 地区、2 企业和 2 政府的博弈模型，分析政府在企业生产区位选择中的引领作用，这一研究将至少在以下两个方面对此领域研究做出贡献：一是以协调博弈和聚点（focal point）均衡解释政府实施超前引领的机制；二是通过对政府行为的福利效应进行分析，论证政府超前引领的合理性和必要性。

本章对新中观经济学视角下的有为政府超前引领理论进行了重要补充和拓展，为有为政府实践提供了重要的理论支持。

二、经典理论中的政府干预领域

以英美为代表的西方国家，对政府行为的认知起点是放任自由，而后随着实践与理论的不断发展，才逐渐扩充了政府干预的合理空间。在亚当.斯密的《国富论》中，政府的职能仅限于保护国家、维护公正与秩序、提供公共物品。除此之外，一切皆可交予市场，"看不见的手"自会理顺经济秩序，政府无须干预。这种自由放任思想在其后的李嘉图和穆勒等古典经济学家的观点中得到延续，他们主张政府应退居到经济活动舞台的幕后，政府税收应该被加以限制，政府活动空间也应被明确地界定，资源配置的决定权应交给自由竞争市场。他们的思想大大促进了当时英、美等先进国家的经济发展（文贯中，2002）。但是，随着经济活动越来越复杂，微观和宏观领域中都出现了自由市场难以解决的问题，迫使经济学家对市场经济中的政府作用做出更多的探讨。

（一）微观经济学中的政府干预领域

在微观领域中，马歇尔、庇古、哈伯格、萨缪尔森、马斯格雷夫、斯蒂格利茨等经济学家先后在外部性、垄断、公共物品和不完全信息等领域进行了正式的理论分析，在"市场失灵"的范畴下解释了政府干预的合理性:[①]

第一，外部性。1890年，马歇尔在《经济学原理》中阐述了工业组织外部经济的思想，即由于企业外部的各种因素所导致的生产费用减少，这些影响因素包括企业离原材料供应地和产品销售市场远近、市场

[①] "市场失灵"这一概念则是由哈佛大学教授巴托最早提出的（Bator，1958），他在1958年所发表的"市场失灵的剖析"（The Anatomy of Market Failure）一文中指出，所谓市场失灵，即是在满足阿罗－德布鲁（1954）市场均衡所要求的一系列严格假定下，最终的均衡结果与帕累托有效不一致的情况。

容量的大小、运输通信的便利程度、其他相关企业的发展水平等。1920年，马歇尔的学生庇古出版了《福利经济学》并指出外部性是企业或居民的经济活动对其他企业或居民所造成的影响，同时提出政府应对造成负外部性的经济活动征税加以矫正。

第二，垄断。19 世纪下半叶，美国市场的垄断程度不断提高，推动了 1890 年《谢尔曼法》的颁布。到 20 世纪 30 ~ 40 年代，哈佛学派的结构主义主张使得美国政府加大了反垄断的力度。而对垄断带来的福利损失的正式分析则是由哈伯格进行的，哈伯格（Harberger，1954）以"哈伯格三角"度量垄断的福利净损失，并表示这一损失约占国民生产总值的 0.1%。① 然而，自由市场并不排斥垄断，需要政府主动作为。于是，美国政府在 20 世纪 50 年代起掀起了一轮反垄断高潮，扩大了反垄断政策的适用范围（余东华，2008）。

第三，公共物品。现代公共物品理论的诞生，以萨缪尔森发表《公共支出的纯理论》（Samuelson，1954）为标志，将公共物品与帕累托效率联系起来，并给出了公共物品有效提供的边际条件。② 在此之后，马斯格雷夫（Musgrave，1959）明确将公共财政划分为三种职能：配置职能、分配职能、稳定职能，并提出了有益物品（Merit Goods）③ 的概念。以萨缪尔森和马斯格雷夫的开创性贡献为标志，现代公共物品理论建立在新古典范式的基础上，得出公共物品市场自发供给不足的结论（张琦，2015）。因此，应通过政府代表的社会福利函数来提供公共物品，以此来解决公共物品导致的市场失灵。

第四，不对称信息。20 世纪 80 年代后，斯蒂格利茨基于信息经济

---

① 其他学者采用不同的估算方法对垄断的福利损失进行计算的结果则表明，这一比例能够达到 7%，不可小觑（Cowling and Mueller，1978[25]；Jenny and Weber，1983[26]）。

② 更早期的公共物品理论以维克塞尔（Wicksell，1896）[27] 和林达尔（Lindahl，1919）[28] 为代表，他们探讨了公共物品由使用者自发提供的办法，但并未论述政府在公共物品供给中的作用。

③ 即使消费者对商品或服务的属性拥有完全信息，也可能做出"坏的"决策，如吸烟、酗酒、不系安全带等。有学者认为政府应该对这种情况进行干预，且这种干预必须强于简单地提供信息。政府强迫人们消费的物品，例如安全带，被称为有益物品（Merit Good）。

学的发展，指出基于不完全信息的新的市场失灵的重要性（Greenwald
and Stiglitz，1986；Stiglitz，1981；Stiglitz，1989），这种市场失灵在保
险市场的逆向选择中得到集中体现，因此，政府应在社会基础保险领域
有所作为。

（二）宏观经济学中的政府干预领域

在宏观经济学中，学说流派众多，各学派你方唱罢我登场，在不同
的历史时期对经济思想的发展和政府行为实践发挥过不同的作用。很大
程度上，对这些学派的一个重要的区分方法就是看其对待政府干预的态
度，如古典学派是自由市场经济的倡导者，旗帜鲜明地反对政府干预，
而坚持凯恩斯主义的学者则强调政府干预的重要作用，并主要体现在熨
平经济周期和调节收入分配两个方面：

第一，熨平经济周期。1929 年美国的失业率高达 25%，与高峰相
比，国民产出下降了 1/3，[①] 大萧条彻底改变了人们对政府职能的看法。
凯恩斯（1936）认为就业水平的高低取决于总需求水平，而调节总需
求水平的有效手段就是财政政策。这种信念最终影响了美国的立法，
1946 年《充分就业法》（Full Employment Act of 1946）中体现了政府促
进就业的职能，同时成立了经济顾问委员会，其职责是向总统就如何最
完美地实现这些目标提出建议。

第二，促进收入公平。第二次世界大战之后，美国经历了前所未有
的繁荣。但经济繁荣的成果并非所有人都能享受，收入不均的问题越来
越严重。帕累托效率的市场均衡并不会顾及公平分配，因此需要政府执
行有效的再分配政策。20 世纪 60 年代实施的许多政府项目的推动力就
源于这些不平等，如对穷人提供食品补贴、医疗援助、就业再培训等，
目的在于为弱势群体提供更多的经济机会（斯蒂格利茨，2013）。

可以看出，不论在微观经济学中的市场失灵领域，还是宏观经济学

---

① ［美］约瑟夫·E. 斯蒂格利茨. 公共部门经济学（第三版）［M］. 郭庆旺、刘晓路、
张德勇译，北京：中国人民大学出版社，2013：6.

中的熨平经济周期和调节收入分配，政府行为的边界均被清晰地界定，即政府干预的空间是那些依靠自由市场自身力量无法解决的经济问题。重要的是，经济学家对政府在市场经济中职能的认知不是一蹴而就的，而是在经济学理论二百余年的发展历程中不断探索出来的。可以预见的是，随着政府和市场关系的进一步演进，还会有新的理论诞生，政府职能的边界还可能进一步扩大。尤其在我国，中国特色社会主义市场经济体系发展过程中，"有效市场" + "有为政府" 的制度架构不断演进，为全球提供了另一种可选的发展模式。而怎样解释这一发展模式中有为政府的行为实践，为全球提供中国智慧和中国方案则成为新时代赋予中国经济学界的历史使命。

三、本章的模型构建思路

（一）空间经济学的"向心力"与"离心力"

本章的模型借鉴由克鲁格曼（Krugman）和藤田昌久（Fujita Masahisa）等经济学家开创的空间经济学（Spatial Economics）的建模方式（Krugman et al.，1991），构建生产活动的向心力与离心力，企业对生产区位的选择即是两种力相互作用的结果。在空间经济学经典的中心—外围模型中（Core—Periphery），经济系统的向心力来自规模经济带来的制造业工资增长，而离心力则来自两地区的运输成本。在本章的模型中，笔者对此进行了借鉴：企业的集聚会带来规模经济，从而降低平均基础设施成本。但同时也要承担向另一个地区市场销售产品的运输成本。如果集聚收益大于运输成本，那么集聚的发生就是自然演进的均衡结果，但问题是在哪里集聚？

在 C—P 模型中，当向心力大于离心力时，经济系统就会向中心—外围结构演化，即一个地区的制造业全部转移到另一个地区，使制造业集聚的地区成为中心，而另一个地区就成为农业外围。然而，C—P 模型中的两个区域是完全对称的，均衡结果的多重性就无法避免，那么又是什么力量使其中的一个演化为中心,而另一个却成为外围呢?空间经济学的回答是历史和预期(Krugman,1991):一方面,历史事件所设定的前置条件是经济系统在多重均衡中进行"选择"的决定力量。实际上,正是由于规模经济的存在,历史因素才在经济地理分布结构中如此重要。另一方面,也有观点认为均衡选择的决定力量是共同预期,因为它会形成一种预言自我实现的力量。保罗·罗森斯坦—罗丹(Paul Rosenstein – Rodan,1943)的"大推进"(Big Push)教条较早地阐述了这种思想:企业的投资意愿依赖于它们对其他企业投资活动的预期,因此,发展战略的任务就是在企业间制造一个高投资的共同预期。藤田和克鲁格曼(Fujita and Krugman,2004)对历史和预期的影响作了一个更加具象的阐释:"如果是费城而不是纽约在 1860 年建成了金融中心,那么这一领先优势也将会实现自我维持,费城就会是今天的纽约。……如果大多数金融公司相信其他金融公司中的大多数将会迁往费城,那么它们的预期就会得到自我实现。"①

然而,尽管历史和预期可以构成在多重均衡中决定哪一个能最终脱颖而出的选择机制,但对于发展中国家来说,这似乎没有太强的政策含义,我们更期待看到的是政府能否在区域经济布局中发挥作用,而这在现实中是肯定的。尤其在中国,区域经济发展离不开政府的规划与引领,假如改革开放初期"邓小平同志不是在'南海边'而是在'东海边'或者中国版图的其他某个点'画了一个圈',那么,这个被圈着的'点'今天便会是另一番图景"。②学者们很快也关注到了这一点,纳拉斯帕等(Nalaspa et al.,2001),徐雷(2013)等文献都在空间经济模型中加入了政府部门,已考察公司和消费者的选址决定如何受到政府政策的影响。但在这些模型中,政府的政策局限于税收和补贴等直接作用于企业利润和居民收入的财政手段,对政府规划、基础设施供给等其他

---

① Fujita, Masahisa. , Krugman, Paul. The New Economic Geography:Past, Present and the Future [J]. Regional Science, 2004, 83:139 – 164.

② 引自:梁琦. 空间经济学:过去、现在与未来——兼评《空间经济学:城市、区域与国际贸易》[J]. 经济学(季刊),2005,4(4):1067 – 1086.

措施则难以解释更多，且在这些模型中往往忽略了对政府干预行为的福利探讨。

在本章设立的模型中，区域政府之间进行招商博弈，政府的策略选择基于最大化本地社会福利的目标，而企业的选址决策则基于自身利润最大化的目标，这样就可以对政府干预的福利效应进行分析。而对于政府干预影响企业选址决策的机制，本章模型则借鉴了协调博弈中的"聚点"均衡概念，其作用在于，即使是在政府政策没有对企业利润或居民收入产生直接影响的条件下，也能够解释政府干预的积极作用。下文中，笔者对协调博弈和聚点均衡理论进行介绍，并阐述它们在本章模型中的运用思路。

(二) 新中观经济学政府超前引领论

新中观经济学认为，政府的超前引领作用，就是"政府遵循市场规则、依靠市场力量，发挥对产业资源的导向、调节、预警作用；对城市资源的调配、参与、维序作用；对民生资源的保障、托底、提升作用"。[①] 超前引领并非指政府需要对市场进行指令性干预，而是运用规划、投资、消费、价格、税收、利率、汇率、法律等市场化手段对市场主体的行为进行引导和调节（陈云贤，2017）。尤其是在城市经济领域，政府更是以竞争主体的身份存在，在这一资源生成性领域中，政府不仅是裁判员，更是对资源进行配置的运动员，其对区域经济发展的超前引领职能在城市经济领域中得到更加突出的体现。

首先，政府超前引领的前提是依靠市场规则和市场机制。市场是资源配置的决定性力量，政府不能超越市场直接决定资源配置。也就是说，政府不能运用行政指令性手段对市场行为主体决策进行干预。政府

[①] 新中观经济学将资源划分为三大类别，其中，产业资源是与经济发展相对应的资源，也称为可经营性资源；民生资源是与社会民生相对应资源，以区域社会公益性、公共物品为主，也称为非经营性资源；城市资源是与城市建设相对应的资源，主要为用于保证国家或区域社会经济活动正常进行的公共服务系统，和为社会生产、居民生活提供公共服务的软硬件基础设施，也称为准经营性资源。

发挥超前引领职能的手段应是市场化的，尤其是在产业资源领域，行政指令性的干预措施会带来政府失灵，对区域经济造成破坏。而在城市资源和民生资源领域，尽管政府是这一领域中的资源配置主体，但仍要遵循市场规律，以税收、金融、法律等市场化手段实现资源的优化配置。

其次，与凯恩斯国家干预主义相比，新中观经济学的政府"超前引领"具有很大不同。（1）凯恩斯主义的政府干预主要发生在事中，而新中观经济学的政府"超前引领"主要发生在事前，两者的政府行为的时间节点是不同的；（2）凯恩斯主义政府干预主要集中于对需求侧的调节，而新中观经济学的政府"超前引领"则重点关注于产业资源、城市资源和民生资源的优化配置，其发挥作用的主要领域在供给侧；（3）凯恩斯主义秉承传统经济学的方法论，仍将政府与市场看作完全对立的两个主体，市场配置资源，政府仅在市场失灵时发挥调解作用。而新中观经济学则将区域政府看作市场竞争的主体，尤其在城市资源领域，区域政府是作为资源配置主体而存在的，在传统经济学资源稀缺范畴之外划分出了一个资源生成领域，进而对政府职能进行更接近真实世界实际情况的研究，这是对经典经济理论的重大突破。①

（三）以"聚点"均衡解释区域政府超前引领和企业选址决策

当我们要研究区域政府是否能够通过实施合适的政策措施吸引企业入驻这样的议题时，蒂布特模型（Tiebout Model）为我们提供了十分具有洞见的借鉴（Tiebout，1956），这也是最早对此议题进行正式研究的文献。在蒂布特模型中，居民可在不同行政区之间进行完全自由流动，从而以"用脚投票"的方式选择能够为他们提供最受偏好的公共物品和税收组合的区域；居民在区域间的流动无成本，且工作和收入不会受到这种流动的影响；有很多区域可供居民选择，不同区域政府会提供有差别的公共物品和税收组合，且居民对此具有完全信息；区域政府的行

---

① 陈云贤. 市场竞争双重主体论 [M]. 北京：北京大学出版社，2020：178 – 179.

为不会产生外部性，即其行为不会对其他区域产生外部性影响，区域政府在公共物品的提供上也并未存在规模经济。在这种条件下，蒂伯特（Tiebout，1956）指出，居民在区域间的流动会使区域政府在公共物品的供给问题上形成一个"类市场均衡解"（market - like solution）。在均衡下，居民在区域间的分布就由各区域政府所提供的公共物品和税收组合以及居民对此的需求所决定。

可见，蒂布特模型刻画了区域政府的竞争机制，这一模型也为其后发展起来的财政联邦主义（Fiscal Federalism）理论奠定了重要基础（如Musgrave，1959；Oates，1972；Gordon，1983；Wildasin，1987，等）。如前所述，钱颖一等学者正是运用该理论对中国区域政府官员推动本地经济增长的激励做出了重要解释。然而，在梯伯特模型中，其新古典主义下机械力学竞争均衡结果的作用仅是对居民偏好的一种识别机制。尽管本章也会从区域政府政策与市场主体（企业）选址决策的直接联系为出发点，但有所不同的是，本章更关注政府政策如何对企业行为产生影响及其福利含义。为了实现这一研究目的，笔者在考察了众多的研究工具后，发现协调博弈与"聚点"均衡能够较好地满足要求。

对于协调博弈，不同学者的解释有所不同：库珀等（Cooper et al.，1990）给出的协调博弈的定义是具有多重纳什均衡且纳什均衡可帕累托排序的完全信息静态博弈。克劳福德（Crawford，1995）认为协调博弈是有多个纳什均衡的非合作静态博弈或重复博弈、最优均衡的实现取决于参与者的一致性预期。卡默勒（Camerer，2003）将协调博弈归纳为三类：匹配博弈、不对称参与者博弈和不对称支付博弈。[①] 李建标等（2010）认为，博弈中风险占优决策比支付占优决策更保险，如果参与人之间没有建立足够的信任，风险占优决策机制会导致帕累托次优结果，而协调的目的就是让决策人相信对方选择支付占优的行动是可信的。

---

① 匹配博弈中每一个纳什均衡给参与者带来的收益都是相等的，实现的均衡可能是"聚点的"或是"心理凸显的"；不对称参与者博弈中，每个纳什均衡的支付总额相等，但参与者在不同均衡里获得的支付此多彼少，均衡的实现取决于不对称参与者之间的协调。不对称支付博弈中，不同均衡的支付总额不同，但每个参与人在每个均衡中获得的支付都是相等的。

在上述观点基础上，本章以下面的形式表达一个两参与人的协调博弈，当然，这一表述很容易扩展到 n 人：参与人 1 的策略集为 $\{s_{11}, s_{12}, \cdots, s_{1n}\}$，其中 $n \geqslant 2$；参与人 2 的策略集为 $\{s_{21}, s_{22}, \cdots, s_{2n}\}$。令被选的策略组合为 (s_{1g}, s_{2h})，如果有 $g = h$，则每个参与人将得到支付为 1，否则支付为 0。这里有 n 个纯策略纳什均衡，且两个参与人对所有的纯策略纳什均衡都是无差异的，在这一博弈结构里，参与人之间、策略之间和均衡之间都是完全对称的。基于这一定义，我们认为企业在选择厂址时面临的两难选择将使企业进入这种协调博弈当中：一方面，工厂与市场之间的运输成本促使企业靠近市场；但另一方面，集聚外部性又会带给企业扎堆的激励。当运输成本较低而集聚力足够大时，企业的集聚就会带来更高的支付，这就形成了一个协调博弈。在默式谈判（tacit bargaining）下，[①] 理性参与人实现有效协调是一个概率问题，[②] 但托马斯·谢林却提出了不同的观点。

1960 年，托马斯·谢林（Thomas C. Schelling）的代表作《冲突的策略》（*The Strategy of Conflict*）出版发行。在这部经典著作中，谢林对协调博弈均衡进行了颇具洞见的分析，提出了"聚点"（focal point）概念，并以此解释协调博弈中不同均衡得以实现的可能性差异。按照谢林的解释，所谓"聚点"，即是能够被一个博弈中的所有参与人都认可的一些具有凸显特征（property of salience）的偶然因素，这些偶然因素可能是历史的、文化的或者是参与人默契所带来的。但参与人之间无法进行信息沟通时，这种偶然因素就会付与某些备选策略以凸显特征，这会对参与人提供某种暗示（clue），引导他们选择具有凸显特征的备选策略（聚点），从而实现均衡（聚点均衡）。[③]

---

①　所谓默式谈判（tacit bargaining）即谈判双方信息沟通不完全和无效情况下的谈判模式。

②　例如，在上面的 2 人博弈中，由于每个人有 n 个策略可供选择，因此在一次博弈中纳什均衡能够实现的概率就是 $1/n$。

③　谢林在《冲突的战略》一书中报告了一些运用聚点实现成功协调的实验例子，包括要求参与人在"Heads"和"Tails"之间进行选择，而大部分实验被试者均选择"Heads"；当被要求将 A，B，C 三个字母进行排序时，大部分实验被试者即使在无法实现自身收益最大的情况下，也都会选择 A – B – C 的顺序等。

在对"聚点"的讨论中，策略的标注方式是重要的（Mehta et al.，1994）。例如，如果以数字对两位参与人的策略进行标注，两位参与人的策略集就变为 {1，2，…，n}，如果两位参与人选择了从 1 到 n 中的相同的数字，则将有支付为 1，否则支付为 0。显然，n 个策略对于参与人来说是对称的，因此，如果参与人随机选择策略，则每个策略被选择的概率都是 1/n，参与人的期望支付即为 1/n。然而，谢林（Schelling，1960）声称：在这种博弈中，真实的人类参与者总是会比理论推测的结果做得更好。一些标签会具有凸显特征（Salience），它们将会受到参与人的青睐，这些凸显特征经常与参与人的共同经历、文化和心理因素相联系。如果参与人选择了具有凸显特征的策略，那么由此带来的均衡结果就是"聚点"。

那么，既然"聚点"是参与人所处环境中蕴藏的历史与文化因素对备选策略中的某些策略所赋予的凸显特征，那它对于区域政府行为如何推动经济增长又存在什么意义呢？幸运的是，聚点也可以由第三方提供，并能取得更理想的效果①，这无疑扩大了市场经济中政府有效干预的空间。

罗素·W. 库珀（2001）阐释了政府在宏观经济领域的协调作用，例如通过承诺为存款提供保险而防止挤兑，通过降低通胀水平而提升求职者信心等。但是，此类研究仍集中于为宏观经济中的政府行为建立理论基础，而对于政府如何积极有为地引领区域经济发展则没有进行深入

---

① 考虑谢林（Schelling，1960）给出的一个例子：A 和 B 合租一个房子。B 捡到 A 丢掉的 16 美元。根据房东契约，除非 A 向对方给予一定报酬，否则 A 不能索要 B 捡到的钱；反之，除非 A 同意，否则 B 也不能将捡到的钱据为己有。如果双方无法达成协议，B 捡到的钱将归房东所有。于是，双方为此争吵不休，并引起房东的干涉。房东提出建议，A 和 B 在不进行沟通的前提下一次性地将各自所希望得到的金额写在纸上，如果双方金额加起来不大于 16 美元，每人都得到自己写下的金额；否则，该笔钱归房东所有。这时，一位调解人出现，他表示自己不会涉入谈判之中，只会提出一个"公平"的建议。他对 A 说："在现有条件下，最好的分配方法是失主得到全部金额的 2/3，拾到者得到 1/3。我也会向 B 提出同样的建议。"之后，他将对 A 说的话也向 B 进行了重复。这样，一个具有第三方调解人的协调博弈被建立起来，而真实的实验结果表明：丢钱的 8 人和拾到钱的 7 人全部同意调解人的建议，接受 5 美元的报酬。

的探讨，在政府引领区域经济发展的实践中，首先是制定区域经济发展规划，划定重点支持区域并制定支持政策框架，进而通过实施减税、补贴等多种措施支持区域内企业发展。然而，减税和补贴等政策无疑是具有成本的，从微观经济学的视角看，它会导致资源配置扭曲，进而造成福利损失。但是，如果在协调博弈的框架下去考察，则能发现企业之间对区位的策略选择是具有互补性的（strategic complementarity）、正溢出（positive spillovers）特点的，即一个企业选定了某个生产区位后，会增加其他企业选定这个生产区位的支付水平，而这种策略的互补性和正溢出性即来自规模经济。因此，当把区位纳入经济分析中，政府干预的资源配置扭曲效应也可能由于生产集聚带来规模经济而增进福利，政府区域发展政策乃至产业发展政策的合理性和必要性就取决于对政策成本和规模收益之间的权衡选择。下面，本章就将在此思路下构建博弈模型，论证政府为企业协调博弈提供"聚点"从而引领生产集聚，推动区域经济发展的合理性和必要性。

四、区域政府引领企业生产集聚的协调博弈模型

（一）模型设计

假设有两个企业，即企业 A 和企业 B，它们生产一种同质的产品。有两个地区，即地区 1 和地区 2，两地区对该产品拥有一致的需求，记为 $P_j = a - Q_j$，P_j 为 j 地区产品价格，Q_j 为 j 地区产品的总销售量，$Q_j = q_{A,j} + q_{B,j}$，$q_{A,j}$ 和 $q_{B,j}$ 分别表示企业 A 和企业 B 在地区 j 的销售量（$j = 1$ 或 2）。企业的生产成本由两部分构成：一是企业所在区域为企业入驻所构建的基础设施成本，该成本为一固定值 γ，并由区域内的所有企业平均分摊；二是企业将产品销往外地将产生运输成本，每单位产品的运输成本为 t。

这里所设计的模型基于古诺竞争博弈的基本逻辑，同时将空间经济学的规模经济纳入进来。但与空间经济学经典的 C - P 模型的一个很大

不同是，在 C－P 模型中，制造业工人会转移到工资更高的地区，从而导致市场也在地区间发生了转移。但是，从现实情况来看，即使拉动力发生了转移，但由于老人、孩子等人群的留守，本地市场仍会在很长一段时间内保持稳定，[①] 因此，在本章的模型中，市场规模保持不变，这一方面更加符合现实，同时也使模型处理更加容易。

第一，考虑两个企业分别在两个地区生产的情况。首先，令企业 A 在地区 1 生产，企业 B 在地区 2 生产。则企业 A 和企业 B 的利润分别为：

$$\pi_A = P_1 q_{A,1} + P_2 q_{A,2} - \gamma - t q_{A,2}$$
$$\pi_B = P_1 q_{B,1} + P_2 q_{B,2} - \gamma - t q_{B,1}$$

求解利润最大化问题可以得到：

$$q_{A,1} = (a+t)/3, \quad q_{A,2} = (a-2t)/3, \quad \pi_A = [(a+t)^2 + (a-2t)^2 - 9\gamma]/9$$
$$q_{B,1} = (a-2t)/3, \quad q_{B,2} = (a+t)/3, \quad \pi_B = [(a+t)^2 + (a-2t)^2 - 9\gamma]/9$$

两地区的总销量分别为：

$$Q_1 = (2a-t)/3, \quad Q_2 = (2a-t)/3$$

两地区的商品价格分别为：

$$P_1 = (a+t)/3, \quad P_2 = (a+t)/3$$

两地区的消费者剩余分别为：

$$CS_1 = (2a-t)^2/18$$
$$CS_2 = (2a-t)^2/18$$

两地区的社会总福利为：

$$WF = \pi_A + \pi_B + CS_1 + CS_2 = (8a^2 - 8at + 11t^2 - 18\gamma)/9$$

同样地，当企业 A 在地区 2 进行生产，而企业 B 在地区 1 进行生产时，通过同样的计算，亦可得到企业 A 和企业 B 各自在两个地区的销量和利润，以及两个地区的总产量、价格、消费者剩余和社会总福利。

第二，考虑两个企业在同一地区生产的情况。首先，当两企业同时

---

① 如我国东北和西部等地区所发生的情况，劳动者到发达地区工作，但老人和孩子会留在本地，很多劳动者也会在本地买房为最终再回到本地工作生活做好准备。

在地区 1 生产时，则企业 A 和企业 B 的利润分别为：

$$\pi_A = P_1 q_{A,1} + P_2 q_{A,2} - \gamma - t q_{A,2}$$

$$\pi_B = P_1 q_{B,1} + P_2 q_{B,2} - \gamma - t q_{B,2}$$

求解利润最大化问题，可以得到：

$$q_{A,1} = a/3, \quad q_{A,2} = (a-t)/3, \quad \pi_A = (4a^2 - 4at + 2t^2 - 9\gamma)/18$$

$$q_{B,1} = a/3, \quad q_{B,2} = (a-t)/3, \quad \pi_B = (4a^2 - 4at + 2t^2 - 9\gamma)/18$$

两地区的总销量分别为：

$$Q_1 = 2a/3, \quad Q_2 = 2(a-t)/3$$

两地区的商品价格分别为：

$$P_1 = a/3, \quad P_2 = (a+2t)/3$$

两地区的消费者剩余分别为：

$$CS_1 = 2a^2/9$$

$$CS_2 = 2(a-t)^2/9。$$

两地区的社会总福利为：

$$WF = \pi_A + \pi_B + CS_1 + CS_2 = (8a^2 - 8at + 4t^2 - 9\gamma)/9$$

同样的，当两企业同时在地区 2 进行生产时，通过同样的计算，亦可得到企业 A 和企业 B 各自在两个地区的销量和利润，以及两个地区的总产量、价格、消费者剩余和社会总福利。

这样，当两个企业分散生产时，社会总福利为 $(8a^2 - 8at + 11t^2 - 18\gamma)/9$；当两个企业集中生产时，社会总福利为 $(8a^2 - 8at + 4t^2 - 9\gamma)/9$。将二者做差，可得，当 $t < \dfrac{3\sqrt{7\gamma}}{7}$ 时，两企业在同一地区生产将使社会总福利更大。

（二）均衡结果分析

图 6 - 1 展示了两企业博弈矩阵，并得出企业竞争均衡条件：

企业B

		地区1	地区2
企业 A	地区1	$\dfrac{4a^2-4at+2t^2-9\gamma}{18}$; $\dfrac{4a^2-4at+2t^2-9\gamma}{18}$	$\dfrac{(a+t)^2+(a-2t^2)-9\gamma}{9}$; $\dfrac{(a+t)^2+(a-2t^2)-9\gamma}{9}$
	地区2	$\dfrac{(a+t)^2+(a-2t^2)-9\gamma}{9}$; $\dfrac{(a+t)^2+(a-2t^2)-9\gamma}{9}$	$\dfrac{4a^2-4at+2t^2-9\gamma}{18}$; $\dfrac{4a^2-4at+2t^2-9\gamma}{18}$

图 6-1 两地区两企业博弈矩阵

在此博弈中：当 $\dfrac{4a^2-4at+2t^2-9\gamma}{18} > \dfrac{(a+t)^2+(a-2t)^2-9\gamma}{9}$ 时，

即 $0<t<\dfrac{3\sqrt{2\gamma}}{4}$ 时，两企业在同一地区生产为纳什均衡，否则两企业将选择分别在两地区生产。这样，在这一博弈中形成了两个临界点，临界点一是 $t=\dfrac{3\sqrt{7\gamma}}{7}$，临界点二是 $t=\dfrac{3\sqrt{2\gamma}}{4}$。这两个临界点将企业最优策略选择与社会福利水平分为三个区间，如图 6-2 所示，在第一区间 $\left(0<t<\dfrac{3\sqrt{2\gamma}}{4}\right)$，企业的最优选择为集聚，且集聚的总福利水平高于分散；在第二区间 $\left(\dfrac{3\sqrt{2\gamma}}{4}<t<\dfrac{3\sqrt{7\gamma}}{7}\right)$，企业的最优选择为分散，但分散的总福利水平却低于集聚，形成了企业最优选择与社会最优选择的非一致性；在第三区间 $\left(t>\dfrac{3\sqrt{7\gamma}}{7}\right)$，企业的最优选择为分散，且分散的总福利水平高于集聚。下面，本章将通过具体的数值例子对集中情况进行更具体的阐释，同时分析地方政府间的博弈对企业行为的影响。

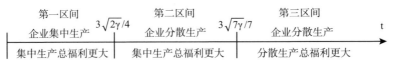

图 6-2 企业生产区位选择与社会总福利

我们下面考虑政府间的博弈。两地政府的博弈支付为本地总福利水平，① 备选策略为是否实施招商政策，如果实施招商政策则会产生 δ 的成本。当两地政府均实施了招商策略或均不实施招商策略时，由于企业之间不存在沟通机制，因此两企业对两个地区是无差异的，基于企业博弈矩阵的对称结构，两企业在混合策略中选择每个地区的概率均为 1/2，因此，两地政府同时实施招商策略时的期望支付为 $(16a^2 - 16at + 15t^2 - 27\gamma - 36\delta)/36$，两地政府同时未实施招商策略时的期望支付为 $(16a^2 - 16at + 15t^2 - 27\gamma)/36$。

如果两地政府中只有一个实施了招商策略，则两企业将都进入该地区生产，而未实施招商策略的地区则不会有企业进入。此时，实施了招商策略的政府的支付为 $(6a^2 - 4at + 2t^2 - 9\gamma - 9\delta)/9$，未实施招商策略的政府的支付为 $2(a-t)^2/9$。由此，两地区政府间的博弈矩阵如图 6-3 所示：

政府Ⅱ

		有		无	
政府Ⅰ	有	$\dfrac{16a^2-16at+15t^2-27\gamma-36\delta}{36}$;	$\dfrac{16a^2-16at+15t^2-27\gamma-36\delta}{36}$	$\dfrac{6a^2-4at+2t^2-9\gamma-9\delta}{9}$;	$\dfrac{2(a-t)^2}{9}$
	无	$\dfrac{2(a-t)^2}{9}$;	$\dfrac{6a^2-4at+2t^2-9\gamma-9\delta}{9}$	$\dfrac{16a^2-16at+15t^2-27\gamma}{36}$;	$\dfrac{16a^2-16at+15t^2-27\gamma}{36}$

图 6-3　两地区两政府博弈矩阵

不难发现，在企业的产出和利润均不小于 0 的限制条件下，有

$$\frac{16a^2 - 16at + 15t^2 - 27\gamma - 36\delta}{36} > \frac{2(a-t)^2}{9}$$，且 $\dfrac{6a^2 - 4at + 2t^2 - 9\gamma - 9\delta}{9} >$

$\dfrac{16a^2 - 16at + 15t^2 - 27\gamma}{36}$，因此实施招商策略是两地政府的占优策略。同时

由于 $\delta > 0$，因此有 $\dfrac{16a^2 - 16at + 15t^2 - 27\gamma - 36\delta}{36} < \dfrac{16a^2 - 16at + 15t^2 - 27\gamma}{36}$，

---

① 当然，政府的目标是多元的，而地区福利最大化目标是能够与经济增长、财政收入最大化等其他类型政府目标相容的，同时使模型计算更加简便。

所以两地政府间进行的是囚徒困境式的博弈，区域之间的招商竞争是很激烈的，这对现实情况具有较高的解释力。下面，我们将依据图 6 - 2 三个区间的划分，以更加直观的数值方式对博弈均衡进行分析。

（三）数值示例分析

第一，取 $a = 10$，$t = 2$，$\gamma = 18$，博弈在第一区间中进行。则两企业之间的博弈矩阵如图 6 - 4（1）所示，两个纯策略纳什均衡分别为（地区 1，地区 1）和（地区 2，地区 2），企业具有集中生产的意愿，如果能够有效协调，生产的集聚能够提高企业利润。而从图 6 - 4（2）政府竞争的角度看，当两地政府都实施了招商政策时期望支付均为 $23.72 - \delta$，而两地政府均未实施招商政策时的期望支付均为 23.72。当一个政府实施了鼓励政策而另一政府未实施鼓励政策时，这就为企业竞争博弈提供了一个聚点，实施鼓励政策的地区将形成产业集聚区，支付提高到 $40.67 - \delta$，而未实施鼓励政策的地区支付下降到 14.22。因此，实施招商政策是一个占优策略，政府对于将本地打造成产业集聚区是有较高激励的。而从社会总福利水平看，当两企业集聚时的总福利水平为 54.89，两企业分散时的总福利水平为 40，那么，当 $54.89 - \delta > 47.44$，即 $\delta < 7.45$ 时，一个政府实施招商政策而另一个地区不实施招商政策在总福利意义上是最优的。然而，由于两地都实施招商政策是一个占优策略均衡，所以上级政府的协调就是非常重要的。一个有效的办法是实施招商政策的地区为另一地区提供不小于 $9.5 - \delta$（$= 23.72 - \delta - 14.22$）的补偿，[①] 这是实现帕累托改进的必要条件，而具体的补偿数额则依赖于上级政府的意愿和两地政府的谈判力。

第二，取 $a = 10$，$t = 4.6$，$\gamma = 18$，博弈在第二区间中进行。从图 6 - 5（1）的企业竞争博弈中可以看出，此博弈中的两个均衡为（地区 1，地区 2）和（地区 2，地区 1），在较高的运输成本的作用下，两企业都希

---

① 至少有一个企业在本地生产时，本地总福利为 20。没有企业在本地生产时，本地总福利为 14.22。下降了 5.78，这是需要生产集聚区政府给予补偿的最低数额。

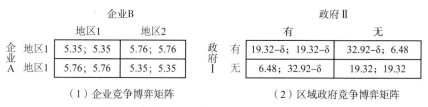

图 6 – 4　第一区间中企业竞争博弈和政府竞争博弈的数值示例

望分散生产。而从图 6 – 5（2）的政府博弈中可以看出，两地政府对成为生产集聚区仍有较高激励，而生产集聚时的总福利水平为 39.40，高于生产分散时的总福利水平 37.86，此时，当 39.40 – δ ＞ 37.86，即 δ ＜ 1.54 时，一个政府实施招商政策而另一个地区不实施招商政策在总福利意义上是最优的。在这种情况下，实施招商政策的地区不但要给予另一地区不少于 12.84 – δ（ ＝ 19.32 – δ – 6.48）的补偿，还要支付企业不少于 0.41 的补贴以弥补运输成本，两地政府间的谈判空间更加狭小，协调变得更加困难，上级政府的有效干预变得更加重要。

		企业B	
		地区1	地区2
企业A	地区1	5.35；5.35	5.76；5.76
	地区1	5.76；5.76	5.35；5.35

（1）企业竞争博弈矩阵

		政府Ⅱ	
		有	无
政府Ⅰ	有	19.32–δ；19.32–δ	32.92–δ；6.48
	无	6.48；32.92–δ	19.32；19.32

（2）区域政府竞争博弈矩阵

图 6 – 5　第二区间中企业竞争博弈和政府竞争博弈的数值示例

第三，取 a ＝ 10，t ＝ 5，γ ＝ 18，博弈在第三区间中进行，此时两企业之间的博弈矩阵如图 6 – 6（1）所示。由于高昂的运输成本，企业分散生产而专注于供应本地市场是最优选择。在图 6 – 6（2）的政府博弈方面，实施招商政策仍然是地方政府的严格占优策略，但从总福利水平上看，分散生产已经高于集聚生产。此时，实施招商政策已不再是区域政府的首要工作，政府更应该做的是加强交通基础设施投资，降低两地间运输成本以增进福利水平。

	企业B	
	地区1	地区2
企业A 地区1	4.89；4.89	7；7
地区1	7；7	4.89；4.89

（1）企业竞争博弈矩阵

	政府Ⅱ	
	有	无
政府Ⅰ 有	19.14-δ；19.14-δ	32-δ；5.56
无	5.56；32-δ	19.14；19.14

（2）区域政府竞争博弈矩阵

图6－6　第二区间中企业竞争博弈和政府竞争博弈的数值示例

在加入区域这一要素后，我们发现在两区域、两企业和两政府的博弈模型中，当地区间的运输成本满足一定条件时，企业希望分散生产，但分散生产会导致整体福利损失。因此，自由竞争导致的结果将是帕累托无效的。为了改进这一均衡结果，需要政府进行必要干预。即使在运输成本更小的情况下，由于企业间的协调存在困难，政府的有效干预能够为企业博弈提供聚点，从而提升企业间的协调效率。因此，政府通过制定区域发展规划，实施一定的招商引资政策既是合理的也是必要的。而在这一过程中，区域政府间的有效协调是重要的，否则不仅对产业集聚的形成没有帮助，还会导致严重的重复建设、恶性竞争和资源浪费，这需要在区域政府间建立有效的沟通机制，更需要上级政府的整体规划和协调。

五、政府实施超前引领的经验事实与有效引领的条件分析

在本章的模型分析中可以看出，当博弈在第一和第二区间进行时，即地区间的运输成本与基础设施固定成本相比足够小，且政府实施招商引资政策的成本也较小时，最优的政策就是一个地区实施招商政策而另一个则不实施。这样，通过政府实施的招商政策，为企业的协调博弈提供一个明确的聚点，引领企业选择在同一个地区生产，从而既实现规模经济以提高利润，也增强竞争以扩大消费者剩余，使社会总福利达到最大。

（一）区域经济发展政策实践

从实践方面来看，中国在改革开放后政府对区域经济发展的规划与引领，区域政府间对投资的竞争是对模型结论的有力证明，政府发挥的作用远大于西方学界所推崇的华盛顿共识中所阐述的政府的作用（斯蒂格利茨，2009）。① 政府引领区域经济发展在实践中有很多成功的范例，突出表现为东南沿海地区在国家政策的支持下，先是在经济特区，而后在对外开放沿海城市形成了国内外产业投资的"聚点"，生产集聚效应不断累积，使沿海地区经济社会得以持续的高速、高质发展。图6-7展示了1952~2018年鉴我国GDP排名前4省份占全国GDP比重的动态演变轨迹，可以看出，该比例在改革开放后迅速提升，展现了经济活动向沿海发达地区集聚的趋势特征，而这与政府开放政策所带来的聚点效应是分不开的。

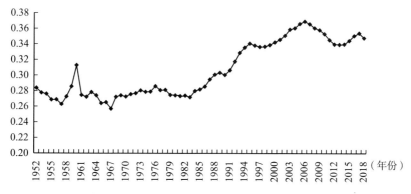

图6-7　我国GDP前4省份占全国GDP比重（1952~2018年）②

① 华盛顿共识是20世纪80年代以来由美国主导的一系列政策主张，往往成为发展中国家从美国及国际货币基金组织和世界银行等国际机构取得援助的前置条件。这些政策主张包括要求危机中的国家实施紧缩性的财政政策和货币政策，强调私有化和金融自由化，主张发展经济必须通过自由市场机制，政府干预应被严格限制。东亚国家（或地区）的政府所采取的政策，尤其是政府对市场的干预很大程度上偏离了华盛顿共识所确定的原则，但却取得了巨大的经济发展成就，2008年金融危机中中国的成功应对更使华盛顿共识遭到了广泛的质疑。

② 资料来源：《新中国60年统计资料汇编》及相关年份《中国统计年鉴》。

在这些成功演进为集聚区的城市中，深圳是最具代表意义的。1978年12月，中国共产党召开了十一届三中全会，改革开放由此开始。1979年1月，交通部驻港机构招商局，根据对外开放的精神，在与香港只有一水之隔的深圳市蛇口公社，划出一块土地创办工业区。1979年2月，国务院批转广东省《关于宝安、珠海两县外贸基地和市政建设规划的报告》，要求深圳、珠海在3～5年内"建成对港澳的出口商品基地、吸引港澳游客的游览区和新型的边防城市"。1979年4月，在中央工作会议期间，当时广东省主要负责人谈到要发挥广东的优势。邓小平同志首先提出办特区的问题。1979年7月，中央批转广东省委、福建省委关于对外经济活动和灵活措施的两个报告，决定在深圳、珠海、汕头和厦门试办特区。1980年5月，中央又明确提出："广东省先集中精力把深圳经济特区建设好，其次是珠海。""汕头、厦门两个特区，可先进行规划，做好准备，逐步实施"（王慎之，1988）。1980年8月，全国人大常委会第十五次会议通过《广东省经济特区条例》，这标志着深圳等经济特区的正式诞生（钟坚，2008）。深圳经济特区创立后，为国内外投资者提供了一个明确的聚点，产业的集聚推动经济社会迅猛发展，1980年，深圳GDP只有2.70亿元，1992年提升到317.32亿元，1996年突破1000亿元，2005年突破5000亿元，2010年突破万亿元，2016年突破两万亿元，2020年达到27670亿元，位居内地城市第三。

（二）产业政策实践

实际上，本章所展示的政府干预的"聚点"提供效应不仅能够解释区域的发展，也可以在产业发展中进行应用。

以我国光伏产业的发展为例，该产业的高速发展起始于2004年8月。2004年8月，德国政府更新了"可再生能源法"，加大光伏补贴力度，全球光伏市场规模同比增长61%，极大带动了全球对光伏发电设备的需求增长。在我国，光伏产业属于高科技新能源产业，且投资规模大，对地方经济具有较强拉动作用，自然受到地方政府追捧，各地光伏产业项目纷纷上马，短时间内，产能急剧扩张。随后近十年时间里，全

球光伏发电装机量持续大幅增长，对光伏设备需求旺盛，这成就了中国
光伏产业一段辉煌的扩张期。然而，国内光伏产业极为依赖欧美市场，
这种依赖一方面体现在供给端，90% 以上的核心原料依靠进口；另一方
面是需求侧，90% 以上的光伏产品销往海外，也就是业内常说的"两头
在外"。[1]

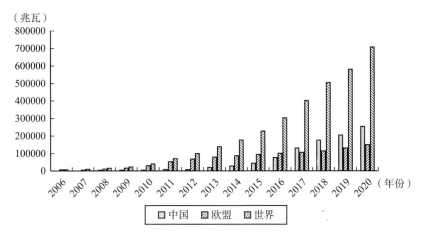

图 6 - 8　2006 ~ 2020 年中国、欧盟和世界太阳能光伏发电装机容量

资料来源：根据 Wind 数据库、International Renewable Energy Agency 和 SolarPower Europe
数据整理。

　　这种隐患很快给产业发展带来了巨大的打击：2011 ~ 2013 年，受
欧盟"双反"影响，再加上欧债危机之下欧洲国家纷纷下调补贴力度
的影响，国内光伏公司遭遇当头一棒，大量公司倒闭，大全新能源、尚
德、晶澳和赛维四家在美国上市的光伏龙头都收到退市警告，全行业出
口额从 2011 年的 358 亿美元一路暴跌至 2013 年的 123 亿美元，[2] 2013
年 3 月 20 日，无锡市中级人民法院发布公告称，无锡尚德太阳能电力
有限公司无法归还到期债务，依法裁定破产重整，牵扯超过 500 家债权

　　① 杨凯. 光伏剧透沉浮录 [J]. 中国工业和信息化，2021（3）：44 - 49.
　　② 资料来源：罗松松. 光伏产业：从至暗时刻到柳暗花明 [J]. 中国工业和信息化，
2021（3）：26 - 30.

人，涉及金额超 170 亿元。①

为了稳定国内光伏产业的发展，2013 年，国家发改委发布文件，第一次正式明确分布式光伏电站的补贴标准，随后，国家能源局跟进，陆续发布集中式电站三类地区的标杆电价，不仅点燃了地方政府的投资热情，同时也让社会资本疯狂涌入，再次开启了中国光伏行业的高增长阶段。从图 6 - 9 可以看出，自 2013 年开始，在国家补贴政策的刺激下，我国新增光伏发电装机容量持续在高位运行，是我国光伏发电装机容量在 2017 年超过欧盟，2018 年超过全球总装机容量的 1/3。但是，补贴政策也带来了负面影响，一方面是补贴的窟窿不断扩大，财政负担不断加大，另一方面是扩张速度过快产生了诸如骗补、盲目扩张、高负债以及产品以次充好等行业乱象。此外，长期补贴也滋生出了惰性。一些公司不愿意将利润用于技术研发和提升管理能力上，而是通过低价竞争来干扰市场的正常秩序，"竞次"情况频频出现，极大损害了光伏产业的健康发展。

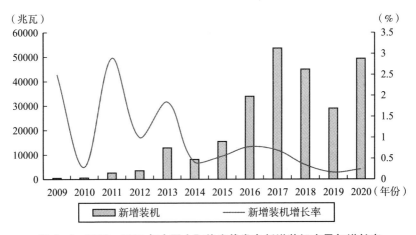

图 6 - 9　2009～2020 年中国太阳能光伏发电新增装机容量与增长率

资料来源：根据 Wind 数据库和 International Renewable Energy Agency 数据整理。

① 邓华宁，叶超，潘晔. 无锡尚德被裁定破产"优等生"为何先"下课" [N]. 人民网，2013 - 03 - 21.

于是，2018 年 6 月 11 日，国家发改委、财政部、国家能源局三大部门联合发布了《关于 2018 年光伏发电有关事项的通知》（业界称为"531 新政"），除了补贴标准被降低外，还设置了补贴规模上限。"531 新政"之后，那些没有核心竞争力、布局不科学、负债累累以及不擅经营的公司被淘汰出局，而有实力的行业龙头企业则趁机扩大了技术优势。2018 年 9 月，欧盟宣布结束对中国光伏产业长达 5 年的"双反"政策，使得光伏企业在国内政策不明朗的情况下，纷纷布局确定性更强、收益水平更高的海外市场，以此来对冲"531 新政"的影响。而此时，中国光伏产业在多年的发展后，无论是在成本上还是在技术上，都已经积累起了显著的优势：一是技术迭代，以单晶硅为例，单晶渗透率从 2016 年的 18.5% 提升至 2018 年的 46%。二是工艺改进，比如金刚线切割技术的普及大大减少了上游硅料的使用。三是庞大的市场容量，中国不仅是全球光伏产业最大的生产国，同时也是最大的应用国，规模效应有助于边际成本的降低。四是财政补贴，一方面能够提升企业的研发能力以及市场渗透率，另一方面适时适当的退坡有助于提高行业门槛，淘汰落后和过剩产能，提升行业集中度。[①] 这些优势为中国光伏产业再次出海奠定了坚实的基础。

（三）政府实施有效超前引领的经验总结

但是，并不是每一次政府干预都取得了理想的效果。例如，2003 年 10 月 5 日中共中央发布了《中共中央、国务院关于实施东北地区等老工业基地振兴战略的若干意见》，东北振兴的国家战略落地实施。但东北振兴战略的聚点效应却并不明显，未能有效拉动生产集聚。另外，改革开放以来，我国各类开发区在改善投资环境、促进产业结构调整和发展经济中发挥了重要作用，但在开发区建设过程中也存在土地大量闲置、低效利用等严重问题（龙开胜等，2014），也成为政府无效干预的

---

① 资料来源：罗松松. 光伏产业：从至暗时刻到柳暗花明 [J]. 中国工业和信息化，2021（3）：26 - 30.

例证。在这些低效政府干预的案例中我们可以看到三个特征：一是划定的聚点范围过大，二是竞争性聚点过多，三是上级政府的协调机制缺位。在这种情况下聚点效应难以真正形成，处于竞争关系中的地方政府协调失效，政府对市场的引领作用未能有效发挥。当然，由于政府对未来产业发展方向拥有不完全信息，因此产业规划失误也可能导致聚点供应失效，但这种风险是可以承受的。而地方政府间的因徒困境式的"竞次"博弈不仅难以为企业博弈提供聚点，还造成资源浪费导致了社会福利的损失，是必须加以避免的。

那么，政府如何提高聚点的供给水平呢。通过对协调博弈性质的分析，结合对实践经验的总结，笔者提出以下几点建议：

第一，唯一性能够产生独特性，从而吸引人们的注意力，[①] 因此，应尽可能减少同类聚点的数量。地方政府应做好产业和区域规划的前期准备工作，与邻近地方政府做好协调与沟通，细分产业类型，结合区域特色制定发展规划，这样能够提高产业聚集力，提升政府干预效率。

第二，地方政府应抢抓先动优势，尽早出台区域发展规划，吸引企业入驻。当有企业先进入时，后续的企业就会选择进入同一地区以实现规模经济。这时静态博弈就变为动态博弈，很好地解决了协调失效问题。

第三，上级政府为避免区域政府的无效竞争，应做好统筹规划和协调工作。在模型分析中可以看到，地方政府间的竞争是因徒困境式的博弈，出台鼓励政策是地方政府的占优策略，可见竞争是激烈的。因此，上级政府应做好协调工作及统筹规划，结合不同地区的比较优势制定适合的产业发展规划，从而减少区域政府间的无效竞争，提升"聚点"效应。

本 章 小 结

在新古典经济学的基本架构中没有对经济活动空间分布的福利意义

---

① ［美］托马斯·谢林. 冲突的战略 ［M］. 赵华等译，北京：华夏出版社，2006：51.

进行探讨，因此在这一体系下，现代经济学并不具备对政府干预经济活动空间布局的合理性进行科学研究的有效工具，因此政府对市场进行干预的合理范围仅限于公共物品、外部性、垄断和不对称信息等在自由市场下无法实现帕累托有效的市场失灵领域，以及在宏观经济学当中对经济周期和收入分配的影响。尽管由克鲁格曼和藤田昌久等学者建立起的空间经济学能够考察经济活动空间分布的动因，但对政府作用及其福利意义的探讨仍很薄弱。本章构建了一个两地区、两企业和两政府的博弈模型，在此框架下考察了生产活动空间分布的福利意义，依据由运输成本所代表的离心力和规模报酬所代表的向心力之间对比关系的不同，博弈均衡会有以下几种情况，如表6-1所示：（1）企业选择集聚，且集聚在社会总福利水平上也是更优的，但企业的行动需要协调，此时政府的作用在于制定区域产业发展规划，为博弈提供一个聚点，从而实现成功协调；（2）企业选择分散，但集聚却在总福利水平上更优，此时政府需要以一定的补贴引领企业集聚；（3）企业选择分散会提高支付水平，且分散在社会总福利水平上也是更优的，此时政府无需施加产业政策引导企业集聚，但应加强基础设施建设以不断降低运输成本从而提升经济活动的向心力。通过模型分析，本章证明了政府对生产的空间分布进行规划和引领是合理的和必要的。但地方政府从自身利益出发所实施的竞争行为很容易陷入困境，因此上级政府的协调就是非常重要的。

表6-1　　　　2地区、2企业和2政府博弈均衡结果分情况汇总

博弈区间	向心力	离心力	企业选择	社会选择	政府区域经济发展政策建议
一	强	弱	集聚	集聚	制定区域产业发展规划，上级政府有效协调
二	中	中	分散	集聚	为企业投资提供补贴，上级政府有效协调
三	弱	强	分散	分散	加强交通基础设施建设，增强向心力

　　本章将政府干预领域的研究在经济活动的空间布局方向进行了拓

展，未来还可在以下几个方面继续深入：第一，本章仅考察了两地区、两企业和两政府的情况，企业两地区完全对称，未来应向更加一般的 n 个地区扩展并运用演化分析工具考察企业和政府在不完全理性条件下的行为选择，同时可在地区间具有差异的条件下考察企业的位置选择。第二，本章的集聚收益仅来自基础设施成本的分摊，并未考虑集聚所带来的在创新、人力资本等方面的提升，以及集聚区对其他区域产生的外溢效应。第三，本章的理论观点需要进一步的实证检验，在政府干预、产业集聚和经济绩效几个主要变量间的关系上找到科学严谨的经验证据，同时基于经验数据找到博弈三区间的边界。在这一方向上的进一步研究将加强经济学对经济活动空间分布的分析能力，为政府对经济活动实施科学的超前引领提供更好的支持。

在本章最后，笔者还是希望能够结合本章的内容对政府"因势利导"和"超前引领"两种观点进行分辨。如本书在前面章节所提到过的，依据新结构经济学的"因势利导"论及其增长甄别与因势利导框架（GIFF框架），政府第一步要做的就是"提供一份符合本国要素禀赋结构的贸易商品和服务的清单"。当然，在现实的区域政府招商引资工作中，这样的一份清单似乎确实是存在，即区域政府所设定的重点招引产业。但制定这份清单的依据是本地的要素禀赋结构吗？现有文献还未能对此提供明确的证据，这里也只能做出基于经验感知的一种"猜测"：区域政府所制定的重点招引产业清单并非基于本地要素禀赋，更多是对本地产业链条完整性的考虑。不论一个产业部门是否符合本地要素禀赋条件，只要存在足够大的需求市场，政府都可以将其设定为重点招引产业。尤其是对于那些高级化的产业部门，区域政府如果能够先人一步实施超前引领，便会吸引人才、资本和科技等要素流入，当形成规模经济优势后，本地也就完成了产业结构的升级。而那些囿于比较优势的地区，不仅会错失发展良机，本地的人才、资本等要素还会流失到其他地区，导致本地陷入"比较优势陷阱"，这也是本章模型所具有的一项重要政策含义。

第七章

数字政府推进制造业生产效率进步

本章从理论层面分析了数字政府对制造业生产效率进步的促进作用，并探讨了可能的传导机制，进而以制造业两位数行业分省面板数据进行了实证检验，结果显示：（1）数字政府对制造业生产效率进步具有积极影响，但主要在高收入地区得到体现，在低收入地区则并不显著。（2）与资本和技术密集型产业相比，数字政府对劳动密集产业生产效率提升的促进作用更强。（3）数字政府促进制造业生产效率提升的主要作用机制在于，数字政府提高了区域内制造业的研发强度和可竞争性，促进了区域内数字经济水平的提升，进而赋能制造业生产效率进步。

一、数字政府在我国制造业强国建设中的重要作用

改革开放以来，我国经济实现了近 40 多年的持续高速增长，在这一过程中，我国制造业规模不断扩大，并成为"世界工厂"。早在 2010 年，我国就已经成为世界第一制造大国，到 2021 年，我国制造业增加值规模已达 31.4 万亿元，占国内生产总值比重达到 27.4%，占全球制造业增加值比重近 30%。① 然而，尽管量的发展已经实现巨大飞跃，但

---

① 资料来源：王政. 2021 年规上工业增加值增长 9.6%——工业运行平稳提质升级 [N]. 人民日报，2022 年 3 月 1 日，第 6 版。

在效率层面上还有待进一步提升，如我国制造业的核心竞争力还不够强，供给体系的质量还亟待提高，还存在不少产业链和供应链安全稳定风险等有关问题。特别是当前外部环境更加复杂严峻，扩大了制造业面临的不确定风险，国内发展也面临着需求收缩、供给冲击、预期转弱等多重压力，制造业发展遭遇的困难和挑战有所加大。

推动制造业效率进步离不开政府提供的支持和帮助，尽管在理论上对政府干预经济运行的底层逻辑还存在争议，但从实践上看，美国、日本、韩国等制造业强国在其产业发展过程中均实施了多种有力的政府支持战略。而在数字经济时代，各国政府努力推进互联网、大数据、人工智能、云计算等科学技术的研发与应用，与此同时也催生了数字技术与治理理论有机融合的数字政府新模式（孟天广，2021）。与传统政府相比，在数字技术赋能下，数字政府建设能够有效提升公共政策和公共服务质量，增强政府、社会和公众间的协同能力（施炳展和游安南，2021），有利于政府更好地发挥其在经济发展中的作用，激发数字经济的发展潜力，进而赋能技术创新（伦晓波和刘颜，2022）。可见，数字政府建设将对制造业生产效率的提升产生重要影响。

我国政府高度重视数字政府建设，1999 年启动了"政府上网"工程，"十五"时期开始了"两网一站四库十二金"建设，2016 年开展了"互联网 + 政府服务"，到"十四五"规划则明确提出："要提高数字政府建设水平，将数字技术广泛应用于政府管理服务，推动政府治理流程再造和模式优化，不断提高决策科学性和服务效率"。目前，我国数字政府建设已取得显著成效，一体化政务服务和监管效能大幅度提升，"一网通办""最多跑一次""一网统管""一网协同"等服务管理新模式广泛普及，数字营商环境持续优化。联合国经济和社会事务部从2001 年开始发布电子政务发展指数（e-Government Development Index，EGDI），对各国数字政府建设水平进行评价和比较。尽管我国数字政府建设起步晚于欧美国家，但进步明显，得分和排名不断提升。到 2020年，我国 EGDI 得分已从 2001 年时的第三组别（低能力组）进入到最高组别（非常高能力组），① 我国数字政府建设和在线政务服务水平已跃居全球领先行列（UN，2020；UN，2001）。

那么，我国数字政府建设能否促进制造业生产效率的提升呢？从现有文献上看，尽管国内外学者已经从营商环境（Almeida and Zouain，2016）、金融发展（Majeed and Malik，2016a）、国际贸易（Majeed and Malik，2016b）、可持续发展（Dhaoui，2021；Castro and Lopes，2021）、创新创业（Das and Das，2021）等角度探讨了数字政府对经济发展的作用。但整体上看，现有研究尚处于理论探讨阶段，严谨的实证检验并不多见，尤其是对我国经验数据的实证分析就更为鲜见。本章首先基于已有研究，提出数字政府影响制造业生产效率的理论机理，进而整理了我国三十个两位数制造业行业的省级面板数据，测算了各省各行业的全要素生产率进步水平，并以中央党校（国家行政学院）电子政务研究中心《省级政府和重点城市网上政务服务能力调查评估报告（2015—2020 年）》所发布的省级政府网上政务服务能力对数字政府建设水平进行测度，从而实证分析数字政府如何影响制造业生产效率进步。

从我们对现有文献的整理上看，本章所进行的研究是首次对各省份制造业两位数分行业生产效率进步水平进行测度，并考察了数字政府对其产生的影响，本章的主要贡献主要体现在以下几个方面：第一，本章对正在兴起的数字政府领域的研究文献进行了重要补充，为理解数字政府作用提供了新的视角。第二，明确了数字政府促进制造业生产效率进步的三种机制，即数字政府通过促进企业研发活动、增强行业可竞争性以及提升数字经济发展水平赋能制造业生产效率进步。第三，对数字政府发挥作用的地区和行业异质性进行了分析。本章不仅实证检验了数字政府影响制造业生产效率的方向和机制，还对地区和行业异质性进行了考察，揭示了数字政府发挥作用的条件，为数字政府建设的进一步完善

---

　　① 2001 年联合国数字政府得分从高到低分为"高能力（High E-gov Capacity）""中能力（Medium E-gov Capacity）""低能力（Minimal E-gov Capacity）"和"能力缺失（Deficient E-gov Capacity）"等四个组别，2020 年则分为"非常高（Very High EGDI）""高（High EGDI）""中（Middle EGDI）"和"低（Low EGDI）"等四个组别。

及其积极作用的进一步有效发挥提供了有益参考。

二、数字政府影响制造业生产效率进步的理论分析

数字技术的快速发展不仅极大地改变了人们的生产和生活方式，也驱动着政府公共管理的改革。20 世纪 90 年代，电子政务（e-Government）作为一种新的管理手段迅速被各国政府采用，现代信息和通信技术通过降低成本、提高生产力水平和重构工作流程极大提高了政府部门效率，也促进了社会整体的效率提升（Smelser and Baltes，2001）。经济合作与发展组织从三个维度对电子政务概念进行了界定（OECD，2003）：（1）互联网（在线）服务交付和其他基于互联网的活动，如电子咨询；（2）对现代信息与通信技术的运用；（3）通过使用信通技术改变公共行政的能力。21 世纪以后，互联网的交互性不断增强，随之电子政务也进入 2.0 时代，它集成了一种以协作、开放和参与为基础的工作方式，并以此改变了政府与社会互动、共享信息的方式，从而提升了公共服务质量。2008 年金融危机使实体经济受到重创，但这却提升了企业降低成本的压力以及社会对政府的期望，在这种来自社会的期望与技术进步的共同推动下，电子政务的发展进入"数字政府"阶段（Katsonis and Botros，2015）。OECD（2014）将数字政府视为政府现代化战略的一个组成部分，它依赖于一个包括政府、非政府组织、企业、社区和公众的数字生态系统以创造和提升公共价值。

数字政府是政府自身管理方式变革和科技进步共同推动的成果，它基于数据重新分配公共服务资源，使其得到更合理的使用，并通过构建数字平台将用户需求、供给、对策等融为一体，形成新的政府治理模式（蒋敏娟和黄璜，2020）。由此可见，数字政府将数字技术运用于管理方式变革，实现公共管理效率的整体提升，并以此推动制造部门的效率提升。一方面，数字政府建设能够提供更加便利的营商环境，降低企业的行政管理成本，全面贯通数字经济时代下"政府—企业"的高效协同系统，为企业创新活动提供动力，为行业效率提升提供路径。另一方

面，数字政府能够推动构建政府、市场和社会协同的多元主体共治格局，也能够通过技术手段丰富上下互动的治理通道（刘伟和翁俊芳，2020），这就能够引导和激励企业提升对数字技术的运用，深度融入数字经济体系，从而提升效率。根据以上分析，本章提出研究假说1。

假说1：数字政府建能够促进制造业生产效率进步。

行业生产效率提升的根本动力来自科技进步，因此，企业对研发活动的投入力度是影响效率的重要因素。然而，在资源约束条件下，企业对研发的投入意愿取决于研发活动对企业绩效的边际贡献。政治关联领域的相关文献表明，如果政府被授予的财力和处置权很大，而提升和维护产品品质优势却很困难，那么，企业将热衷于将有限的资源更多地投入构建政治关联而不是能力建设（杨其静，2011）。由于与政府关系成为企业竞争力的重要组成要素，政府对公共事务的管理职能、方式和效率会对企业内部资源配置产生重要影响（徐雷等，2017）。数字政府有效提升了政府的公共管理效率，并且有力地推动了政府信息公开，扩大了公众对政府履职的参与，也赋予公众对政府行为更多监督机会和权力，这使政府行为的透明度不断增强，营商环境不断改善（Kim et al.，2009）。由此，在企业竞争力的整体构成中，能力建设的重要性有效提升，企业也会将更多的资源投入研发领域当中，这将促使行业整体效率的提升。因此，本章提出研究假说2。

假说2：数字政府提高行业研发强度，从而推动效率提升。

20世纪80年代初，鲍莫尔（Baumol，1982）等学者提出了可竞争市场理论，指出即使市场中仅有一家在位的垄断企业，如果市场的进入和退出是自由的，处于垄断地位的在位企业的行为也会是具有竞争性的，因为潜在进入者对其施加了"打了就跑"（hit-and-run）的进入威胁，这种潜在的压力会迫使在位企业提高生产效率（韩胜飞等，2021）。然而，在真实的市场竞争中，非经济的进入和退出壁垒却广泛存在，在看似竞争的行业，存在着或明或暗的进入与退出壁垒，阻碍着企业的合理行为。这种壁垒维持了企业的市场份额，保护了企业的高成本得以持续，而其后则隐藏着设租寻租、在职消费、高工资福利、关联交易等不合理行为，它是垄断超额利润的另一种表现形式，不仅无法创造新的价值，还会导致效率损失（刘小玄和张蕊，2014）。显然，数字政府对公共管理透明度和公平性的增强能够有效减少非经济性的进入和退出壁垒，从而提升行业的可竞争性。可竞争性的提升将对企业改善生产效率产生有效激励，从而提高行业整体效率。基于以上分析，本章提出研究假说3。

假说3：数字政府建设能够增强行业的可竞争性，进而提高生产效率。

数字政府能够推动数字经济不断发展，进而促进制造业生产效率进步。第一，数字政府建设能够赋能数字经济发展，促进企业在生产中更广泛地接受和采用数字技术，为知识在创新主体之间加速传递、配置奠定了基础，有利于市场主体沿着价值网络获取创新资源，为制造业转型提供新思路，赋能制造业的不断升级（王锋正等，2022；焦勇，2020）。第二，数字经济的发展能够形成数字经济生态系统，在这一系统中，商业生态的技术门槛和接入成本迅速降低，产业链能够得到高效的整合，企业之间的竞争与合作更加充分，政府可在系统中推动构建研发、销售、人才以及各类资源要素平台，其角色也由一个单纯的管理者演变为经济运行的润滑剂，从而推动生产效率进步。第三，数字技术的应用弱化了空间距离的限制，这使得数字网络中的行为主体互动更加频繁，从而促进知识与技术外溢，使得成功经验能够得到更快的复制和推广，网络内企业得以实现更快的效率进步。由此，本章提出研究假说4。

假说4：数字政府建设能够提升数字经济发展水平，进而提升制造业生产效率。

三、对数字政府影响制造业生产效率进步的实证研究方案设计

（一）计量模型设定

本章使用行业层面的面板数据考察数字政府对行业生产效率进步的

影响，具体计量模型设定如下：

$$TFPCH_{ijt} = \beta_0 + \beta_1 \times DiGov_{jt} + \beta_2 \times X_{it} + \beta_3 \times Z_{jt} + \mu_i + \varphi_j + \varepsilon_{ijt}$$

$$(7-1)$$

其中，下标 i 表示行业，j 表示行业所在的省份，t 表示年份。被解释变量 TFPCH 为制造业生产效率进步。解释变量 DiGov 表示数字政府建设水平。X 为行业层面随时间变化的特征变量；Z 为省份层面随时间变化的控制变量；μ 为行业固定效应，φ 为省份固定效应；ε 为随机扰动项。本章基于不同行业测度全要素生产率变化，考虑到行业内部的相关性问题，在实证估计时对标准误在行业层面进行聚类调整。

为了考察数字政府影响制造业生产效率进步的机制，对研究假说 2 进行实证检验，本章设定中介效应模型如下：

$$MV_{ijt} = \delta_0 + \delta_1 DiGov_{jt} + \delta_3 \times X_{it} + \delta_4 \times Z_{jt} + \mu_i + \varphi_j + \omega_{ijt} \quad (7-2)$$

$$TFPCH_{ijt} = \gamma_0 + \gamma_1 DiGov_{jt} + \gamma_2 MV_{ijt} + \gamma_3 \cdot X_{it} + \gamma_4 \cdot Z_{jt} + \mu_i + \varphi_j + \varepsilon_{ijt}$$

$$(7-3)$$

根据温忠麟和叶宝娟（2014）以及伦晓波和刘颜（2022）等的研究，采用依次检验法进行中介效应检验，具体步骤如下：第一步是根据（7-1）式验证数字政府对行业效率进步的综合影响，系数 β_1 代表总效应，如果其显著，进入第二步；第二步是根据（7-2）验证数字政府对中介变量 MV 的影响，如果 δ_1 显著，进入第三步；第三步是将数字政府和中介变量都加入回归，检验中介效应是否存在以及是否完全。若中介变量回归系数显著，再观察数字政府的系数是否显著：如果数字政府的系数不显著，则存在完全中介效应；如果数字政府的系数显著，则存在部分中介效应。此时，γ_1、$\delta_1 \times \gamma_2$ 分别代表数字政府对行业效率进步的直接效应和中介效应。

（二）变量说明

1. 被解释变量

制造业生产效率进步（TFPCH）。本章以我国大陆省级行政区的两位数制造业行业为样本，运用 DEA – Malmquist 指数法计算各行业在

2015～2020 年全要素生产率变化，以此测度制造业生产效率进步。依
数据可得性，选定投入变量为固定资产总额和职工人数，选定产出变量
为主营业务收入。2015 年、2016 年、2019 年、2020 年数据来自《中国
工业统计年鉴》，2018 年数据来自《中国经济普查年鉴（2018）》，2017
年数据来自各省 2018 年统计年鉴。① 部分缺失数据以线性插值法进行补
齐，但由于仍存在较严重的数据缺失，本章剔除了西藏的样本以及其他
制造业的样本，最终得到 30 个省份的 30 个两位数制造业行业 2015～
2020 年生产效率进步面板数据。

2. 解释变量

数字政府（DiGov）。目前，已有多个机构对我国地方政府的数字
政府建设水平进行了定量评测，但多数仍处于起始阶段，数据连续性不
强，且与本章研究目的和方案难以匹配。因此，综合考虑数据的时间连
续性、与本章研究的匹配性以及评测机构的独立性和客观性，本章选取
中央党校（国家行政学院）电子政务研究中心《省级政府和重点城市
网上政务服务能力调查评估报告》所公布的省级政府网上服务能力指数
作为数字政府的测度指标。尽管政府网上服务能力仅是数字政府建设的
一个方面，但却是社会所面对的政府服务终端，能够较为全面地反映数
字政府建设的整体水平，具有较好的代表性。该指数从 2015 年开始连
续发布，现已持续至 2020 年，时间范围相对较大，有助于提升后续分
析的可靠性和稳定性。相比其他第三方评估机构，中央党校（国家行政
学院）电子政务研究中心的调查资源更广、调查权限更大，在评估报告
中涉及了众多私人和企业难以获得的数据，开展了大量仅凭个人或团队
难以组织的专家评估工作，具有更高的科学性（郭蕾和黄郑凯，
2021）。该指数依据五个一级指标建立，包括在线服务成效度、在线办

---

① 在本章的考察期内，国民经济行业分类发生细微改变，原分类方法（2011）中的 25
号行业"石油加工、炼焦和核燃料加工业"在《国民经济行业分类（2017）》中修订为"石
油、煤炭及其他燃料加工业"，并增加了"254 生物质燃料加工"以及"2522 煤制合成气生
产""2523 煤制液体燃料生产""2524 煤制品制造"以及"2529 其他煤炭加工"等细分行业，
但由于行业主体未发生改变，本章将两种分类方法中的 25 号行业视为同一行业。

理成熟度、服务方式完备度、服务事项覆盖度和办事指南准确度，能够有效反映网上政务服务的用户感知与评价。因此，为了能够全面考察数字政府的作用和回归结果的稳健性，本章也将以服务方式完备性（SMC）、服务事项覆盖性（SCG）和办事指南准确性（AGL）三个覆盖全部考察期的指标作为解释变量。[①]

3. 中介变量

本章分别以研发强度（RDint）、行业的可竞争性（CPM）和数字经济发展程度（DGE）作为中介变量，考察数字政府对行业生产效率进步产生影响的作用机制。研发强度以行业研发经费总额与主营业务收入之比进行测度；行业的可竞争性考察企业进入与退出行业的便利程度，以行业内企业单位个数变化的绝对值进行测度。数字经济发展程度以各地区移动用户网络连接的平均流量进行测度。

4. 行业控制变量

本章选定固定资产周转率（TRFA），国家资本（SOR）、个人资本（POR）和外商资本占实收资本比例（FOR）等指标控制制造业行业间差异。

5. 省份控制变量

本章选定人均 GDP 对数值控制地区收入水平（lnPGDP），以二次产业（SIND）和三次（TIND）增加值占 GDP 比重控制产业结构，以互联网宽带接入用户对数值（lnNAU）和移动互联网用户对数值（lnMAU）控制网络经济规模。

以上中介变量、行业和省份控制变量的测度数据均来自历年《中国工业统计年鉴》，各省份统计年鉴和国家统计局公开数据。本章将其与各省份各行业全要素生产率变化数据和各省份数字政府建设水平数据进行匹配，形成 2015～2020 年 30 个省份和 30 个制造业行业的面板数据

---

① 2015 年和 2016 年仅包含四个一级指标，分别为服务方式完备性、服务事项覆盖性、办事指南准确性和在线服务交互性。2017～2020 年取消了在线服务交互性，增加了在线办理成熟度和在线服务成效度。

集，主要变量的描述性统计如表7－1所示。

表7－1 变量描述性统计

变量	均值	标准差	最小值	最大值
TFPCH	1.0609	0.3294	0.3100	3.5690
DiGov	81.6182	7.8498	61.2300	96.7300
SMC	85.1446	8.9508	61	100
SCG	79.3851	10.9845	50.3300	96.9800
AGL	87.0229	8.6553	55.9700	99.0400
RDint	2.4393	5.4355	0.0472	46.9006
CPM	25.0461	46.1461	0	355
DGE	51.8889	47.0762	3.9358	180.5658
TRFA	4.6844	2.7374	0.5273	19.8614
SOR	0.1686	0.2256	0	1
POR	0.2876	0.2056	0	1
FOR	0.0929	0.1232	0	1
lnPGDP	10.9395	0.4119	10.1371	12.0130
SIND	0.3845	0.0722	0.1597	0.5122
TIND	0.5210	0.0789	0.3992	0.8373
lnNAU	6.8297	0.8331	4.4104	8.2662
lnMAU	8.0686	0.7324	5.9765	9.5646

四、实证结果分析

（一）基准回归

表7－2报告了模型（1）的基准回归结果。其中，第（1）列以数字政府评价总分 DiGov 为解释变量，第（2）至（4）列分别以数字政

府的各分项评价指标得分为解释变量。结果显示，数字政府能够显著增强制造业行业的生产效率进步，从影响强度上看，办事指南准确性（AGL）高于数字政府总指标和其他两个分项指标。基于第（1）列，回归结果的经济含义表明数字政府得分增加1个单位，将推动行业生产效率进一步提升0.21%。

表7-2　　　　　　　　　数字政府与制造业生产效率进步

变量	（1）	（2）	（3）	（4）
DiGov	0.0021 ** （0.0010）			
SMC		0.0029 *** （0.0008）		
SCG			0.0039 *** （0.0008）	
AGL				0.0042 *** （0.0009）
lnPGDP	− 0.4860 *** （− 0.1676）	− 0.4831 *** （0.1679）	− 0.3653 ** （0.1610）	− 0.4793 *** （0.0009）
TIND	2.8373 ** （1.1054）	2.7023 ** （1.0950）	2.6165 ** （1.0650）	2.8100 ** （1.1022）
lnNAU	0.2450 *** （0.0648）	0.2401 *** （0.0636）	0.2500 *** （0.0666）	0.2386 *** （0.0636）
常数项	2.4672 （2.0091）	2.5512 （1.9947）	1.0787 （1.9524）	2.4398 （1.9709）
省份固定效应	控制	控制	控制	控制
行业固定效应	控制	控制	控制	控制
年度固定效应	控制	控制	控制	控制
R 平方	0.1728	0.1745	0.1772	0.1768
观测值	3642	3642	3642	3642

注：括号里为在行业层面的聚类稳健标准误；** 和 *** 分别代表在5%和1%水平上显著。本表未展示不显著的变量系数回归结果。

在省份控制变量方面,收入水平的作用显著为负,这可能是由于收入水平更高的地区行业生产效率更接近包络统计的前沿区域,即更高的效率基数导致进步水平较低;二次产业占比的影响为正,但不显著;三次产业影响显著为正,说明服务业的发展促进了制造业效率提升,体现了"两业"融合的效能;宽带接入用户数对数值的作用显著为正,而移动用户对数值却并不显著,这可能是由于二者存在较强相关性导致的,但总体上表明互联网的应用促进了制造业的生产效率提升。引入的四个行业控制变量均不显著,说明制造业内部行业间的差异性并未对生产效率进一步形成统计上的显著影响。

(二) 内生性问题与工具变量回归

本章考察数字政府对制造业生产效率进步的影响,在逻辑上两变量并不存在明显的双向因果关系。尽管如此,仍不能完全忽略可能存在的内生性问题,主要原因是制造业生产效率进步与数字政府建设水平可能同时受到区域不可观测因素的影响,即回归中可能存在遗漏变量问题。如区域企业家精神和商业文化上的差异不仅会影响到区域内的创新创业活动进而影响行业生产效率进步,同时也会对数字政府建设水平产生影响。另外,区域政府在营商环境上的提升政策也可能会同时对数字政府和行业生产效率产生影响。这些可能存在的遗漏变量会导致对模型(1)中系数的 β_1 估计有偏。

为解决上述内生性问题,本章构建了两个工具变量:(1)参考马吉德和马利克(Majeed and Malik,2016a),宽带服务通常由有线电视线路和固定电话线路提供,即彼此存在技术上的关联,因此固定电话渗透率的历史数据能够对数字政府进行解释。而且,历史上固定电话渗透率在对当前制造业生产效率进步的影响已经逐渐消失,因此能够满足供给变量的外生性假设。因此,依可得数据,本章选取1980年固定电话渗透率作为数字政府发展的工具变量。同时参考伦晓波和刘颜(2022),1980年的固定电话渗透率不会随着时间发生变化,因此运用1980年固定电话渗透率与当年排除本省外其他省份数字政府平均值的交乘项作为工具变量（IV1），得到时间上的变异性。（2）考虑到前期数字政府发展是其后期发展的基础，即滞后一期数字政府的发展会显著影响当期数字政府的发展水平。同时，滞后一期的数字政府变量相当于前置变量。因此，本章也选取滞后一期数字政府变量作为工具变量（IV2）。

表7-3展示了运用二阶段最小二乘法的工具变量回归结果，第（1）列以数字政府总分为解释变量，第（2）~（4）列分别以数字政府分项得分为解释变量。根据KP-LM统计量，工具变量识别不足的概率全部为0，即不存在识别不足问题。检验弱工具变量的CD-Wald F统计量全部显著大于10%水平下16.380的临界值，即不存在弱工具变量问题。可见，选取的工具变量是有效的。结果表明，采用工具变量法进行估计后的回归结果与基准回归保持一致，说明考虑内生性问题后本章的结果仍具有稳健性。

表7-3　　　　　　　　　　　工具变量回归

变量	（1）	（2）	（3）	（4）
DiGov	0.0262 *** （0.0076）			
SMC		0.0062 *** （0.0014）		
SCG			0.0048 *** （0.0010）	
AGL				0.0024 * （0.0014）
控制变量	是	是	是	是
省份固定效应	控制	控制	控制	控制
行业固定效应	控制	控制	控制	控制
年度固定效应	控制	控制	控制	控制

续表

变量	(1)	(2)	(3)	(4)
R 平方	0.1066	0.1988	0.2033	0.2011

第一阶段回归结果：

	(1)	(2)	(3)	(4)
IV1	-2.1158 *** (0.7144)	-1.4893 *** (0.3622)	-1.1131 *** (0.3211)	-1.0383 *** (0.2893)
IV2	-0.2031 *** (0.0266)	-0.2458 *** (0.0976)	-0.0441 *** (0.0163)	-0.1691 *** (0.0242)
KP - LM 统计量	78.730 (0.0000)	93.617 (0.0000)	83.887 (0.0000)	79.043 (0.0000)
CD - Wald F 统计量	38.451 (19.93)	52.793 (19.93)	41.354 (19.93)	55.043 (19.93)
观测值	2967	2967	2967	2967

注：括号里为稳健标准误；* 和 *** 分别代表在 10% 和 1% 水平上显著。本表未展示不显著的变量系数回归结果。

（三）异质性分析

1. 基于收入水平差异性的考察

我国各地区之间存在着经济发展的不平衡，导致地区间收入水平出现明显差异。从前面的计量结果也已看出，以人均 GDP 对数衡量的收入水平对制造业生产效率进步存在显著影响，那么，数字政府的作用是否也会因为收入水平差异而产生不同呢。本章将 30 个样本省份依据其当年人均 GDP 是否高于全国人均 GDP 分为高收入组和低收入组，其中高收入组包括北京、天津、上海、湖北、江苏、浙江、福建、广东、重庆、内蒙古和山东，其他省份为低收入组。表 7 - 4 第（1）列和第（2）列给出了高收入组的回归结果，不论普通最小二乘回归还是工具变量回归，回归系数均显著为正。表 7 - 4 第（3）和（4）列给出了低收入组的回归结果，回归系数均不显著，表明数字政府在低收入地区并未对制造业生产效率进步形成显著的促进作用。

表7－4　　　　异质性分析：分地区和收入水平调节效应回归

变量	高收入组		低收入组		（5）OLS
	（1）OLS	（2）2SLS	（3）OLS	（4）2SLS	
DiGov	0.0031*** (0.0007)	0.0203*** (0.0064)	0.0014 (0.0015)	0.0035 (0.0081)	－0.0502*** (0.0145)
DiGov×lnPGDP					0.0048*** (0.0014)
控制变量	是	是	是	是	是
省份固定效应	控制	控制	控制	控制	控制
行业固定效应	控制	控制	控制	控制	控制
年度固定效应	控制	控制	控制	控制	控制
R 平方	0.2465	0.2614	0.1713	0.1931	0.1738
第一阶段回归结果：					
IV1	—	9.2020*** (1.1174)	—	3.3052* (1.7597)	—
IV2	—	－0.2396*** (0.0405)	—	－0.2404*** (0.0327)	—
KP－LM 统计量	—	68.607 (0.0000)	—	60.832 (0.0000)	—
CD－Wald F 统计量	—	51.794 (19.93)	—	32.317 (19.93)	—
观测值	1526	1242	2116	1725	3642

注：OLS 回归中括号里为在行业层面的聚类稳健标准误；2SLS 回归中括号中为稳健标准误；＊和＊＊＊分别代表在10%和1%水平上显著；下同。

为了进一步考察收入水平对数字政府作用所发挥的调节作用，本章在回归中加入了人均 GDP 对数与数字政府水平的交互项，表7－4第（5）列展示了回归结果。此时，数字政府的回归系数显著为负，而交互项系数显著为正。由此，数字政府对制造业生产效率进步的影响可通过对 TFPCH 求 DiGov 的偏导数得到，即

$$\frac{\partial \text{TFPCH}}{\partial \text{DiGov}} = -0.0502 + 0.0048 \times \ln \text{PGDP} \qquad (7-4)$$

这表明，数字政府对制造业生产效率进步的影响随 LnPGDP 的提高而扩大，并且当 lnPGDP < 10.45 时，影响效果将转为负向，这是对分组回归结果的进一步印证。可能的原因是高收入地区处于产业结构升级的高质量发展阶段，此时的生产效率提升主要来自新技术的应用，因此更多依赖于区域内产业生态的整体环境、产业组织内部的竞争强度以及企业研发投入等因素，数字政府对此能够发挥积极影响。而在低收入地区，承接产业转移仍是经济发展的主要方式，政府的影响仍主要体现在土地和财税等有形的支持政策，导致数字政府对效率进步的影响难以体现。

2. 分行业回归

制造业各行业间存在差异性，可以比较容易地将 30 个样本行业分为劳动密集型行业（主要是轻工业和生活资料制造业）和资本与技术密集型行业（主要是重工业和生产资料制造业），前者包括农副食品加工业，食品制造业，酒、饮料和精制茶制造业，烟草制品业，纺织业，纺织服装、服饰业，皮革、毛皮、羽毛及其制品和制鞋业，木材加工和木、竹、藤、棕、草制品业，家具制造业，造纸和纸制品业，印刷和记录媒介复制业，文教、工美、体育和娱乐用品制造业等；后者包括石油加工、炼焦和核燃料加工业，化学原料和化学制品制造业，医药制造业，化学纤维制造业，橡胶和塑料制品业，非金属矿物制品业，黑色金属冶炼和压延加工业，有色金属冶炼和压延加工业，金属制品业，通用设备制造业，专用设备制造业，汽车制造业，铁路、船舶、航空航天和其他运输设备制造业，电气机械和器材制造业，计算机、通信和其他电子设备制造业，仪器仪表制造业，废弃资源综合利用业，金属制品、机械和设备修理业等。

表 7-5 中第（1）和（2）列给出了劳动密集型行业的回归结果，第（3）列和（4）列给出了资本与技术密集型行业的回归结果。可以看出，第（3）列的最小二乘回归结果并不显著，而其他三列则均表明

数字政府对制造业生产效率进步具有显著的积极影响，与表 7 - 1 和表 7 - 2 的回归结果高度一致。从回归系数上看，尽管两组之间差异性较小，但仍能显示出数字政府对生产效率进步的提升作用在劳动密集型行业中更强。

表 7 - 5　　　　　　　　　异质性分析：分行业回归

变量	劳动密集型行业		资本技术密集型行业	
	（1）OLS	（2）2SLS	（3）OLS	（4）2SLS
DiGov	0. 0036 ** （0. 0015）	0. 0295 *** （0. 0113）	0. 0016 （0. 0014）	0. 0261 *** （0. 0100）
控制变量	是	是	是	是
省份固定效应	控制	控制	控制	控制
行业固定效应	控制	控制	控制	控制
年度固定效应	控制	控制	控制	控制
R 平方	0. 2820	0. 2394	0. 1251	0. 0380
第一阶段回归结果：				
IV1	—	- 1. 4537 * （0. 7352）	—	- 2. 4480 *** （0. 8975）
IV2	—	- 0. 2233 *** （0. 0446）	—	- 0. 1922 *** （0. 0339）
KP - LM 统计量	—	31. 620 （0. 0000）	—	47. 043 （0. 0000）
CD - Wald F 统计量	—	26. 243 （19. 93）	—	22. 104 （19. 93）
样本数	1335	1094	2307	1873

（四）机制分析

表 7 - 6 展示了利用计量模型（2）和（3）所进行的机制检验的结

果，用以验证本章的假说 2～4。第一，第（1）和第（2）列验证了行业研发强度的中介效应。第（1）列以行业研发强度为被解释变量，数字政府的回归系数为 0.0379 且显著为正；第（2）列以行业生产效率进步为被解释变量，并将数字政府和研发强度都加入回归，结果显示数字政府和研发强度回归系数均显著为正，表明研发强度发挥了部分中介效应，验证了假说 2。第二，第（3）和第（4）列验证了行业可竞争性的中介效应。第（3）列以行业可竞争性为被解释变量，以数字政府为解释变量，回归系数显著为正；第（4）列以行业生产效率进步对数字政府和行业可竞争性进行回归，两个解释变量系数均显著为正，表明行业可竞争性发挥了部分中介效应，验证了假说 3。第三，第（5）和第（6）列验证了数字经济的中介效应。第（5）列以数字经济为被解释变量，回归结果显示数字政府显著地促进了数字经济的发展。第（6）列以行业生产效率进步为被解释变量，回归结果显示数字政府的系数不再显著，而数字经济回归系数则显著表明数字经济发挥了完全的中介效应，验证了假说 4。第四，在第（7）列中，我们将所考虑到的 3 个中介变量全部加入以行业生产效率进步为被解释变量的回归模型，结果发现，数字政府和三个中介变量的回归系数均显著为正，再次对假说 2～4 提供了支持。通过进一步的计算可以发现，基于第（1）、（3）、（5）和（7）列的回归结果，数字政府对行业生产效率进步的总效应为 0.0031，明显大于表 7-2 中给出的 0.0021 的回归结果，表明基准回归结果对数字政府的作用存在低估，中介变量的加入则对此做出了修正。

表 7-6　数字政府作用机制检验

变量	(1) RDint	(2) TFPCH	(3) CPM	(4) TFPCH	(5) DGE	(6) TFPCH	(7) TFPCH
DiGov	0.0379 ** (0.0146)	0.0015 * (0.0008)	0.5650 ** (0.2244)	0.0029 ** (0.0010)	0.0671 *** (0.0143)	0.0017 (0.0011)	0.0026 *** (0.0010)

续表

变量	(1) RDint	(2) TFPCH	(3) CPM	(4) TFPCH	(5) DGE	(6) TFPCH	(7) TFPCH
RDint		0.0079 *** (0.0014)					0.0083 *** (0.0016)
CPM				0.0001 *** (0.00003)			0.0001 *** (0.00003)
DGE						0.0020 *** (0.0006)	0.0026 *** (0.0006)
控制变量	是	是	是	是	是	是	是
省份固定效应	控制	控制	控制	控制	控制	控制	控制
行业固定效应	控制	控制	控制	控制	控制	控制	控制
年度固定效应	控制	控制	控制	控制	控制	控制	控制
R 平方	0.2749	0.1986	0.2217	0.1671	0.2804	0.1676	0.1952
观测值	2864	2864	2864	2864	2864	2864	2864

（五）稳健性检验

1. 对样本的重新整理

由于各变量存在不同程度的观测值缺失，导致不同回归方程中的样本范围有所不同，因此难以排除样本差异对回归结果的影响。为了能够在不同回归方程之间统一样本范围，以更好地对回归结果进行比较，本章对各回归方程所用各变量中存在观测值缺失的样本予以剔除；另外，由于工具变量选用了滞后一期的数字政府建设水平，为加强不同回归结果的可比性，对初始年份（2015 年）样本进行整体剔除，最终使不同回归方程的观测值数统一为 1774，从而形成一致的样本空间。

2. 对关键变量的替代

第一，本章以制造业生产效率进步作为被解释变量，该指标以 DEA - Malmquist 指数方法测度，且生产效率进步（TFPCH）被分解为技术效率进步（EFFCH），技术进步（TECHCH），纯技术效率进步（PECH）和规模效率进步（SECH）等四个分项指标，各指标之间的关系是：TFPCH = EFFCH × TECHCH，EFFCH = PECH × SECH。第二，本章以数字政府建设水平得分为解释变量，如前所述，除总分外，在2015~2020年，还有三个分项得分可用以对数字政府建设的不同方面进行评价，即服务方式完备性（SMC）、服务事项覆盖性（SCG）和办事指南准确性（AGL）。为更全面地考察数字政府对制造业生产效率进步的影响以检验回归结果的稳健性，本章分别以 EFFCH、TECHCH、PECH 和 SECH 为被解释变量对 TFPCH 进行替换，以 SMC、SCG 和 AGL 对解释变量 DiGov 进行替换。

3. 内生性问题与工具变量回归

经过以上处理后，本章运用工具变量法进行二阶段最小二乘回归以克服可能存在的变量内生性问题。结果显示个别回归方程的系数显著性不足，如在全样本上数字政府对制造业生产效率进步回归系数的显著性下降，但在高收入地区仍在1%水平上显著；研发强度、行业可竞争性和数字经济均发挥了完全中介效应，但行业可竞争性的显著性水平下降。总体上看，尽管稳健性检验与原始计量结果存在一定差异，但仍有力地支持了本章的四个研究假说。

五、对于进一步加强数字政府建设的政策启示

上述研究结论对于更好发挥数字政府作用，持续提升制造业生产效率具有以下几点政策启示。

第一，进一步提高公共服务数字化水平，助推企业聚力创新。政府应进一步提升数字服务能力，推动企业商事服务能上线尽上线，不断增加"一网通办"，"一站式"服务的事项，提高公共服务的效率。通过提升数字政府效能，不断提高区域治理水平和制度效率，减少交易费用，降低企业运行成本，从而助力企业在研发创新等能力建设中投入更多资源，促进区域制造业生产效率提升。

第二，推进数字政府建设，提升产业经济治理能力，补强产业链和竞争生态。传统线下的产业经济治理模式高成本、低效率，甚至存在一些管理中的灰色地带为寻租和腐败创造了空间，这必然提高了行业进入和退出的行政壁垒。数字政府有效提高了政府履职的透明度，强化了公众监督，政府应大力推动产业经济线上治理能力提升，在明确科技、环保等进入和退出标准的同时，大力降低非经济性壁垒，对制造业产业链进行补强，完善区域内的产业生态系统，从而推动生产效率和竞争优势的提升。

第三，以数字政府建设引领数字经济水平提升，赋能制造业高质量发展。大数据已逐步发展为制造业最重要生产要素之一，企业以云计算等数字科技对大数据进行分析处理，能够将其转换为企业所需信息，进而帮助企业在生产决策、柔性化生产、仓储和物流等诸多领域实现价值提升。同时，数字经济还将助力重组本地制造业内部各种要素，进而突破产业链与价值链的垂直分布态势，通过网络实现全球范围的资源整合，从而实现本地制造业生产效率和竞争力破常规的提升。数字政府建设的积极推进能够激发数字经济的发展动力，在此过程中，政府还应通过实施财政、科技、人才的支持政策帮助企业加快数字化转型步伐。

本 章 小 结

在我国由制造业大国向制造业强国转型升级的过程中，如何不断提升制造业生产效率既是转型升级的目标也是手段，这一过程离不开有为政府与有效市场在统一协调中的共同推进。本章在对数字政府领域相关文献进行梳理的基础上，阐明了数字政府对制造业生产效率进步所具有的促进效应，并理清了这一过程得以发生的传导机制。本章运用 2015 ~ 2020 年除西藏外我国大陆地区 30 个省份的 30 个制造业两位数行业面板数据，实证考察了省级政府的数字政府建设对制造业各行业生产效率进步的影响，主要结论如下：第一，数字政府对制造业生产效率进步具有积极影响，但主要在高收入地区得到体现，在低收入地区的影响并不显著。第二，与资本和技术密集型产业相比，数字政府对劳动密集产业生产效率提升的促进作用更强。第三，数字政府促进制造业生产效率提升的主要作用机制在于，数字政府提高了区域内行业的研发强度和可竞争性，促进了区域内数字经济水平的提升，进而赋能生产效率提升。第四，依据理论和实证研究结果，本章提出了进一步提高公共服务数字化水平，助推企业聚力创新；推进数字政府建设，提升产业经济治理能力，补强产业链和竞争生态；以及以数字政府建设引领数字经济水平提升，赋能制造业高质量发展等三条政策建议。

第八章

深圳市竞争型经济增长梯度推移
中的政府超前引领实践

新中观经济学将区域经济增长划分为四个竞争阶段，即由要素驱动的产业经济竞争主导的阶段，由基础设施投资驱动的城市经济竞争主导的阶段，由创新驱动的创新经济竞争主导的阶段以及竞争与合作经济主导的阶段。

中国经济的高速增长起步于 20 世纪 70 年代末的改革开放，依据竞争型经济增长的阶段划分，中国区域的经济发展开始进入由要素驱动的产业经济竞争主导的阶段。在这一阶段中，土地成为区域经济增长的重要驱动要素。以我国省会、副省级城市、计划单列市和直辖市共 35 个代表性城市作为考察对象，可以看出，从 1984 年到 2019 年的 35 年间，35 座城市建成区面积迅速扩张。但值得注意的是，随着经济发展阶段的变化和资源环境约束的不断增强，建成区面积的增长率从 1989 年的 14% 迅速提高到 2004 年的 64%，之后又陡降到 2019 年的 26，形成了一个明显的倒 V 形走势，见图 8 - 1。但相对于建成区面积增长幅度的巨大变化，35 座城市的 GDP 却保持平稳增长，由此说明，整体上看，这些城市在 2004 年前后驱动经济增长的因素已发生改变。

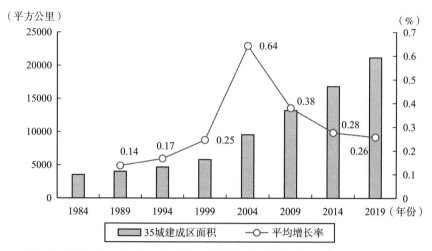

图 8 – 1 我国 35 个代表性城市市区建成区面积和增长情况（1984～2019 年）

资料来源：依据历年《中国城市统计年鉴》整理。

　　图 8 – 2 中给出了 35 座代表性城市 1984～2019 年建成区面积扩张倍数与 2019 年 GDP 间的散点图。其中，图（a）包含了全部 35 座城市，拟合线显示建成区面积扩张倍数与 2019 年 GDP 呈现正相关关系。但是，我们能够明显发现在这 35 个样本中存在两个奇异样本，其建成区面积扩张倍数明显超出其他城市，这两个城市分别为深圳（建成区面积扩张了 45.4 倍）和重庆（建成区面积扩张了 19.75 倍）。与其他 32 个城市相比，这两个城市具有极强的特殊性：第一，深圳在 1978 年之前是一个渔村，并没有城市建成区基础，因此，其超高的建成区面积扩张倍数很大程度上是由于其基数小，且在国家特区政策的支持下拥有更加灵活的土地使用权限引致的。第二，重庆在 1997 年以前为四川省辖市，1997 年以后，重庆升格为中央直辖市。在此之后，重庆市建成区面积增长率迅速提高，这很大程度是由城市定位和城市功能的变化带来的。因此，如果我们将深圳和重庆两个奇异样本排除，绘制剩余 33 个城市的散点图就会发现，建成区面积扩张倍数与 2019 年人均 GDP 之间呈现了较强的倒 U 形曲线关系。这说明，土地要素的投入能够提升收入水平，但这种驱动作用的边际效果却会随着收入水平的进一步提高而

下降。从图（b）中可以看出，2019年人均GDP最高的五个城市的建成区面积扩张倍数都是较低的，这五个城市分别为南京（165681元）、北京（164220元）、上海（157279元）、广州（156427元）和杭州（152465元）。

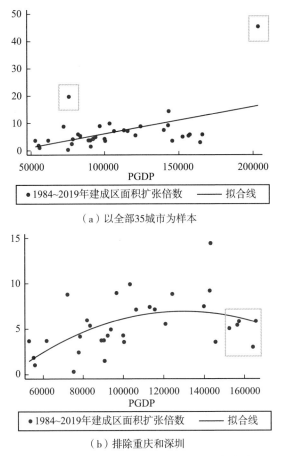

（a）以全部35城市为样本

（b）排除重庆和深圳

图8-2　代表性城市建成区面积扩张倍数与2019年人均GDP散点图

笔者将北京、上海、南京、杭州、广州和深圳放在一起，图8-3给出了这六座城市从1989～2019年5年期的建成区面积增长率，以此反映六座城市土地要素供给的变化情况。从图8-3中可以看出，六座城市显示出了非常一致的土地要素供给的增长趋势，即在 2004 年前土地供给增长达到峰值，之后土地供给增长率迅速下降并趋于稳定。其中，上海和杭州的峰值在 1999 年出现，其他四座城市的峰值在 2004 年出现。这进一步说明，在区域收入水平不断增长的过程中，要素驱动能力会不断减弱，因此需要政府在不同增长阶段提供更有效的驱动力。

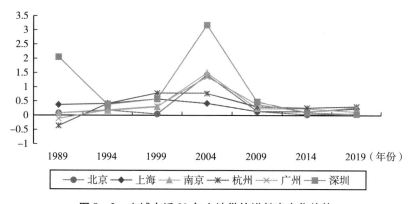

图 8 - 3　六城市近 30 年土地供给增长率变化趋势

注：增长率按 5 年期计算。

资料来源：数据由历年《中国城市统计年鉴》整理。

从改革开放后的发展历程上卡，以上这六座城市不论从经济增长率还是增长速度上看都位居国内城市前列。而深圳则显得更为特殊，以一个小渔村的起点，仅用了 40 年时间，就发展为具有全球影响力的现代化都市，其经验值得总结和借鉴。因此，本章以深圳作为案例，分析区域政府在城市经济发展的不同阶段如何运用有效的政策，推动城市增长阶段的梯度推移。

一、要素驱动的产业经济竞争主导阶段

1980 年 8 月 26 日，中华人民共和国第五次全国人大常委会第 15 次会议批准实行了《广东省经济特区条例》，在深圳市设置经济特区，深

圳经济特区由此正式成立。然而，深圳经济特区建设伊始，面临严重的要素约束，因此，如何在土地和资本等原生性资源的开发和竞争中取得优势考验着深圳政府对经济发展的引领能力。

（一）土地与资本要素约束

深圳经济特区成立后，城市建设必然产生对资金的巨大需求，但中央却只给政策不给钱，在这种条件下，依靠中央的政策支持，深圳试图通过对土地的经营换取城市建设资金。于是，深圳开始对香港的土地有偿使用制度进行大胆的研究和借鉴。从土地出租开始，之后发展到合作开发、委托开发等多样化的土地有偿使用形式，这在一定程度上保障了特区建设初期的资金和土地供给。[1] 1980 年，特区政府开始征收"土地使用费"，土地资源所具备的筹资功能被更有效地释放出来。深圳的这种创新性尝试具有很强的示范意义，正是深圳的成功实践，促成了包括1980 年《广东省经济特区条例》等法律文件的出台，明确了土地有偿使用。[2]

1980～1987 年，土地虽仍以行政划拨供应方式出让，却已同内地不同，打破了传统的无偿无限期、不能转让的僵化方式，采取收取土地使用费和以土地作为合资合作的条件的做法。这是一个重大的从根本上改变土地管理制度的起始。尽管如此，由于初期的土地使用权流转仅限于特区政府和土地使用者之间，提供方式也只有划拨一种，使用形式依然是无偿和有偿并存，故这种传统的行政划拨土地格局下的资金筹措功能愈发不适应后来急剧城市化进程对资金的巨大需求。

---

① 深圳第一宗与客商合作经营房地产的协议书，于 1979 年 12 月 31 日与香港妙丽集团签订。为避免与旧观念、旧制度的冲突，协议书上用的是"补偿贸易方式"字样。项目是以合作的方式运行，中方出土地，投资方出钱建酒店或楼房，建成以后如能营利，钱先还给投资商，还清成本后，营利所得政府就与企业五五分账。因此，深圳早期的土地有偿使用还不是以直接的土地使用权交易的形式进行的。

② 《广东省经济特区条例》第三章，第十二条："特区的土地为中华人民共和国所有。客商用地，按实际需要提供，其使用年限、使用费数额和缴纳办法，根据不同行业和用途，给予优惠，具体办法另行规定。"

(二) 深圳市政府的破解

深圳顶着违宪的压力，开始了革命性的土地制度改革探索。在就"能否拍卖土地和如何推进土地使用制度改革"这一课题进行充分调研和赴港考察的基础上，于 1987 年 3 月拟订了《深圳经济特区土地管理体制改革方案》（以下简称方案），《方案》决定率先全国进行土地使用权有偿、有期出让和转让的试点改革。① 《方案》经深圳市委常委会通过后，并还就此召开了改革方案论证会，研讨会对深圳的土地制度改革推动很大。1987 年 7 月，国务院决定将深圳、天津、上海、广州 4 城市作为首批土地使用权有偿出让的试点城市。此后，深圳在土地出让上就主要采取协议、招标、拍卖三种方式。② 1987 年 11 月 25 日进行了招标有偿出让的试点，12 月 1 日，又以拍卖形式进行了有偿出让试点。在当时的社会背景下，深圳首次拍卖土地使用权在全世界都造成了轰动。香港以及内地各大媒体记者都到了拍卖会现场，《经济日报》评论深圳市政府以"拍卖"形式出让土地使用权开创了土地有偿出让的先例，在深圳形成了地产市场。③

随着深圳等城市土地有偿使用改革的成功，1988 年 4 月全国人大会议通过，对我国宪法进行了修改，将原发条"任何组织或者个人不得侵占、买卖、出租或者以其他形式非法转让土地"修改为"任何组织或者个人不得侵占、买卖或者以其他形式非法转让土地，土地的使用权可以依照法律的规定转让"。由此，宪法的修改肯定了深圳特区土地管理体制改革的做法，这在我国经济改革中具有重大意义。

深圳对土地使用制度所进行的重大变革，不仅为深圳筹集了急缺的建设资金，也加快了土地这种重要生产要素的供给。这不仅驱动了深圳在经济起步期的发展速度，也为全国做出了重要示范。而在这一过程

---

① 付莹. 深圳经济特区土地有偿出让制度的历史沿革及其立法贡献 [J]. 鲁东大学学报 (哲学社会科学版)，2014，31 (4)：67 – 71.

② 陈瑞荣. 深圳特区土地出让状况综览与分析 [J]. 特区经济，1990 (5)：52 – 53.

③ 土地拍卖第一槌惊天动地 [N]. 晶报，2009 – 09 – 08，A18.

中，深圳市政府大胆推动，广东省政府全力支持，中央政府给予全面保障的制度创新发挥了极其关键的作用，充分体现了有为政府在要素驱动的产业经济竞争阶段的超前引领作用，为深圳获取了发展先机、赢得了竞争优势。

（三）特区建立初期的产业结构

特区建立之初，各种生产要素都依赖于域外输入，劳动力主要来自国内其他地区流入，资本则主要依赖外资，从这个角度讲，要素禀赋和比较优势理论是不能解释深圳的经济增长的。图 8 - 4 展示出，1990 年时深圳工业部门中外商投资企业的产值占比接近 70%，可见，尽管当时资本稀缺，但通过招商引资政策吸引外资，可以很大程度地弥补这一要素禀赋上的不足。

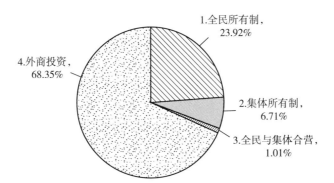

图 8 - 4　1990 年深圳市各类型所有制工业企业产值比重

资料来源：1991 年《深圳统计年鉴》。

图 8 - 5 将工业部门中的外商投资部分进行了进一步分解，从数据中可以看出，深圳的外商投资企业中，港澳地区资本占据了大部分比例，这表明地理上与港澳的毗邻，为深圳赋予了吸引港澳投资的竞争优势。

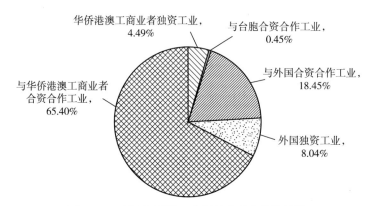

图 8-5 1990 年深圳工业部门中外商投资结构

资料来源：1991 年《深圳统计年鉴》。

图 8-6 展示了 1990 年深圳工业部门中产值最高的十大产业。可以看出，尽管劳动密集型的纺织，纺织服装、服饰业等产业比例较高，但占比最大的是计算机、通信和其他电子设备制造业，另外通用设备制造业、电气机械及器材制造业、医药制造业等技术和资本密集型产业的占比也很高。可见，深圳的发展从一开始就不是比较优势驱动的结果，而是竞争优势的体现。

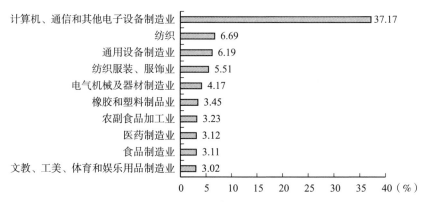

图 8-6 1990 年深圳市产值最高的十大工业行业的产值比例

资料来源：1991 年《深圳统计年鉴》。

由此可见，一个地区的发展不是由比较优势驱动的，因为在生产要素可流动的全球化时代，一国、一地区的比较优势已经被极大地冲淡了，但与此同时，一国、一地区的比较劣势也能够在短时间内利用外部要素加以补足。因此，如果深圳仅专注于发展那些所谓的"比较优势"产业，那么今天的深圳就不可能拥有华为、中兴、腾讯等高科技企业，反而更有可能陷入"比较优势陷阱"之中。所以，区域政府应着力提升本地的竞争优势，而不在于选择哪些产业是符合本地比较优势的。

二、由基础设施投资驱动的城市经济竞争主导的阶段

随着制度的改革，深圳经济发展中的土地约束得到缓解，人才、资本加速集聚，经济步入高速增长阶段，随之而来的是对基础设施的紧迫需求。例如，港商新南新印染厂投资 1 亿港元，1980 年 9 月动工，计划 1981 年 8 月投产，但因电源不足和电信不通，公路不平，至 1981 年 8 月仅安装好主要的设备，拖延了几个月才能投产，造成了不好的影响。[①] 这就造成了一种矛盾，即深圳几乎处于空白状态的基础设施建设无法满足产业发展需求。显然，这一矛盾能否得到有效解决，关键点在于是否能够筹集到基础设施建设的资金。为此，深圳市政府大胆改革，主要通过两种办法破解了基础设施建设的资金难题，一是向银行进行基础设施贷款，二是吸引社会资金投入基础设施建设当中。

（一）基础设施建设贷款

经济特区的基础设施费款，就是银行对深圳"七通一平"等基础设施建设给予贷款支持，特区政府再按贷款协议在一定期限内进行偿还。这种现在已经非常普遍的基础设施建设融资方式，在当时却面对重重困难。几种比较有代表性的反对意见包括：基础设施贷款会拉长基本

---

① 丘梁. 关于深圳经济特区基础设施贷款问题的探讨 [J]. 广东金融研究, 1983（1）: 51-54.

建设战线，基础设施所需资金应由财政拨款解决而不应采取信贷方式，贷款对象选择和债务落实存在困难等。① 面对重重压力，深圳市政府与中国人民银行、建设银行等各级各类银行机构紧密协作，充分沟通，在基础设施建设上得到银行业的大力支持，引领了深圳经济特区的经济发展。

（二）鼓励社会资本参与基础设施建设

根据《广东省经济特区条例》第一章、第五条："特区的土地平整工程和供水、排水、供电、道路、码头、通信、仓储等各项公共设施，由广东省经济特区管理委员会负责兴建，必要时也可以吸收外资参与兴建"，这使社会资本参与基础设施建设有法可依。

深圳市广深公司沙角 B 电厂是中国首个以"建设—管理—移交"（BOT）方式建造的火力发电厂，实际上，BOT 在当时还没有正式的法律规定，因此在项目合同中并未在文字中体现出 BOT，但项目合作形式却是一个典型的 BOT 项目。中方（甲方，深圳经济特区电力开发公司（深圳市能源集团有限公司前身））与港方（乙方，香港合和电力（中国）有限公司②）共同组建"深圳沙角火力发电厂 B 厂有限公司"，该公司为合作企业法人，其唯一目的是开发 B 厂项目。双方的权利与义务的界定方式为：在合作期间，甲方负责帮助乙方办理建设工程所需的各项手续，也负责向政府相关部门申请可能的优惠政策，除此之外，甲方无需对建设工程投入任何资源，包括资金、事务、人员和技术等。乙方负责电厂工程的融资、建设和运营。在收益方面，合作期内，全部收益

---

① 丘梁. 关于深圳经济特区基础设施贷款问题的探讨 ［J］. 广东金融研究，1983（1）：51－54.

② 香港合和电力（中国）有限公司隶属于香港合和集团，合和集团在主席胡应湘带领下，积极参与粤港澳大湾区基础设施建设，除沙角 B 电厂外，还参与建设了广深高速公路、广珠高速公路、广州东南西环高速公路、顺德路桥系统工程、虎门大桥等项目。合和集团还深度参与了深圳市的规划和开发，1981 年 11 月 23 日，深圳经济特区发展公司与香港合和集团签署合作开发深圳新市区的合同，合作经营福田新市区三十平方公里土地的开发，由合和集团投资二十亿港元，为期二十年。

归乙方所有，甲方的收益仅限于提取必要的管理费。[①] （1）建设阶段。1985 年，电厂正式开工建设，工期规定为 33 个月，为激励实现按期完工，约定了奖惩办法。结果，总承包商提前完成了建设任务，并因此钻取了提前竣工发电的全部利润。尽管看似产生了一定的利润损失，但由于广东当时电力供应异常紧张，因此能够提前发电对促进地区经济发展是有很大的积极意义的。（2）运营阶段。1988 年 4 月，沙角 B 电厂正式开始商业运营。[②] 依据双方合作协议，乙方将在特区内负责电厂的运营管理，经营利润也归乙方所有。为了能够有效经营电厂以获取最大利润，乙方先与由英美两国联合组成的电力服务公司（EPS）签订了为期四年（1986～1990）的电厂运行、维护和培训管理合同。EPS 把英国和香港电厂的管理模式移到沙角 B 电厂，设计和制定电厂的管理结构和规章制度，协助乙方招聘国内员工及培训，负责运作电厂设备。EPS 退出后，乙方又将电厂承包给广东省电力局运营，在合同移交日的前一年，又根据合作合同的规定，由甲方承包电厂运营，为顺利移交及移交后电厂的顺利运作打下基础。[③] （3）移交阶段。1999 年 8 月 1 日，在双方的共同努力下，沙角 B 电厂得以顺利移交。在移交合同中，双方就移交的标准、范围、风险的转移等做了规定，完善了原合作合同中在移交部分的不足。[④] 沙角 B 电厂的成功移交使其成为首例完整的 BOT 案例，为后续类似项目的开展提供了宝贵的借鉴。

（三）深圳地铁建设和运营中对次生性资源的开发和配置

随着城市经济的不断发展，深圳城市规模和人口数量不断扩大，居民收入不断提高，对出行的便利性要求愈加强烈。因此，深圳市城市规

---

① 深圳市广深沙角 B 电力公司简介 [EB/OL]. https：//www. sec. com. cn/baby/2/queryMemberByld. do？id＝61.

② 再见，沙角 B 电厂 [EB/OL]. 国际电力网，https：//power. in－en. com/html/power－2345453. shtml.

③ 沙角电厂退役记 [EB/OL]. https：//www. sohu. com/a/230721676_99977939.

④ 沙角 B 电厂移交给深圳市能源集团公司 [EB/OL]. https：//page. om. qq. com/page/OtEUtN4viouJ0oKo3fa5v7Fw0.

划委员会 2001 年 12 月通过了地铁建设方案和审议意见，提出到 2010
年，深圳将投资 508 亿元，建设 8 条线路共 238.7 公里城市轨道交通网
络（尤福永，2002）。然而，地铁建设属于十分典型的资本密集型工
程，即使深圳财政收入增长迅速，但仍存在建设资金压力，因此，深圳
在地铁建设上选择了 BT 模式。不仅如此，深圳还在国内各城市中首创
性地将地铁周边物业升值收益付与地铁公司以提供其经营收益，这也使
深圳地铁公司成为国内为数不多的实现盈利的地铁公司之一。

1. 创新的 BT 建设模式

一般的 BT（建设—移交）模式是：依据法定程序，项目发起人
（政府或其授权单位）选择拟建的基础设施或公用事业项目的投资人，
该投资人对项目的融资、建设全权负责，项目建成后，经过验收合格后
发起人对项目进行回购，即实现了项目的移交（张树森，2006）。在北
京、南京等城市的轨道交通建设工程中均应用过传统 BT 方式（范晨，
2007）。

而在深圳地铁建设中，在传统 BT 模式基础上以工程建设目标控制
为导向，实施了创新的深圳地铁 BT 模式，其特色主要体现在：BT 项目
发起人对工程建设的深度控制、承办人投融资和设计施工总承包的一体
化，以及灵活设置的 BT 工程回购方式和回购时间点（林茂德，2012）。
这种创新型的 BT 模式实现了以下效果：（1）拓展了深圳地铁建设投融
资渠道，解决了短期建设资金压力；（2）解决了 BT 项目发起人全寿命
周期管理的难题；（3）有利于 BT 项目发起人对进度、投资的全过程实
施控制；（4）BT 项目发起人承担的控制风险和控制成本适中；（5）降
低了 BT 项目承办人的投资风险。

深圳地铁 BT 模式在理论和实践上实现了 BT 模式的创新，取得了
满意的预期效果，对国内 BT 模式的发展具有借鉴意义。

2. "地铁经营 + 物业发展"盈利模式

从投入产出角度看，城市轨道交通建设和运营投入的产出有四大
类，分别为地铁线路、附属资源、沿线未出让土地的增值以及沿线物
业、已出让土地的增值。目前，城市轨道交通企业获得的是前两类产

出，后两类产出数倍于前两类产出，却被外部化了，或因未能有效利用而流失了。这对城市轨道交通企业、政府和纳税人都是不公平的。如果将后两类被外部化的产出效益返还给城市轨道交通企业，则有助于其构建盈利模式。这种盈利模式从理论上可概括为"地铁经营 + 效益返还"（张泓，2018）。在深圳地铁的经营中，对第三类收益向地铁公司的返还做出了有益探索。

2007 年 8 月，深圳市政府明确，地铁上盖物业的地价收入和开发所得利润专款用于轨道交通建设和运营补亏；2008 年 11 月，市政府决定，上盖物业项目开发可考虑采取打包方式由深圳地铁统筹处理，其中上盖物业项目开发收益全部用于地铁建设及运营补亏；2012 年 3 月，市政府明确以作价出资方式取得的土地使用权，其法律效力等同于以出让方式取得的土地使用权；2013 年 2 月，市政府要求合理界定政府责任与企业责任，相关政府部门要为深圳市轨道交通建设提供政策支持，履行监管职责；并决定根据深圳市轨道交通建设需求制定土地融资计划，动态配置土地资源。①

在这些政策的支持下，从 2008 年开始，深圳地铁通过定向招拍挂以及市政府以土地使用权作价出资等方式取得了地铁线路附近多宗地块的开发权，开发收益留给深圳地铁，用于地铁建设贷款的还本付息和运营补亏。这种模式极大地促进了深圳地铁建设进度，以政府超前引领在城市经济竞争主导阶段有效推动了基础设施的投资建设，促进了区域经济持续高速、高质量增长。

由此可见，深圳市在基础设施建设方面多方筹措资金，创新发展、敢为人先，在政府的超前引领下，区域经济发展率先在全国突出重围，进一步获取了领先优势，沿着四阶段区域竞争梯度推移模型继续攀升，为全国其他区域的发展建设做出了典型示范。

---

① 赵瑞希. 物业"反哺"轨道深圳地铁交出一本划算建设账［N］. 新华社，2018 - 02 - 23.

三、由创新驱动的创新经济竞争主导的阶段

2000 年以后，深圳土地资源供给不断趋紧，劳动力成本逐步提高，来自国内其他地区的竞争压力不断加大。面对这种情况，深圳需要转变发展方式，推动产业升级，不断增强区域竞争力。

（一）特区不特

随着改革开放的深入，中国的改革开放政策已经从经济特区的区域性试验向内陆复制和扩展，市场化改革、对外开放、接轨国际市场，已经成为全国各个区域发展经济建设的内在要求。尤其是在世界贸易组织规则框架下，我国的对外开放不能仅局限在几个经济特区，而是更加全面的开放。在这一背景下，经济特区在政策上的优势已经逐步丧失，深圳的经济增长速度也在进入新世纪后出现下降，一些产业也出现了向长三角和其他区域外移的迹象，此时出现了"特区不特""深圳被谁抛弃"的疑问。但是，此时的深圳已经继续了创新驱动的力量，并将迎来一次意义深远的产业转型升级过程。

依据美国学者波特（1990）的定义，产业转型升级是一个动态的过程，指随着技术、市场等发展动力的变化，生产要素从低生产率水平或者低生产率增长的部门向高生产率水平或者高生产率增长的部门流动，进而推动产业结构的高级化和合理化，并提升经济社会发展的质量和效益。[①]

实际上，创新驱动发展的理念在深圳特区成立之初就有所体现。1980 年 8 月，时任国家进出口管理委员会、国家外国投资管理委员会副主任兼秘书长的江泽民同志，在五届全国人大常委会第十五次会议上作关于在广东、福建两省设置经济特区和《广东东省经济特区条例》

[①] 转引自：郭跃文，向晓梅，等. 中国经济特区四十年工业化道路：从比较优势到竞争优势 [M]. 北京：社会科学文献出版社，2020：168。

说明时提出："经济特区采取与内地不同的体制和更加开放的政策，充分利用国外的资金和技术，发展工业、农业、畜牧业、养殖业、旅游业、住宅建筑业、高技术研究制造业和其他行业。"这是中央有文字记载的第一次对深圳提出要发展高新技术产业。1981 年，第一次经济特区会议要求经济特区对外更加开放，包括积极利用侨资、外资，引进适用、先进技术和科学管理方法，扩大对外贸易。① 1985 年 7 月 30 日，深圳建立了国内第一个中国科学院与地市合办的高科技产业园区——深圳科技工业园，科工园的建成加速了科技成果在深圳的落地转化，对孵化高新技术企业也进行了积极探索。在之后的 80 年代末 90 年代初，为顺应当时科技人员下海创业的浪潮，深圳政府出台了一系列政策和法规，鼓励科技人员创办企业，吸引科技人员流入深圳企业从事研发工作，在全国，最早形成了重视科技研发、让科研人员也能先富起来的城市文化氛围。这一系列政策法规包括：《加快高新技术及其产业发展的暂行规定》（1991）、《关于依靠科技进步推动经济发展的规定》（1991）、《深圳市企业奖励技术开发人员暂行办法》（1993）、《深圳经济特区民办科技企业管理规定》（1993）、《深圳经济特区无形资产评估管理办法》（1994）、《深圳经济特区企业技术秘密保护条例》（1995）、《深圳经济特区技术成果入股管理办法》（1998）等。②

（二）创新型城市建设

从 20 世纪 90 年代中期开始，深圳高新技术产业进入了发展的黄金时代，政府也从最初的促进科技成果转化、鼓励科技人员创业，走向了系统的科技产业政策设计，以及整体的创新环境打造，最终在 21 世纪前 10 年，初步构建了一个成熟的区域创新体系，一些主要的政策措施

---

① 资料来源：深圳经济特区研究会编著，彭立勋，钟坚主编. 深圳改革开放专题史 [M]. 海天出版社，2010 年版，转引自：白积洋. "有为政府"+"有效市场"：深圳高新技术产业发展 40 年 [J]. 深圳社会科学，2019（5）：13 – 30.

② 金心异. 深圳发展高新技术的主要经验 [OL]. 长江产经智库，2018 – 07 – 09，http：// www. yidianzixun. com/article/0JUV3wyx.

列表如表 8 - 1 所示:

表 8 - 1 深圳市支持高科技产业发展的政策体系

时间	政策措施	主要内容
1995 年 10 月	《关于推动科技技术进步的决定》	明确"以高新技术产业为先导"的战略思想,在全国率先以文件形式,规定了科技三项经费投入比例
1996 年	成立深圳市高新技术产业投资公司	为高科技企业向银行贷款提供担保
1997 年 12 月	成立中科融投资顾问有限公司	在科技企业与金融投资之间提供专业中介服务,1998 年指定市属国企共同出资创办深圳市创新投资公司,建立风险投资基金
1998 年 2 月	《关于进一步扶持高新技术产业发展的若干规定》(深圳"旧22 条")	全面完善和规范了政府推动高新技术产业发展的政策措施,这是国内地方政府首个系统的科技产业政策,在全国引发了一波激烈的政策竞赛。在中国高新技术产业发展历史上,深圳"旧 22 条"是一个重要的节点事件
1999 年 9 月	《关于进一步扶持高新技术产业发展的若干规定》(深圳"新22 条")	作为对全国政策竞赛的回应,从财政投入、创业投资、税收优惠、分配激励、知识产权、土地使用、人才引进、投融资体系、吸引外资和归国留学生、政府奖励等方面全方位地促进高新技术产业发展
1999 年 10 月	举办首届中国国际高新技术成果交易会	为全球高新技术成果交易提供平台,时任国务院总理朱镕基出席,并宣布这一国家级展会永久驻在深圳。2020 年 11 月,第二十二届中国国际高新技术成果交易会在深圳成功举办
2000 年 10 月	成立深圳国际高新技术产权交易所	全国首家以公司制形式创建的技术产权交易所
2001 年 3 月	《深圳经济特区高新技术产业园区条例》	明确高新区发展目标、高新技术企业和项目入区资格审查等园区发展中许多根本性问题
2001 年 7 月	《中共深圳市委关于加快发展高新技术产业的决定》	做出建设高新技术产业带的战略决策,产业带由高新区、留仙洞、大学城、石岩、光明、观澜、龙华、坂雪岗、宝龙碧岭、大工业区等"9 + 2"片区组成,规划高新技术产业用地 50.9 平方公里,为高新技术产业进一步发展保障用地

续表

时间	政策措施	主要内容
2003 年 2 月	《深圳经济特区创业投资条例》	全国首部关于创投的法规,为 2006 年国家发改委、科技部等 10 部委联合发布的《创业投资企业管理暂行办法》提供了蓝本
2003 年 4 月	《深圳市鼓励科技企业孵化器发展的若干规定》	从科技三项经费中安排资金,并充分调动社会资源参与孵化器建设
2004 年 1 月	《关于完善区域创新体系推动高新技术产业持续快速发展的决定》	深圳 2004 年的"1 号文件",第一次系统提出了建设区域创新体系的基本要求和目标
2004 年 5 月	深交所中小企业板块开始运作	解决了风险投资(VC)的投资出口问题
2006 年 1 月	《关于实施自主创新战略、建设国家创新型城市的决定》	正式提出建设国家创新型城市的基本框架,2006 年深圳市"1 号文件"。在该文出台 3 个月后,深圳市 20 个有关部门围绕该文,分别从各自的角度制定并推出了 20 个配套政策,总计 340 条,从经济、科技、教育、人才、知识产权、法律、海关、工商税务等各方面,形成围绕自主创新战略的"1 + N"政策体系。
2009 年 10 月	深交所创业板开办	为初创企业提供了融资平台

(三)敢为人先的"聚点"效应

从图 8 - 7 可以看出,尽管面临"特区不特"的发展趋势,但特区政府却仍敢为人先,勇于创新。在世纪之交,深圳市科技资源不论在绝对量还是相对量上,都无法在国内城市中居于领先地位。但是,深圳市政府却通过推出一系列有利于高科技产业发展的政策措施,率先使深圳成为全国的一个"聚点",从而迅速带动产业、资本、人才和技术的集聚,使原来的比较劣势变为优势。

图 8 - 7 给出了 2001 ~ 2019 年深圳市、广东省和全国规模以上工业企业 R&D 人员全时当量(人年)的变动情况。数据显示,在这 19 年

间，深圳市规模以上工业企业 R&D 人员全时当量（人年）增长了
22.22 倍，而全国则仅增长了 4.26 倍。因此，如果以全国增长速度来
估算深圳 2019 年的规模以上工业企业 R&D 人员全时当量（人年）数
据，则该指标仅为 43808.8（人年），而实际数值比该估算值多
194804.38（人年），平均每年高出 10252.86（人年）。对于这一数据，
我们可以理解为每年有 10252.86 人年的 R&D 人员全时当量从全国各地
流入到了深圳的规模以上工业企业。

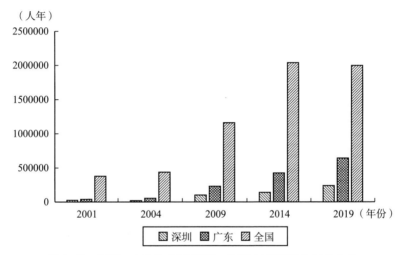

**图 8-7　深圳、广东和全国 2001~2019 年规模以上工业企业
R&D 人员全时当量（人年）情况**

资料来源：根据历年《广东省统计年鉴》、《中国统计年鉴》相关数据整理计算。

图 8-8 给出了 2001~2019 年深圳市、广东省和全国规模以上工
业企业 R&D 经费的变动情况。R&D 人员全时当量的增长趋势相一致，
深圳在这 19 年间，R&D 经费投入增长了 39 倍，同期广东省增长了
23 倍，全国增长了 22 倍。可见，深圳 R&D 经费的增长速度接近全国
的 2 倍。

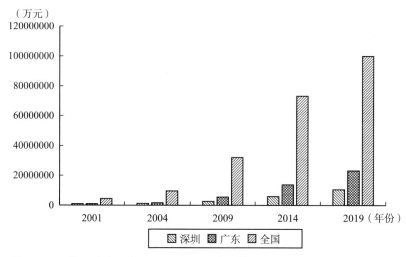

图 8 – 8 深圳、广东和全国 2001 ~ 2019 年规模以上工业企业 R&D 经费情况

资料来源：根据历年《广东省统计年鉴》《中国统计年鉴》相关数据整理计算。

图 8 – 9 和图 8 – 10 则分别给出了深圳市 R&D 人员和 R&D 经费占广东省比例和全国比例的变化情况。从图中可以看出，这两项指标的比例占广东省的比例在 2010 年之前迅速提高，2010 年之后有所回落，但

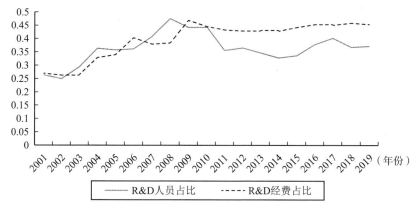

图 8 – 9 2001 ~ 2019 年深圳市规模以上工业企业 R&D 人员和

经费占广东省比例变动情况

资料来源：根据历年《广东省统计年鉴》《中国统计年鉴》相关数据整理计算。

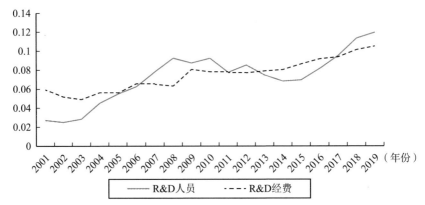

图 8 - 10   2001 ~ 2019 年深圳市规模以上工业企业 R&D 人员和

经费占广东省全国比例变动情况

资料来源：根据历年《广东省统计年鉴》《中国统计年鉴》相关数据整理计算。

保持了平稳态势。而这两项指标占全国的比例则一直保持了增长态势。尤其是 R&D 人员的增幅更加显著，表明深圳对科技人员和科技活动的吸引力不断增强，"聚点"效应不断显现。

（四）再看深圳的产业结构

在前文，我们已经看到 1990 年时深圳就很好地发展了计算机、通用设备制造业、医药制造业等资本和技术密集型产业，那么 20 年后，这些产业发展的如何，是否具有"自生能力"呢？表 8 - 2 和表 8 - 3 分别给出了深圳市 2010 ~ 2018 年高新技术产业产值和出口情况，数据表明，深圳的这些技术和资本密集型产业不仅发展良好，而且还成为深圳的支柱产业，具有很强的竞争优势。

显然，深圳的产业升级难以用比较优势理论加以解释，罗德里克就曾质疑中国的工业化是否完全遵循了比较优势原则。他认为，中国的出口结构比较好，通常只在人均 GDP 较高的国家才出现这样的结构，他将这归因于中国产业政策并未完全遵循比较优势原则，并且取得了成功。对于一个 30 年前还是一张白纸的城市，它的产业升级无法用比较优势理论进行解释。

表 8 – 2　　　2010～2018 年深圳高新技术产业中各产业产值情况　　　单位：亿元

年份	高新技术产品产值	其中				
		电子信息产业	新能源及新材料	光机电一体化	生物技术	环保及其他
2010	10176. 19	8963. 26	553. 88	490. 78	101. 16	67. 11
2011	11875. 61	10451. 08	650. 9	574. 62	119. 88	79. 13
2012	12931. 82	11360. 2	722. 5	625. 7	134. 1	89. 3
2013	14159. 45	12442. 42	789. 66	682. 88	147. 78	96. 71
2014	15560. 07	13689. 76	337. 59	728. 5	724. 88	79. 34
2015	17296. 87	15269. 85	782. 69	790. 70	358. 93	94. 70
2016	19222. 06	17096. 10	804. 64	844. 31	367. 07	109. 94
2017	21378. 78	19110. 44	840. 0	921. 40	376. 36	130. 59
2018	23871. 71					

　　资料来源：深圳市科技创新委员会网站，转引自：白积洋. "有为政府" + "有效市场"：深圳高新技术产业发展 40 年［J］. 深圳社会科学，2019（5）：13 – 30.

　　在特区成立后的 30 年时间内，深圳市的产业结构就由"三来一补"的劳动密集型产业升级到了资本和技术密集的高新技术产业，如果说深圳在改革开放指出具备劳动力的比较优势，但无论如何，我们都难以证实深圳在资本和科学技术上具有比较优势。而深圳之所以能够成功地发展了高科技产业，实现了产业升级、创新驱动发展，其根本原因还在于政府通过实施一系列促进高科技产业发展的政策措施所进行的超前引领，这种超前引领使深圳成为全国高科技产业的一个"聚点"，使资本、人才和技术不断涌入，加速集聚，从而创造了竞争优势，实现了经济增长阶段的梯度升级。

表 8 – 3　　　　　2010～2018 年深圳高新技术产业出口情况　　　　单位：万美元

年份	全市进出口总额	全市出口额	高新技术产品进出口总额	高新技术产品进出口总额占比（％）	高新技术产品出口额	高新技术产品出口额占比（％）
2010	34674930	20418355	19770075	57. 02	10872668	53. 25
2011	41409312	24551760	22416000	54. 13	12480000	50. 83
2012	46683020	27136163	25206532	54. 00	14122000	52. 04
2013	53747437	30570191	30784842	57. 28	16900557	55. 28
2014	48774049	28436157	24762288	50. 77	13674080	48. 09
2015	44245863	26403895	25424844	57. 46	14033773	53. 15
2016	39843893	23754674	22764476	57. 13	12154291	51. 17
2017	42399222	25061181	22081542	52. 08	11855158	47. 30
2018	43609541	23670555			12006326	50. 72

资料来源：历年《深圳市统计年鉴》，转引自：白积洋. "有为政府" + "有效市场"：深圳高新技术产业发展 40 年 [J]. 深圳社会科学，2019（5）：13 – 30.

深圳之所以能够成功实现产业升级，如本书第四章所讲到的，其关键点在于深圳政府的诸多政策措施都是领先于全国的，这是在这一段时间内的领先优势，加强了"聚点"效应，产业的集聚一方面形成了规模经济效应，从而实现了循环累积的内生增长动力，另一方面也带来了对制度创新的进一步的需求，推动者深圳继续在营商环境、软硬件基础设施上不断探索、不断突破。因此，政府超前引领所带来的聚点效应才是深圳产业结构得以不断升级，经济增长得以长期保持高速度的真正原因。

四、竞争与合作经济主导的阶段

2010 年以后，深圳在一些产业领域已经进入了全国甚至全球领先行列，要实现进一步的突破不仅需要深圳市的全力投入，更需要整合全国乃至全球资源。此时，深圳已经初步进入了竞争与合作经济主导的阶段。下面，笔者以深圳市整合域内外资源发展高等教育、提升创新能力为例，来阐述深圳在这一阶段采取的政府超前引领策略。

（一）自力更生与引进合作相结合的高等教育发展路径

从时间上看，深圳特区建立后不久，1983 年深圳市委、市政府即向上级部门明确提出要创办一所本地高等学校的构想，并获得了教育部和广东省的重视和支持。1983 年 5 月，经国务院批准深圳大学成立。但是，建立深圳大学之后，深圳并没有再大刀阔斧地新建高校，直到1993 年才创建了另一所高校——深圳职业技术学院，主要是回应制造业发展对大量经过职业教育训练人才的需求。这一方面和当时深圳刚刚建市把发展经济作为第一要务，还未能腾出更多的精力和经费加大科教文卫领域的建设有关；另一方面和深圳特区建立后迅速发展并开始对全国人才产生虹吸效应有关（陈先哲，2020）。

随着全国各地对人才竞争的程度不断加剧，深圳也加大了高等教育的建设力度。2010 年南方科技大学筹建，2017 年深圳技术大学筹建，且根据新近出台的《深圳市建设中国特色社会主义先行示范区的行动方案（2019－2025 年)》，还将筹建深圳师范大学、深圳音乐学院、深圳创意设计学院等高校。

在高等教育事业的发展上，深圳是我国较早采取了引进高校和合作办学方式的城市。2001 年，深圳创立了北京大学深圳研究生院和清华大学深圳研究生院，次年又创立了哈尔滨工业大学深圳研究生院。在深圳大学城的建设过程中，深圳市政府作为主要投资方进行了总体规划，明确提出要将深圳大学城建设成为区域产学研合作的重要基地，以符合深圳经济社会发展的需求。加上这个阶段深圳市政府陆续与华为、中兴、清华同方等几百个企事业单位合建研究机构、研究生实践基地或开展技术研发合作，高等教育和城市发展的互动得到了明显升级。

另一方面，引进办学的力度也在不断加大。引进办学是在合作办大学城模式基础上开启的新篇章，不但合作模式多样化，既有中外合作办学,也有国内知名大学的异地合作办学,而且突破了原来研究生教育的小规模,获设独立招生代码招收本科生。2012 年后,香港中文大学(深圳)、哈尔滨工业大学(深圳)和深圳北理莫斯科大学等多所合作办学高校及中山大学深圳校区纷纷获教育部批准正式设立并招生。根据已公布的规划,深圳未来还将在中外合作办学方面有更多大手笔的项目(陈先哲,2020)。

(二) 整合域内外资源提升创新能力的创新生态系统建设方略

党的十八大以来,深圳积极把握全球新一轮科技创新和产业革命带来的重大机遇,着力破解区域创新体系中原始创新能力薄弱"瓶颈"问题,逐步完善包括"基础研究 + 技术攻关 + 成果产业化 + 科技金融"创新全过程的"热带雨林"综合创新生态系统。[①]

从 2012 年起,深圳市把握新一轮科技革命的重大机遇,积极建设深港科技创新合作区等重大科技创新战略平台,光明科学城等重大科技基础设施,以及 5G、人工智能、第三代半导体、智能装备、生命健康、高端医学诊疗器械等领域的重大产业创新发展平台,为科技企业创新引进与集聚高端创新资源。自 2012 年开始,深圳创业企业数量每年实现了 6 位数同比增长,到 2018 年已达到 197 万家,如图 8 - 11 所示。其中销售额超千亿元的 3 家,超百亿元的 17 家,超十亿元的 157 家,超亿元的 1203 家,在新三板挂牌的企业有 600 多家,深圳本地企业在中小板和创业板上市企业连续 9 年都居全国各大城市首位(白积洋,2019)。[②]

---

① 硅谷风险投资家维克多·黄和格雷格·霍洛维茨合著的《硅谷生态圈:创新的雨林法则》中提出,创新需要生态,他们将这个生态圈比喻为热带雨林,雨林的特征不只有生存竞争,更优共生、互助、包容。硅谷建立起的正是这样的雨林生态系统,从而使得创新创业者的创造力、商业智慧、科学发现、投资资金以及其他支持因素被巧妙地嵌合在一起,鼓励萌发出新想法、最终源源不断地培养出一个能够不断产出伟大创新的生态圈。
② 资料转引自:郭跃文,向晓梅,等. 中国经济特区四十年工业化道路 [M]. 北京:社会科学文献出版社,2020:283.

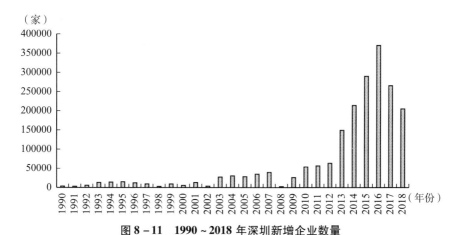

图 8 - 11　1990 ~ 2018 年深圳新增企业数量

资料来源：2019 年《深圳市统计年鉴》。

2014 年，深圳建设国家自主创新示范区获批，成为党的十八大后国家批准建设的首个国家自主创新示范区。中美贸易战的爆发使深圳更加意识到原始创新能力对产业链与经济安全的重要性。为此，深圳以建设粤港澳大湾区国际科技创新中心为中心，深化科技创新体制改革，建设重大创新平台，融入全球创新网络集聚高端技术人才资源，培育高端研发机构，提升特区技术标准，构建了面向创新全过程的政策链，努力提高原始创新能力。

2017 年，深圳与香港特别行政区签署《关于港深推进落马洲河套地区共同发展的合作备忘录》，在落马洲河套地区合作建设"深港创新及科技园"，推动其成为科技创新高端新引擎、深港合作新的战略支点与平台。在重大科技基础设施上，深圳国家基因库（二期）、未来网络试验设施、脑科学与合成生物、材料基因组等重大科技基础设施群规划建设紧张有序推进，光明科学城启动区开工建设。在重大产业创新平台上，鹏程实验室、第三代半导体研究院等重大科研机构启动建设；累计建成省级新型研发机构 41 家；新增国家、省、市级重点实验室、工程研究中心、企业技术中心等创新载体 189 家，累计达 1877 家；累计组建格拉布斯研究院、中村修二激光照明实验室等 6 个诺贝尔奖科学家实

验室；培育了华大基因、光启研究院、深圳先进院等 90 家以上集科学
发现、技术发明和产业于一体的"三发"新型研发机构；在深圳投资
或开设分支机构的世界 500 强企业超过 100 家，其中不少跨国公司已在
深圳设立研发中心或区域运营中心；香港高校在深设立科研机构 72 家，
其中国家重点实验室分室 8 个，联合培养人才 9211 名，转化成果及技
术服务 269 项。除"引进来"以外，深圳同时积极推动创新"走出
去"，构建全球创新网络。2014～2018 年 5 年期间，深圳在境外建立研
发机构达到 255 家，在美国、以色列、英国、法国等成立 7 家海外创新
中心。[1]

2018 年 7 月，深圳出台《关于深入贯彻落实习近平总书记重要讲
话精神加快高新技术产业高质量发展更好发挥示范带头作用的决定》，
提出实施七大工程，构建"基础研究 + 技术攻关 + 成果产业化 + 科技金
融"全过程创新生态链。通过建设重大科技基础设施群、新型研发机构
等载体，以及全球高等教育机构合作办学，深圳努力从应用研究驱动向
基础研究驱动转变，解决企业应用创新不断迭代后对前沿知识的需求。

深圳市的这些举措推动其高新技术产业迅猛发展，到 2018 年，深
圳高新技术企业达到 1.4 万家，位居中国城市第二，仅次于北京，广东
省内第一，如图 8 - 12 所示。世界 500 强企业广东共 13 家，深圳就拥
有 7 家，包括华为投资控股有限公司、正威国际集团等创新型企业。境
内外上市公司累计接近 400 家，VC/PE 机构累计超过 5 万家。到 2019
年底，深圳共拥有 7 家独角兽企业，占广东独角兽企业总数的 47%，
见表 8 - 4。深圳新业态企业、高新技术企业、独角兽企业大都拥有自
主创新产品，在 4G 和 5G 技术、超材料、基因测序、3D 显示、石墨烯
太赫兹芯片、柔性显示、新能源汽车、无人机等产业领域的创新能力位
居世界前沿。不但具备引领中国产业前进的能力，同样也引领着全球产

---

① 郭跃文，向晓梅，等. 中国经济特区四十年工业化道路 [M]. 北京：社会科学文献
出版社，2020：285 - 286.

业发展。①

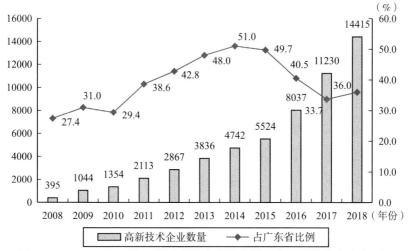

图 8－12　2008～2018 年深圳高新技术企业数量（家）及其占广东省比例

资料来源：深圳市科技创新委员会。

表 8－4　　　　　全球独角兽企业数量比较（截至 2019 年底）

区域	数量（家）	数量占比（%）	估值（亿美元）	估值占比（%）
全球	433	100	13350	100
美国	236	54.5	7040	52.7
中国	101	23.3	3900	29.2
中国广东	15	3.5	495	3.7
中国广东深圳	7	1.6	310	2.3

资料来源：美国 CB Insight 全球独角兽企业数据库。

五、深圳市走向世界前沿的产业升级路径

深圳已经进入了竞争与合作经济主导的阶段，肩负着突破我国产业

① 郭跃文，向晓梅，等 . 中国经济特区四十年工业化道路［M］. 北京：社会科学文献出版社，2020：289.

链关键核心技术环节，打破西方国家技术封锁，推动我国产业走向世界前沿的重任。在这一阶段，深圳必须具备整合全国乃至全球资源的能力，以开放合作的姿态迎接新时代付与特区的新使命，在更高的层面上发挥超前引领职能，为各类要素提供新的"聚点"。

（一）构建粤港澳大湾区协同创新网络

深圳应以产业创新为重点，以制度创新为核心，整合粤港澳大湾区的科技创新制度、政策体系安排和深圳优质资源，构建开放高效的创新网络，探索粤港澳协同开发新模式；构建区域协同创新共同体，携手打造粤港澳大湾区国际科技产业创新中心，充分发挥港澳基础科学研究、高端创新资源及国际化创新环境等优势，联合港澳高校等科研机构，构建以实验室为主的湾区基础研究平台体系，加快建设世界一流重大科技基础设施网络；持续深化深港合作，大力推进"深港创新圈"建设，实现深港两地在人才、科技和产业等方面的优势互补，规划建设深港口岸经济带；积极对接港澳自由贸易港，推动投资、贸易与金融制度与港澳趋同化。

（二）整合全球资源助力产业升级

第一，推动区域产业合作，优化产业链空间布局。以产业合作共建、经济飞地为切入口，进一步推进"东进、西协、南联、北拓、中优"战略，构建区域合作机制，深化区域产业合作，优化产业链空间布局；完善深汕特别合作区管理体制机制，探索推广经济飞地模式。主动融入全省"一盒一带一区"发展格局，加强与广州协同发展，实现双区联动、双核驱动；加快深莞惠和河源、汕尾"3＋2"经济圈建设，顺应产业发展规律，统筹布局完整的产业层级体系；加强与珠江西岸城市互动合作，强化与珠江西岸先进装备制造业的产业联动协作，打造产业拓展走廊；加快深圳与内地深入合作，拓展深圳产业链条向内陆腹地延伸。

第二，开展国际产能合作，服务"一带一路"倡议。围绕重点行业，与共建"一带一路"国家开展国际产能合作；组织举办共建"一带一路"国家境外展会、论坛等，拓展"一带一路"经贸合作伙伴；实施"政府铺路 + 大企业拉动 + 民企开拓 + 集群网络"策略，支持行业龙头企业牵头组建境外园区企业联盟，推动形成"走出去"产业联盟体系；建设企业"走出去"综合服务平台，为企业对外投资提供投资备案、金融、会计、法律、安全预警等服务；支持重点行业企业购买共建"一带一路"国家先进技术，与共建"一带一路"国家共建联合研究中心、技术转移中心、海外孵化器等平台。完善境外销售网络，支持企业设立海外营销网点、售后服务中心，鼓励跨境电商、供应链和服务贸易等新型贸易发展，拓展"一带一路"贸易空间。

第三，整合全球创新资源，参与全球产业链重构。大力推进开放式创新，加速融入全球创新网络，深度整合国际资源，积极参与全球产业链重构，提升深圳在国际创新链、产业链中的地位；深化国际科技交流与合作，组织实施一批国际科技合作项目，大力引进国际高端创新机构、跨国公司研发中心、国际科技组织落户深圳；积极参与全球化，全球布局创新资源，支持有条件的企业通过收购、参股并购、直接投资等方式，与境外高校、科研机构等全面对接，共建工程技术研究中心、原始工作站、博士后工作站等研发机构，开展联合研发、专利交叉许可等方面的国际合作；在全球范围内配置产业资源，支持企业在设计、生产、营销、服务等产业环节开展全球化布局，参与全球产业链重构，提高深圳产业的国际分工地位，带动全球产业链大循环。

（三）进一步加大软硬件基础设施建设力度

第一，加快重大创新载体建设，着力关键核心技术攻关。围绕"综合性国家科学中心""国际科技信息中心"的建设目标，集聚整合全球创新资源，高标准建设 5G、人工智能、网络空间科学与技术、生命信息与生物医药实验室等重大创新载体，打造一批国家重大科技基础设施和关键技术中试平台、公共服务平台等；加快布局一系列重大科学技术装置平台，带动一批未来产业相关企业孵化和发展；大力实施关键核心技术攻坚行动，加强基础研究和应用基础研究，实施重大攻关计划，"一技一策"突破一批"卡脖子"技术，夯实产业发展基础。

第二，塑造金融优势，赋能现代产业体系建设。一是发挥财政资金杠杆作用，成立产业发展引导基金。构建多元化资助体系，发挥财政资金的引导和撬动作用，带动企业和社会增加高水平的基础研究和应用基础研究研发投入。二是推动金融服务创新，拓宽企业融资渠道。完善创业板发行上市、再融资和并购重组制度，配合国家金融管理部门探索推进创业板注册制改革，加强与深交所、上交所、港交所对接，支持符合条件的企业到境内外证券交易所发行上市。积极发展知识产权质押、产业链融资、租赁融资等新型融资模式和产品。鼓励企业综合运用股权融资、上市融资、债券融资等多种方式，缓解企业资金紧张问题。三是拓宽产业融资渠道，积极发展金融＋科技创新、金融＋先进制造。支持符合条件的制造业企业申请设立财务公司、金融租赁公司等金融机构，推广大型制造设备、生产线等融资租赁服务。大力发展金融＋科技创新、金融＋先进制造，创新科技金融政策、产品和工具，发展定制化金融、供应链金融、产业金融，支持开展科技信贷融资、创业投资、信息对接、培育企业上市等"一站式"金融服务。

（四）强化人才支撑，打造全球人才集聚高地

对接深圳产业发展需求，构建与国际接轨、更具全球竞争力的人才制度体系，打造全球人才集聚高地。一是实施开放人才政策，引进高层次创新人才。抓住全球人才加速流动机遇，通过"靶向引才""以才引才"等方式，大力引进一批创新领军人才和高层次创新团队。加快国际人才管理改革，着力在高端人才培育引进、使用评价、分配激励等方面实现更大突破。二是推动产教融合，探索多元化人才培养模式。加快西丽湖国际科教城建设，对接产业发展需求，加强知识型、技能型、创新型人才培养。大力引进国内外著名高校赴深圳开设分院或合作办学，加强本地人才供给。强化博士后"人才战略储备"功能，支持企业设立博士后工作站、创新实践基地。实施"双元制"职业教育模式，加强

校企合作，推动产教深度融合。三是创新人才服务，促进人力资本流动集聚。积极创建国家级"一园多区"人力资源服务产业园，打造开放发达的人力资源市场。探索人才绿卡前置发放等创新举措，实施更加便利的出入境管理政策，提升人力资本活跃度，打破人才流动体制界限。打造人才服务综合平台，建立行业领军人才和人力资本信息库，推进人力资本精准匹配。加快推进粤港澳大湾区境外个人所得税优惠政策。

本 章 小 结

从深圳的发展过程中可以看出，在每一个发展阶段中，政府对区域经济的超前引领都是非常明显的。在特区初创阶段，特区政府为解决土地、资金等困难，创新土地使用管理办法；在遇到基础设施不足时，特区政府又运用银行贷款、吸引社会资本等方式破解难题。这里面，我们要注意到，正是由于资本在地区间是可流动的，即大量的资金由香港等海外地区流入深圳，这就使原来资本匮乏的小渔村成为资本密集型产业的集聚地，因此比较优势理论是难以解释深圳的发展的。在深圳度过了要素驱动的产业经济竞争阶段和基础设施投资驱动的城市经济竞争阶段后，深圳来到了一个拐点，遇到"特区不特"的问题，经济如何进一步提升是一个重大问题。如果依据因势利导，那政府就应该找到深圳当时的要素禀赋的比较优势，但那不会是科技，因为相比于北京、上海，甚至南京、杭州，深圳的科技资源是十分匮乏的。而就在此时，深圳政府再次实施超前引领，建大学、引进人才，将深圳发展成为高科技产业的集聚地，成功地将深圳推向创新引领的发展阶段。

参 考 文 献

[1] 白积洋．"有为政府"+"有效市场"：深圳高新技术产业发展40 年 [J]．深圳社会科学，2019（5）：13－30．

[2] 陈德祥．自我革命与保持党的先进性和纯洁性 [J]．马克思主义理论学科研究，2019（1）：120－130．

[3] 陈立敏．波特与李嘉图的契合点——从国家竞争力角度对竞争优势理论和比较优势理论框架及核心概念的对比分析 [J]．南大商学评论，2006（4）：70－80．

[4] 陈瑞荣．深圳特区土地出让状况综览与分析 [J]．特区经济，1990（5）：52－53．

[5] 陈先哲．城市竞争阶段升级与高等教育发展战略转型：深圳案例 [J]．高等教育研究，2020，41（9）：25－31．

[6] 陈云贤，顾文静．中观经济学（第二版）[M]．北京：北京大学出版社，2019．

[7] 陈云贤．从中观经济入手控制投资规模 [J]．计划工作动态，1986（11）：20－21．

[8] 陈云贤．论政府超前引领 [J]．财经界，2017（9）：29－33．

[9] 陈云贤．市场竞争双重主体论——兼谈中观经济学的创立与发展 [M]．北京：北京大学出版社，2020．

[10] 陈云贤．中国特色社会主义市场经济：有为政府＋有效市场[J]．经济研究，2019（1）：4－19．

[11] 程恩富．完善双重调节体系：市场决定性作用与政府作用[J]．中国高校社会科学，2014（6）：43－52＋153－154．

［12］程恩富．新自由主义的起源、发展及其影响［J］．求实，2005（3）：38－41．

［13］程霖．中国经济学的探索：一个历史考察［J］．经济研究，2020（9）：4－24．

［14］崔之元．西方经济理论的范式危机——与樊纲先生商榷［J］．中国书评，1995（9）．

［15］樊纲（1995a）．经济科学现代化与中国化的再思考［C］．原载于《中国书评》1995 年第 5 期，转引自邓正来主编，《〈中国书评〉选集 1994－1996》，辽宁大学出版社，1998 年，第 793－795 页．

［16］樊纲（1995b）．"苏联范式"批判［J］．经济研究，1995（10）：70－80＋34．

［17］范晨．BT 投融资模式在我国城市轨道交通建设中的应用研究［D］．北京：北京交通大学，2007．

［18］方兴起．基于历史唯物主义评价新结构经济学［J］．当代经济研究，2020（6）：63－72．

［19］费维照，胡宗兵．有限政府：早期资产阶级的政府观念与政制设定［J］．政治学研究，1998（1）：49－55．

［20］付才辉．发展战略的成本与收益：一个分析框架——对新结构经济学的目标、争议与拓展的探讨［J］．南方经济学，2014（1）：29－48．

［21］付莹．深圳经济特区土地有偿出让制度的历史沿革及其立法贡献［J］．鲁东大学学报（哲学社会科学版），2014，31（4）：67－71．

［22］高尚全．有效市场和有为政府［M］．北京：中国金融出版社，2016．

［23］郭蕾，黄郑恺．中国数字政府建设影响因素的实证研究［J］．湖南社会科学，2021（6）：64－75．

［24］郭跃文，向晓梅，等．中国经济特区四十年工业化道路——从比较优势到竞争优势［M］．北京：社会科学文献出版社，2020 年 8 月版．

[25] 韩胜飞, 李文静, 陈林. 基于可竞争理论的中国自然垄断行业监管体制改革 [J]. 人文杂志, 2021 (10): 30 - 40.

[26] 何炼成, 丁文峰. 中国经济学向何处去 [J]. 经济学动态, 1997 (7): 6 - 15.

[27] 何颖. 中国政府机构改革30年回顾与反思 [J]. 中国行政管理, 2008 (12): 21 - 27.

[28] 何自力. 对 "大市场, 小政府" 市场经济模式的反思——基于西方和拉美国家教学的研究 [J]. 政治经济学评论, 2014, 5 (1): 19 - 32.

[29] 洪银兴. 从比较优势到竞争优势——兼论国际贸易的比较利益理论的缺陷 [J]. 经济研究, 1997 (6): 20 - 26.

[30] 胡晨光, 程惠芳, 俞斌. "有为政府" 与集聚经济圈的演进——一个基于长三角集聚经济圈的分析框架 [J]. 管理世界, 2011 (2): 61 - 69 + 80.

[31] 胡凤英. 浅谈中苏贸易的发展 [J]. 今日苏联东欧, 1986 (3): 35 - 36 + 34.

[32] 胡晓鹏. 论市场经济的起源、功能与模式——兼论中国特色社会主义市场经济的本质 [J]. 社会科学, 2015 (7): 48 - 59.

[33] 胡雪梅. 有为而先行, 先谋而后动——江西省广丰县积极运用政府调节经济的做法与启示 [J]. 苏南乡镇企业, 1997 (12): 10 - 11.

[34] 黄少安. 《新结构经济学》侧评 [J]. 经济学 (季刊), 2013, 12 (3): 1085 - 1086.

[35] 黄奕彬. 怎样当好 "有为政府" [J]. 中国工商, 2000 (3): 49.

[36] 江小涓. 理论、实践、借鉴与中国经济学的发展——以产业结构理论的研究为例 [J]. 中国社会科学, 1999 (6): 4 - 18.

[37] 姜明安. 建设 "有限" 与 "有为" 的政府 [J]. 法学家, 2004 (1): 13 - 15.

[38] 蒋敏娟, 黄璜. 数字政府: 概念解说、价值蕴含与治理框

架——基于西方国家的文献与经验［J］．当代世界与社会主义，2020（3）：175-182．

［39］蒋永甫，谢舜．有限政府、有为政府与有效政府——近代以来西方国家政府理念的演变［J］．学习与探索，2008（5）：73-76．

［40］焦勇．数字经济赋能制造业转型：从价值重塑到价值创造［J］．经济学家，2020（6）：87-94．

［41］瞿商．我国计划经济体制的绩效（1957-1978）——基于投入产出效益比较的分析［J］．中国经济史研究，2008（1）：121-128．

［42］李建标，汪敏达，刘家琦．协调博弈实验研究概览［J］．首都经济贸易大学学报，2010（2）：48-53．

［43］李艳，柳士昌．全球价值链背景下外资开放与产业升级——一个基于准自然实验的经验研究［J］．中国软科学，2018（8）：165-174．

［44］厉以宁．把区域经济发展经验上升为中观经济理论［N］．南方日报，2016年4月14日，第A18版．

［45］梁琦．空间经济学：过去、现在与未来——兼评《空间经济学：城市、区域与国际贸易》［J］．经济学（季刊），2005，4（4）：1067-1086．

［46］林茂德．深圳地铁"建设-移交"（BT）模式创新和适应性分析［J］．城市轨道交通，2012（8）：1-6．

［47］林清，余熙．新结构经济学视角下经济增长与产业转型升级研究［M］．北京：中国水利水电出版社，2019．

［48］林毅夫，蔡昉，李周．对赶超战略的反思［J］．战略与管理，1994（6）：1-12．

［49］林毅夫，李永军．比较优势、竞争优势与发展中国家的经济发展［J］．管理世界，2003（7）：21-28+66．

［50］林毅夫．产业政策与我国经济的发展：新结构经济学的视角［J］．复旦学报（社会科学版），2017（2）：148-153．

［51］林毅夫．新结构经济学：反思经济发展与政策的理论框架

[M]. 北京：北京大学出版社，2012 年 9 月版

[52] 林毅夫. 新结构经济学的理论基础和发展方向 [J]. 经济评论，2017（3）：4 – 16.

[53] 林毅夫. 新结构经济学——重构发展经济学的框架 [J]. 经济学（季刊），2010，10（1）：1 – 32.

[54] 林毅夫. 有为政府参与的中国市场发育之路 [J]. 广东社会科学，2020（1）：5 – 7 +254.

[55] 刘戒骄. 竞争中性的理论脉络与实践逻辑 [J]. 中国工业经济，2019（6）：5 – 21.

[56] 刘立群. 重工倾斜政策的再认识——兼论赶超战略 [J]. 战略与管理，1994（6）：13 – 18.

[57] 刘尚希. 流行的经济理论已不适应现实发展需要 [N]. 北京日报，2015 年 4 月 20 日.

[58] 刘伟，翁俊芳. 撕裂与重塑：社会治理共同体中技术治理的双重效应 [J]. 探索与争鸣，2020（12）：123 – 131.

[59] 刘小玄，张蕊. 可竞争市场上的进入壁垒——非经济垄断的理论和实证分析 [J]. 中国工业经济，2014（04）：71 – 83.

[60] 龙开胜，秦洁，陈利根. 开发区闲置土地成因及其治理路径——以北方 A 市高新技术产业开发区为例 [J]. 中国人口·资源与环境，2014，24（1）：126 – 131.

[61] 陆善勇，叶颖. 中等收入陷阱、比较优势陷阱与综合优势战略 [J]. 经济学家，2019（7）：15 – 55.

[62] 伦晓波，刘颜. 数字政府、数字经济与绿色技术创新 [J]. 山西财经大学学报，2022，44（4）：1 – 13.

[63] 罗松松. 光伏产业：从至暗时刻到柳暗花明 [J]. 中国工业和信息化，2021（3）：26 – 30.

[64] [美] 罗素·W. 库珀. 协调博弈——互补性与宏观经济学 [M]. 张军，李池译，北京：中国人民大学出版社，2001.

[65] [美] 迈克尔·波特. 国家竞争优势 [M]. 李明轩，邱如美

译，北京：华夏出版社，2002.

[66] 孟天广. 政府数字化转型的要素、机制与路径——兼论"技术赋能"与"技术赋权"的双向驱动 [J]. 治理研究，2021（01）：5－14＋2.

[67] 孟宪章. 中苏贸易史资料 [M]. 北京：中国对外经济贸易出版社，1991.

[68] 裴长洪，王万山. 共和国对外贸易 60 年 [M]. 北京：人民出版社，2009.

[69] 钱乘旦. 欧洲国家形态的阶段性发展：从封建到现代 [J]. 北京大学学报（哲学社会科学版），2007，44（2）：36－44.

[70] 钱穆. 中国历代政治得失 [M]. 北京：三联书店，2012：16－17.

[71] 钱颖一. 理解现代经济学 [J]. 经济社会体制比较，2002（2）：1－12.

[72] 秦尊文. 中观经济刍议 [J]. 江汉论坛，2001（11）：20－22.

[73] 丘梁. 关于深圳经济特区基础设施贷款问题的探讨 [J]. 广东金融研究，1983（1）：51－54.

[74] 邵邦，刘孝阳. 比较优势陷阱：本质、原因与超越 [J]. 当代经济管理，2013（12）：42－45.

[75] 施炳展，游安南. 数字化政府与国际贸易 [J]. 财贸经济，2021（7）：145－160.

[76] 石广生. 中国对外经济贸易改革和发展史 [M]. 北京：人民出版社，2013.

[77] 石佑启. 论有限有为政府的法治维度及其实现路径 [J]. 南京社会科学，2013（11）：92－99.

[78] 陶然，周巨泰. 从比较优势到竞争优势——国际经济理论的新视角 [J]. 国际贸易问题，1996（3）：29－34.

[79] 田国强. 供给侧结构性改革的重点和难点——建立有效市场

和维护服务型有限政府是关键 [J]. 人民论坛, 2016 (14): 22 - 32.

[80] 田国强. 林毅夫、张维迎之争的对与错 [N]. 第一财经日报, 2016 年 11 月 23 日, 第 A09 版.

[81] 王佃凯. 比较优势陷阱与中国贸易战略选择 [J]. 经济评论, 2002 (2): 28 - 31.

[82] 王锋正, 刘向龙, 张蕾, 等. 数字化促进了资源型企业绿色技术创新吗? [J]. 科学学研究, 2022, 40 (02): 332 - 344.

[83] 王家强, 陈静, 赵雪情. 客观看待我国对外投资净收益逆差问题 [J]. 中国国情国力, 2016 (2): 22 - 25.

[84] 王慎之. 中观经济学 [M]. 上海: 上海人民出版社, 1988.

[85] 王勇, 华秀萍. 详论新结构经济学汇总 "有为政府" 的内涵——兼对田国强教授批评的回复 [J]. 经济评论, 2017 (3): 17 - 30.

[86] 王勇. 论有效市场与有为政府: 新结构经济学视角下的产业政策 [J]. 学习与探索, 2017 (4): 100 - 104 +175.

[87] 韦森. 探寻人类社会经济增长的内在机理与未来道路——评林毅夫教授的新结构经济学理论框架 [J]. 经济学 (季刊), 2013, 12 (3): 1051 - 1074.

[88] 温忠麟, 叶宝娟. 中介效应分析: 方法和模型发展 [J]. 心理科学进展, 2014 (5): 731 - 745.

[89] 文贯中. 市场机制、政府定位和法治——对市场失灵和政府失灵的匡正之法的回顾与展望 [J]. 经济社会体制比较, 2002 (1): 1 - 11.

[90] 文宏, 林仁镇. 中国特色现代化治理体系构建的实践探索——基于新中国 70 年机构改革的考察 [J]. 社会科学战线, 2020 (4): 190 - 198.

[91] 吴易风. 两种 "范式危机" 论 [J]. 当代经济研究, 1996 (2): 31 - 39.

[92] 徐雷, 赵丰义, 赵迁. 寻租对企业增长的影响渠道与地区差

异比较 [J]. 软科学, 2017, 31 (9): 106 – 109 + 119.

[93] 徐雷. 政府补贴、制造业集聚与产业转移——基于 C – P 模型的理论分析 [J]. 华东经济管理, 2013 (9): 83 – 87.

[94] 许涤新, 吴承明. 中国资本主义发展史 (第一卷): 中国资本主义的萌芽 [M]. 北京: 人民出版社, 2003 年 6 月第 2 版, 710 – 711 页.

[95] 杨凯. 光伏剧透沉浮录 [J]. 中国工业和信息化, 2021 (3): 44 – 49.

[96] 杨其静. 企业成长: 政治关联还是能力建设? [J]. 经济研究, 2011 (10): 54 – 65 + 94.

[97] 姚洋, 郑东雅. 重工业与经济发展: 计划经济时代再考察 [J]. 经济研究, 2008 (4): 26 – 40.

[98] 尤福永. 试论地铁资源的开发与利用——深圳地铁建设的启示 [J]. 特区经济, 2002 (8): 50 – 53.

[99] 于光远. 中国理论经济学史 [M]. 郑州: 河南人民出版社, 1996.

[100] 余斌. 新结构经济学批判 [J]. 当代经济研究, 2021 (1): 67 – 75 + 112.

[101] 余东华. 美国反垄断政策的演进及对我国的启示 [J]. 亚太经济, 2008 (1): 42 – 49.

[102] 余永定. 发展经济学的重构——评林毅夫《新结构经济学》[J]. 经济学 (季刊), 2013, 12 (3): 1075 – 1078.

[103] [美] 约瑟夫·E. 斯蒂格利茨. 公共部门经济学 (第三版) [M]. 郭庆旺, 刘晓路, 张德勇译, 北京: 中国人民大学出版社, 2013.

[104] [美] 约瑟夫·斯蒂格利茨. 发展与发展政策 [M]. 纪沫, 仝冰, 海荣译, 北京: 中国金融出版社, 2009.

[105] 张泓. 城市轨道交通企业盈利模式的探索与实践——以深圳地铁集团为例 [J]. 城市轨道交通, 2018 (5): 90 – 94.

[106] 张进昌. 波特的国家竞争优势理论剖析 [J]. 中国工业经

济，2001（9）：53－58.

[107] 张军. "比较优势说"的拓展与局限——读林毅夫新著《新结构经济学》[J]. 经济学（季刊），2013，12（3）：1087－1094.

[108] 张琦. 公共物品理论的分歧与融合 [J]. 经济学动态，2015（11）：147－158.

[109] 张曙光. 市场主导与政府诱导——评林毅夫《新结构经济学》[J]. 经济学（季刊），2013，12（3）：1079－1084.

[110] 张树森. BT 投融资建设模式 [M]. 北京：中央编译出版社，2006.

[111] 张维迎. 产业政策争论背后的经济学问题 [J]. 学术界，2017（2）：28－32.

[112] 张新宁. 有效市场和有为政府有机结合——破解"市场失灵"的中国方案 [J]. 上海经济研究，2021（1）：5－14.

[113] 张雅林. 推进行政改革，建立有限政府 [J]. 中国行政管理，1999（4）：41－44.

[114] 征人. 中苏贸易的回顾与展望 [J]. 国际贸易，1985（8）：39－40.

[115] 钟坚. 深圳经济特区改革开放的历史进程与经验启示 [J]. 深圳大学学报（人文社会科学版），2008，25（4）：17－23.

[116] 周黎安，李宏彬，陈烨. 相对绩效考核：关于中国地方官员晋升的一项经验研究 [J]. 经济学报，2005（1）：83－96.

[117] 周黎安. 中国地方官员的晋升锦标赛模式研究 [J]. 经济研究，2007（7）：36－50

[118] 朱富强. 如何理解新结构经济学的 GIFF 框架：内在逻辑、现实应用和方法论意义 [J]. 人文杂志，2017（b），7：28－38.

[119] 朱富强. 如何认识有为政府的经济功能：理论基础和实践成效的检视 [J]. 学术研究，2018（7）：87－96＋177.

[120] 朱富强. 如何通过比较优势的转换来实现产业升级——评林毅夫的新结构经济学 [J]. 学术月刊，2017（a），49（2）：64－79.

［121］朱富强. 有为政府在现代社会的基础性职能——基于社会伦理教育的经济学探讨 ［J］. 学习与实践，2018（6）：33 – 42.

［122］朱舜. 构建现代经济学体系的中观经济理论 ［J］. 经济学家，2005（1）：113 – 116.

［123］Acemoglu, Daron. Politics and Economics in Weak and Strong States ［J］. Journal of Monetary Economics, 2005, (52): 1199 – 1226.

［124］Almeida G D O, Zouain D M. E-government Impact on Business and Entrepreneurship in High – , Upper – , Middle-and Lower-income Countries from 2008 to 2014: A Linear Mixed Model Approach ［J］. Global Business Review, 2016, 17 (4): 743 – 758.

［125］Baumol, W. J. Contestable Markets: An Uprising in the Theory of Industry Structure ［J］. American Economic Review, 1982, 72 (1): 1 – 15.

［126］Blanchard, Oliver. , and Andrew Shleifer. Federalism with and without Political Centralization: China vs. Russia ［R］. IMF Staff Papers, 2001, 48, 171 – 179.

［127］Camerer, C. Behavior Games Theory: Experiments in Strategic Interactions ［M］. Princeton: Princeton University Press, 2003.

［128］Castro C, Lopes C. Digital Government and Sustainable Development ［J］. Journal of the Knowledge Economy, 2021 (3), https: //doi. org/10. 1007/s13132 – 021 – 00749 – 2.

［129］Cooper, Russell. W. , DeJong, Douglas. V. , Forsythe, Robert and Ross, Thomas. W. Selection Criteria in Coordination Games ［J］. American Economic Review, 1990, 80 (1): 218 – 233.

［130］Cowling, K. and Mueller, D. The Social Costs of Monopoly Power ［J］. Economic Journal, 1978, 88: 724 – 748.

［131］Crawford, V. Adaptive Dynamics in Coordination Games ［J］. Econometrica, 1995, 63 (1): 103 – 143.

［132］Das A, Das S S. E-government and Entrepreneurship: Online

Government Services and the Ease of Starting Business [J]. Information Systems Frontiers, 2021 (3): 1 – 13.

[133] Dhaoui I. E-government for Sustainable Development: Evidence from MENA Countries [J]. Journal of the Knowledge Economy, 2021 (5): 1 – 30.

[134] Dixit, Avinash K. , and Stiglitz, Joseph E. Monopolistic Competition and Optimum Product Diversity [J]. American Economic Review, 1977, June: 297 – 308.

[135] Duchin, Faye. Structural Economics: Measuring Change in Technology, Lifestyles, and the Environment [M]. Washington DC: Island Press, 1998.

[136] Fujita, M. , and Thisse, J – F. Economics of Agglomeration: Cities, Industrial Location, and Regional Growth [M]. Cambridge: Cambridge University Press, 2002.

[137] Fujita, Masahisa, Krugman, Paul. The New Economic Geography: Past, Present and the Future [J]. Regional Science, 2004, 83: 139 – 164.

[138] Gill, I. S. , and H. J. Kharas, et al. An East Asian Renaissance: Ideas for Economic Growth [R]. World Bank, 2007, No. 39986.

[139] Gordon, R. An Optimal Taxation Approach to Fiscal Federalism [J]. Quarterly Journal of Economics, 1983, 95: 567 – 586.

[140] Greenwald, B. and Stiglitz, J. E. Externalities in Economics with Imperfect Information and Incomplete Markets [J]. Quarterly Journal of Economics, 1986, 101: 229 – 64.

[141] Gupta, S. D. Comparative Advantage and Competitive Advantage: An Economics Perspective and A Synthesis [R]. Toronto: 43rd Annu Conf CEA, 2009.

[142] Harberger, A. Monopoly and Resource Allocation [J]. American Economic Review, 1954, 44 (2): 77 – 87.

[143] Jenny, F and Weber, A. Aggregate Welfare Loss due to Monopoly Power in the French Economy: Some Tentative Estimates [J]. Journal of Industrial Economics, 1983, 32: 113 – 130.

[144] Katsonis M, Botros A. Digital Government: A Primer and Professional Perspectives [J]. Australian Journal of Public Administration, 2015, 74 (1): 42 – 52.

[145] Kim S, Kim H J, Lee H. An Institutional Analysis of An e-Government System for Anti – Corruption: The Case of Open [J]. Government Information Quarterly, 2009, 26 (1): 42 – 50.

[146] Krugman, P. Increasing Returns, Industrialization, and Indeterminacy of Equilibrium [J]. The Quarterly Journal of Economics, 1991, 5: 617 – 649.

[147] Krugman, P. Increasing Returns, Monopolistic Competition and International Trade [J]. Journal of International, 1979 (9): 469 – 479.

[148] Krugman, P. Increasing Returns and Economic Geography [J]. Journal of Political Economy, 1991, 99 (3): 483 – 499.

[149] Lin, J. Beyond Keynesianism [J]. Harvard International Review, 2009, 31 (2): 14 – 17.

[150] Lin, J Y. , Wang, Y. Remodeling Structural Change//Oxford Handbook of Structural Transformation, Oxford: Oxford University Press, 2019.

[151] Lindahl, E. Just Taxation: A Positive Solution [J]. The Initial edition Published in 1919, reprinted in: R. A. Musgrave & A. T. Peacock. Classics in the Theory of Public Finance, St. Martin Press, 1967.

[152] Majeed M T, Malik A. E-government, Economic Growth and Trade: A Simultaneous Equation Approach [J]. Pakistan Development Review, 2016b, 55 (4): 499 – 519.

[153] Majeed M T, Malik A. E-government, Financial Development and Economic Growth [J]. Pakistan Journal of Applied Economics, 2016a,

26 (2): 107 - 128.

[154] Mankiw, N. G. Principles of Microeconomics (Six Edition) [M]. South - Western Cengage Learning, 2011

[155] Mehta, Judith, Starmer, Chris, and Sugden, Robert. The Nature of Salience: An Experimental Investigation of Pure Coordination Games [J]. The American Economic Review, 1994, 84 (3): 658 - 673.

[156] Montinola, G. , Yingyi Qian, Berry Weingast. Federalism, Chinese Style: The Political Basis for Economic Success in China [J]. World Politics, 1995 (48): 50 - 81.

[157] Musgrave, R. A. The Theory of Public Finance: A Study in Public Economy [M]. New York: McGraw - Hill, 1959.

[158] Nalaspa, L. F. , Pueyo, F. & F. Sanz. The Public Sector and Core - Periphery Models [J]. Urban Studies, 2001, 38 (10): 1639 - 1649.

[159] North, D. C. Economic Performance Through Time [J]. The American Economic Review, 1994, 84 (3): 359 - 368.

[160] Oates, W. E. Fiscal Federalism [M]. New York: Harcourt Brace Jovanovich, 1972.

[161] OECD. Recommendation of the Council on Digital Government Strategies [R]. Paris: OECD Publishing, 2014.

[162] OECD. The E - Government Imperative [R]. Paris: OECD Publishing, 2003.

[163] Porter, M. E. The Competitive Advantage of Nations [M]. New York: The Free Press, 1990.

[164] Poter, M. E. The Competitive Advantage of Nations [J]. Harvard Business Review, 1990, 68: 73 - 93.

[165] Prebisch, Raul. Commercial Policy in the Underdeveloped Countries: From the Point of View of Latin America [J]. American Economic Review, 1958, 49 (2): 251 - 273.

［166］ Pugel T A, Lindert P H. International Economics (11th Edition) ［M］. McGraw – Hill Higher Education, 2000.

［167］ Qian, Yingyi, and G. Roland. Federalism and the Soft Budget Constraint ［J］. American Economic Review, 1999, 88 (5): 1143 – 1162.

［168］ Rosenstein – Rodan, Paul. Problems of Industrialization of Eastern and Southeastern Europe ［J］. Economic Journal, 1943, 53: 202 – 211.

［169］ Samuelson, P. A. The Pure Theory of Public Expenditure ［J］. Review of Economics and Statistics, 1954, 36 (4): 387 – 389.

［170］ Samuelson, P. A. Thunen at Two Hundred ［J］. Journal of Economic Literatrue, 1983, 21 (4): 1468 – 1488.

［171］ Schelling, Thomas C. The Strategy of Conflict ［J］. Cambridge, MA: Harvard University Press, 1960.

［172］ Smelser, N. and Baltes, P. International Encyclopedia of the Social and Behavioral Sciences ［M］. New York: Elsevier, 2001.

［173］ Stiglitz, J. E. , and Weiss A. Credit Rationing in Markets with Imperfect Information ［J］. American Economics Review, 1981, 71: 393 – 410.

［174］ Stiglitz, J. E. Markets, Market Failures and Development ［J］. American Economic Review, 1989, 79 (2), 197 – 203.

［175］ Tiebout, C. A Pure Theory of Local Government Expenditure ［J］. Journal of Political Economy, 1956, 60: 415 – 424.

［176］ United Nations Department of Economic and Social Affairs. Benchmarking E – Government: A Global Perspective ［R］. New York: United Nations, 2001.

［177］ United Nations Department of Economic and Social Affairs. E – Government Survey 2020: Digital Government in the Decade of Action for Sustainable Development ［R］. New York: United Nations, 2020.

［178］ Whiting, Susan. Power and Wealth in Rural China: The Political Economy of Institutional Change [M]. Cambridge University Press, 2001.

[179] Wicksell, K. A New Principle of Just Taxation [J]. the initial edition published in 1896, reprinted in: R. A. Musgrave & A. T. Peacock. Classics in the Theory of Public Finance, St. Martin Press, 1967.

[180] Wildasin, D. E. Theoretical Analysis of Local Public Economics [A]. in: E. S. Mills (ed). Handbook of Regional and Urban Economics [M]. Amsterdam: North – Holland, 1987: 1131 – 1178.

[181] Williamson, J. What Washington Means by Policy Reform [A]. In Latin American Adjustment: How Much Has Happened? Edited by J. Williamson, Chapter 2. Washington D. C: Institute for International Economics, 1990.

[182] Wong, Christine. Financing Local Government in the People's Republic of China [M]. Hong Kong: Oxford University Press, 1997.

[183] Zhou, Li – An. Career Concerns, Incentive Contracts, and Contract Renegotiation in the Chinese Political Economy, Ph. D. thesis, Stanford University, 2002.

后　　记

政府与市场关系的探讨是经济学中的永恒话题，对此问题的认识理解也一直是不同学派争议的焦点。2020 年，我关注到原广东省副省长、中山大学陈云贤教授所创立的中观经济学理论基于一个区域政府竞争分析框架对政府如何有效地干预市场给出了非常具有洞见性的阐释，其理论观点对于我国区域政府提升治理能力，进而实现区域经济高质量发展具有重要的指导意义。

2021 年，我受陈云贤教授邀请到中山大学岭南学院进行学术访问，此部著作的主要内容即是在这一时期完成。这次访学给了我一次深入学习陈云贤教授所创中观经济学的机会，与陈教授的直接交流不仅使我在中观经济学的研学上开阔了视野、拓展了思路，也让我为这样一位早年创立广发证券，而后又进入政坛官至副部的传奇人物能够有如此深厚的经济学功底和他对理论与实践的真知灼见乃至对英文的精通都感到非常震撼。访学期间我与中山大学岭南学院的老师和同学们就中观经济学各项议题进行了深入探讨，还在全国首届中观经济学师资培训研讨会上与各地学者进行了广泛交流，不同学术背景、不同视角和不同观点的碰撞对我的研究工作提供了很大帮助。

感谢经济科学出版社，感谢辽宁大学应用经济学国家"双一流"建设学科对本书出版提供的资助，本书也是教育部人文社会科学基金项目（18YJC790191）和辽宁省社会科学规划基金项目（L18BJY009）的研究成果。

中观经济学是一门新兴的理论学科，本书力图在市场经济条件下的政府职能和中观经济学有为政府理论方面作出一定发展，但由于本人能力所限，书中难免存在不足甚至谬误，请学界同仁批评指正。

徐　雷

2022.04.28